Wolf Thieme, Jahrgang 1937, wurde in Bad Dürrenberg (Sachsen-Anhalt) geboren und ist in Berlin aufgewachsen. Er hat als Reporter für verschiedene Tageszeitungen und Zeitschriften gearbeitet, darunter sechs Jahre als Autor für die Illustrierte »Stern«. Zuvor war er als Chefredakteur für die deutsche Ausgabe des »Playboy« verantwortlich.
Wolf Thieme lebt heute als freier Journalist und Schriftsteller mit wechselndem Wohnsitz in Rom und in einem kleinen Ort in der Lüneburger Heide. Er schreibt u. a. Beiträge für die Zeitschriften »Transatlantik«, »Stern« und »Lui«. 1986 erschien seine erste Buchveröffentlichung, »Die zweischneidige Waffe«, ein Bericht über den Aufmarsch der sechsten US-amerikanischen Flotte im Mittelmeer.

Vom Autor überarbeitete Taschenbuchausgabe Dezember 1990
Droemersche Verlagsanstalt Th. Knaur Nachf., München

Originalverlag Rasch und Röhring, Hamburg
Umschlaggestaltung Adolf Bachmann
Umschlagfoto Süddeutscher Verlag, München
Satz MPM, Wasserburg
Druck und Bindung Ebner Ulm
Printed in Germany 5 4 3 2 1
ISBN 3-426-03971-0

Wolf Thieme:
Das letzte Haus am Potsdamer Platz

Eine Berliner Chronik

Knaur®

Inhalt

Frau Manke grub im Garten.
»Wohnen Sie hier?« fragte ich über den Zaun.
»Ja«, sagte Frau Manke.
»Was ist das für ein Haus?« fragte ich.
»Was, das kenn' Se nicht?« sagte Frau Manke.
»Das ist das alte Weinhaus Huth.«

Spurensuche

Ich wollte, ich hätte Berlin gekannt, wie es mal war. Ich kenne es von fremden Erzählern. Manchmal sehe ich dann die Lichter der großen Stadt und die Menschenheere.

Als ich geboren wurde, hat diese Stadt noch existiert. Als ich heranwuchs und sehen wollte, war sie verschwunden. Nein, verschwunden nicht. Verbrannt, verweht, erloschen.

Nun sind nur noch Konturen da. Dort, wo einmal der Nabel war von Berlin, rings um den Potsdamer Platz.

Dies ist der Bericht einer Spurensuche und eine Reise in die Vergangenheit. Viele Jahre zurück, lange vor meiner Zeit. Ein altes Haus am Potsdamer Platz erzählt seine Geschichte. Das Berlin, das ich nie kannte, wird dabei noch einmal lebendig.

Es war 1943, mitten im Krieg, als ich das erste Mal nach Berlin gekommen bin. Ich stieg mit meinen Eltern am Anhalter Bahnhof aus, und wir gingen durch endlose Straßen. Alles war mir neu, und ich faßte nach der Hand meiner Mutter. Damals war ich sechs.

Ich weiß nicht mehr viel. Ich erinnere mich an Ruinen. Im Eingang eines zerstörten Hauses sah ich ein rotes Spielzeugauto liegen. Ich wollte es holen, aber mein Vater ließ mich nicht. Es sei zu gefährlich, sagte er.

Wir fuhren zu einer Tante im Bezirk Neukölln. Ihr Haus kam mir riesengroß vor, mit steilen Treppen in einem dunklen Aufgang und einem Wohnzimmer, in dem ich nichts anfassen durfte. Ich erinnere mich, daß es still war in der Wohnung, so still, daß ich nicht laut zu sprechen wagte. Ich erinnere mich an das Ticken der Standuhr und das langsam schwingende Pendel. Das einzige Geräusch. Die Zeit wollte nicht vergehen.

Der Mann meiner Tante war Schneider. In seinem Zimmer roch es nach Tuch. Noch heute streiche ich gern über eine Bahn Flanell, über Tweed, Wolle und Kammgarn, und wenn ich daran rieche, dann sehe ich die Wohnung meiner Tante wieder und höre den Schlag des Pendels. Wie lange ist das her.
Als wir im Herbst 1948 nach West-Berlin zogen, war die Stadt abgeschnitten. Blockade. Die Menschen wurden aus der Luft versorgt. Zum erstenmal schlief ich in der stillen Wohnung meiner Tante, in der es diesmal so still nicht war. Überm Dach dröhnten die Motoren, die ganze Nacht hindurch. Das Haus lag nahe beim Flughafen Tempelhof. Wir aßen Pom, getrocknete Kartoffeln, und ich löffelte Milchpulver aus der Tüte. Es schmeckte köstlich.
Ruinen, überall Ruinen. Die waren mir vertraut. Nordhausen am Harz, die Heimatstadt meiner Eltern, lag bei Kriegsende in Trümmern, und ich verlief mich auf Trampelpfaden zwischen Bergen aus Schutt.
Damals wußte ich noch nicht viel vom Untergang Berlins. Es war für mich nichts Ungewöhnliches, durch Straßen mit ausgeglühten Fassaden zu laufen. Die Straßenbahnen hatten Fenster aus Pappe, mit schmalen Sehschlitzen aus Glas. Viel sehen konnte man nicht, warum auch. Draußen war eine Ruinenlandschaft, die niemand sehen wollte.

Heute frage ich mich manchmal, warum ich das alte Haus am Potsdamer Platz nicht früher wahrgenommen habe, damals nach dem Krieg. Gesehen schon, aber wahrgenommen nicht. Ich muß viele Male davorgestanden haben, denn hier hielt die Straßenbahn, mit der ich aus Lichterfelde kam, dem Vorort fern der Innenstadt.
Ich ging in die Kinos an der Sektorengrenze, die Western, Krimis und Piratenfilme spielten für Ostbesucher, die noch ungehindert über die Grenze kamen, Hollywoodkino für Ostmark gegen Vorlage des Personalausweises.

Auch ich war gerade aus Thüringen gekommen und wollte Indianer sehen, Kommissare und Piraten. Die Linie 74 aus Lichterfelde hielt kurz hinter dem Weinhaus Huth, letzte Station im Westsektor. Ein paar Meter weiter war die Grenze am Potsdamer Platz. *Sie verlassen den britischen Sektor.*
Das »Camera« lag in einem Hinterhof am Potsdamer Platz, gegenüber vom Haus Huth. Der Hof gehörte zum Vox-Haus, aus dem am 29. Oktober 1923 mit einem Konzert des Kapellmeisters Otto Urack die erste deutsche Rundfunksendung kam. »Achtung, Achtung, hier ist die Sendestelle Berlin im Vox-Haus auf 400 Meter.« Wer weiß das noch?
Das Vox-Haus hatte den Krieg überlebt, als stabile Ruine. Oben richtete die Westberliner Polizei einen Ausguck nach drüben ein. Ich ging ins Kino, von der Geschichte des Hauses wußte ich nichts. Man hätte es ausbauen können, für das spätere Berliner Rundfunkmuseum. Was für ein Ort. Aber das Vox-Haus, Potsdamer Straße 4, wurde 1973 gesprengt, ein spätes Opfer der Berliner Abrißwut. Heute gehört das Grundstück Daimler-Benz.
1948 bin ich mit meinem Vater noch im Haus Vaterland gewesen. In der ausgebrannten Ruine am Potsdamer Platz war ein schäbiges Restaurant, im ersten Stock. Die Sektorengrenze verlief mitten durch den Kuppelbau. Es gibt ein Foto: ich an der Bar in viel zu engen kurzen Hosen. Da war ich elf.
1961 wurde die Mauer gebaut, und am Potsdamer Platz erlosch das letzte bißchen Leben. Unerreichbar wurden Indianer, Kommissare und Piraten für die Grenzgänger von drüben, und die Kinos machten zu. Auch ich fuhr immer seltener zum Potsdamer Platz und schließlich gar nicht mehr.
Erst zwanzig Jahre später stand ich wieder hier an der Grenze, ein Besucher aus Westdeutschland.

Staubfahnen wehen durchs Niemandsland an der Mauer, und die Erde ist schwarz von Krähen. Ein Greifvogel kreist in der

Dämmerung, dann stößt er auf ein Kaninchen nieder. Landschaft am Ende der Welt, Potsdamer Platz. Es ist, als wäre die Zeit stehengeblieben.

Mitten in der Steppe, unter einem Hügel, die Trümmer des Führerbunkers auf dem Gelände der verschwundenen Reichskanzlei. Hitlers letzte Zuflucht als Hünengrab zwischen den Fronten des Westens und des Ostens — kein Romanschreiber hätte das zu erfinden gewagt.

Ich stehe auf der Aussichtsplattform, die sie das »Abscheugerüst« nennen, direkt an der Mauer. Leere ringsum auf dem Schlachtfeld der Geschichte, und doch ist mir, als würde ich Stimmen hören. Männer singen. Eine lange Kolonne Uniformierter zieht, im gleichen Schritt und Tritt, über den Potsdamer Platz, am Columbus-Haus und den Schinkelschen Torhäusern vorbei zum nahen Brandenburger Tor.

So hat sie der Zentrums-Abgeordnete Franz Wiedemeier gesehen, im März 1933, als in der Krolloper, Sitz des Reichstags nach dem Reichstagsbrand, über Hitlers Ermächtigungsgesetz abgestimmt werden sollte. Die braunen Fackelträger sangen »SA marschiert«, am Straßenrand hoben viele den rechten Arm, und für dreieinhalb Stunden kam der Verkehr zum Erliegen. »Ich hatte den Eindruck«, so erinnert sich Wiedemeier später, »daß, wenn diese Leute losgelassen worden wären, in Berlin ein großes Blutvergießen eingesetzt hätte.«

Da sind noch keine Krähen am Potsdamer Platz, aber es ist der Anfang vom Ende.

Kein Gesang mehr. Es ist still, ich habe nur geträumt. Das Columbus-Haus, erbaut nach einem kühnen Entwurf des Architekten Erich Mendelsohn, Ruine bei Kriegsende und am 17. Juni 1953 von der aufständischen Menge angezündet, weil sich im ersten Stock eine Wache der Ostberliner Volkspolizei befand, steht längst nicht mehr. Auch die Schinkelschen Torhäuser von 1823 sind planiert.

Verschwunden ist der Amüsierbetrieb Haus Vaterland, verbrannt und abgerissen das Kaufhaus Wertheim in der Leipziger Straße mit seinen großen Lichthöfen und den 83 Fahrstühlen, vergangen das Café Josty, wo Erich Kästner saß. Es gibt kein Hotel Fürstenhof mehr und keine Tanztees mit Bernhard Etté, dem Orchesterkönig, Friseursohn aus Kassel, der 1961 als Fürsorgeempfänger in einem deutschen Altersheim gestorben ist.
Gesprengt ist der Potsdamer Bahnhof, 83 000 Reisende täglich. Eine leere Fläche.
Hier war einmal ein Häusermeer, das im Feuersturm verging.
Die Eingänge zu den U- und S-Bahnhöfen, diesseits und jenseits der Mauer, waren zubetoniert. Die U-Bahn-Linie war eingestellt, und auf der unterirdischen S-Bahn-Station hielt kein Zug mehr. Er passierte einen trübe erleuchteten Bahnsteig. Zehntausende strömten hier früher zur Arbeit und zum Vergnügen, und im Krieg boten die unterirdischen Etagen Schutz vor Bomben und Straßenkämpfen.
Auch am 20. Juli 1944, dem Tag des Hitler-Attentats, durften unter dem Potsdamer Platz keine Züge halten. Auf den Bahnsteigen standen Soldaten des Majors Remer vom Wachbataillon »Groß-Deutschland« und bewachten das nahe Regierungsviertel mit Goebbels-Villa und Reichskanzlei.

Ich war im Frühjahr 1981 über die neue Brücke am Landwehrkanal gekommen, an Nationalgalerie, Staatsbibliothek und Philharmonie vorbei, dieser monumentalen Kulturlandschaft, auf einer Straße, die ich für die Potsdamer hielt, und hatte mich schon verfahren in der eigenen Stadt.
Am Potsdamer Platz hielt ich an. Alles war mir fremd. Nur ein paar Andenkenbuden waren noch da, aber keine Ruinen mehr.
Nur ein paar Alleebäume standen noch, und so entdeckte ich, was ich zuerst für eine Einfahrt hielt – die alte Potsdamer Straße.
Von der Reichsstraße 1 Aachen–Königsberg war nicht viel ge-

blieben. Fünf Grenzen und die Mauer zerschnitten sie. Den Rest hat ihr am Potsdamer Platz der Architekt Hans Scharoun gegeben.

Er, der vom »Rohstoff Stadtlandschaft« sprach, als wenn gewachsene Strukturen Knete wären, baute 1967 die Staatsbibliothek quer über die alte Potsdamer Straße. Eine öde Umgehungsstraße, die wie zum Hohn Potsdamer heißt, führt an dem Klotz vorbei, und von der alten Reichsstraße 1 ist am Potsdamer Platz nur eine Sackgasse geblieben. Sie endet an einem Maschendrahtzaun. Dahinter trainiert ein Hundesportverein.

So entdeckte ich das Haus, das letzte Haus am Potsdamer Platz. Es hat als einziges den Kahlschlag des Krieges und der Stadtplaner überlebt. Wie verloren es dasteht — nicht einmal abends, wenn im Haus die wenigen Lichter angehen, wird es wieder lebendig, weil nichts mehr lebt am Potsdamer Platz, der einmal der Nabel war von Berlin.

»Auf dem hellen, trockenen Asphalt«, so hat der Architekt August Endell 1908 geschrieben, »drängen sich in ewiger Wiederkehr die Trambahnen und Wagen. Ihre Verdecke glitzern im Licht. Manchmal wächst das Drängen so außerordentlich, daß kaum ein Fleck frei bleibt und die über den Damm Kommenden wie aus dem Meer, wie aus Wellen von Rädern und Pferdebeinen aufzutauchen scheinen.«

Nach dem Krieg und Mauerbau sah man kaum noch Menschen am Potsdamer Platz. Ein paar Touristen hier und drüben die Posten der Nationalen Volksarmee. Das Berlin, das Endell beschrieb, ist vergangen. Nur die Erinnerungen sind noch wach, aber wie lange?

Die alte Dame sitzt mitten auf der Straße, unter den Linden. Vor sich eine Büchse Bier, Pudel »Lady« auf dem Schoß. Sie sitzt da gut, denn der Garten der Potsdamer Straße 5 geht bis zur Straßenmitte, weil die alte Potsdamer nur eine schmale Sackgasse ist.

Die glanzvolle Vergangenheit deckt grüner Rasen. Hier hasteten die Menschen wie im Fieber, brüllten die Zeitungsverkäufer, stockte der Verkehr. Zwanzigtausend Autos fuhren täglich über diese verkehrsreichste Straßenkreuzung Berlins, den Potsdamer Platz. Vögel zwitschern.
Senta Manke, 67, wohnt seit mehr als zwanzig Jahren im letzten Haus am Potsdamer Platz. Das ist lange für Frau Manke, aber nicht lange fürs Haus.
Das Weinhaus Huth, das längst kein Weinhaus mehr ist, wurde 1912 gebaut. Es hat viel gesehen im Laufe dieses Jahrhunderts, Kaiserzeit und zwanziger Jahre, Hitlers Aufstieg und Ende, Krieg und den Endkampf um Berlin, Nachkriegszeit und den Aufstand vom 17. Juni 1953, Mauerbau und Mauerabriß, Carter, Kohl und Thatcher, Glanz und Elend am Potsdamer Platz. Das Haus Huth hatte einen Balkonplatz in der Geschichte.
Es hat überlebt wie durch ein Wunder. Links und rechts sank eine Welt in Schutt und Asche.
In den oberen Stockwerken, den ehemaligen Büros, wohnen seit 1952 Mieter. Nur im Treppenhaus ahnt man noch etwas von der vergangenen Pracht. Aus grünem Marmor die Wände, meterhoch die reichverzierten Bronzetüren, die nach dem Krieg mit pflegeleichter dunkler Farbe überstrichen worden sind.
Im Restaurant haben Adenauer gesessen, Furtwängler, Himmler und Röhm. Das ist Vergangenheit. Vergangen ist auch die Familie Huth. Draußen am Haus steht noch ihr Name.
Im Erdgeschoß und im ersten Stock sind nun Büros. Das Restaurant, die Schoppenstuben und die Festsäle gibt es nicht mehr; nur das reichverzierte Wappenzimmer, in dem einmal Berlins reiche Bürger getafelt haben, erinnert noch an die Vergangenheit.
Ich bin auf die Suche nach den Menschen gegangen, die in der Potsdamer Straße 5 gelebt und gearbeitet haben. Gäste, Mieter, Köche, Kellner. Alte Leute, die einmal jung gewesen sind, erin-

nern sich. Es sind Erinnerungen zum Lachen und zum Weinen.
Zurück bis zum Anfang dieses Jahrhunderts, das ist ein langer Weg. Die Geschichte des alten Hauses am Potsdamer Platz muß aus Bruchstücken zusammengesetzt werden. Es bleiben Lücken. Ausgelöschte Adressen. Namen, mit denen sich nichts mehr anfangen läßt.
Fünf Jahre bin ich unterwegs gewesen. Die Chronik des Hauses Huth erzählt den Untergang des Potsdamer Platzes in Berlin — ein Stück deutscher Geschichte.

Beim Grundstücksamt des Bezirks Tiergarten, zuständig für die Potsdamer Straße 5, breiten sie die Überbleibsel der Vergangenheit aus: eine Weinflasche, auf der die Inschrift »Weinhaus Huth« gerade noch zu erkennen ist. Reste einer Zeitung — die Titelseite des »Berliner Lokal-Anzeigers« vom 28. Dezember 1937 mit der Schlagzeile »Großer Sieg der Japaner in Nordchina — Rascher Fortgang der neuen Offensive«.
Und zwei handgeschriebene, vergilbte Zettel, die schwer zu entziffern sind. »Seit 1923 bei Huth & Sohn« hat da jemand gekritzelt, »Heil Hitler! Alles für den Führer ... Herr Manitzky ... zwei anständige Männer ... Anno des Heils 1938, am 30. Mai.«
Eine Flaschenpost. So steht es auch, in kaum lesbaren Großbuchstaben, auf dem Etikett. Unterschrieben hat die Botschaft aus den dreißiger Jahren eine Elsie van der Straeten, »geboren 16. 9. 1895 in Ost-Flandern, Belgien«.
Fast fünfzig Jahre lag diese Post im Keller des alten Hauses am Potsdamer Platz. Bauarbeiter haben sie vor ein paar Jahren bei Aufräumungsarbeiten entdeckt.
Wer hat die Flaschenpost versteckt? Wer ist Herr Manitzky? Und wer Elsie van der Straeten? Sie müssen im Weinhaus Huth gearbeitet haben, aber ich kenne niemanden, den ich danach fragen kann.

Ich suche beim Einwohnermeldeamt, und die deutsche Botschaft in Brüssel sucht in Belgien, vergeblich. Elsie van der Straeten, die 95 wäre, wenn sie noch lebte, bleibt verschollen. Und Herr Manitzky auch.

Das Haus Huth gehörte bis zum Verkauf des Grundstückes an Daimler-Benz der Stadt Berlin. 1968 haben es Dorothee Huth, die Witwe des Inhabers, und ihre Tochter Ilse an das Bezirksamt Berlin-Tiergarten verkauft, für 725 000 Mark.
Das Bezirksamt hatte mit dem Bau nichts Gutes im Sinn. Nach Bombenkrieg und Straßenkämpfen wollten ihm nun auch die Stadtplaner an die Gurgel. Eine Stadtautobahn sollte sich durch die Brachlandschaft ziehen, da steht das Haus im Wege.
Seit 1957 wird in der Berliner Stadtmitte ein gigantisches Autobahnnetz mit breiten Trassen geplant — Größenwahn in einer Stadt, die keine Weltstadt mehr ist. Auch Herr Scharoun hat seine Staatsbibliothek am Phänomen Westtangente ausgerichtet und dafür die Potsdamer Straße verschandelt. Aber die umstrittene Stadtautobahn wird nicht gebaut. Die Mauer macht 1961 alle Träume von einer Hauptstadt Berlin zunichte. Die Westtangente lebt als Geisterbahn weiter, bis der SPD-Politiker Hans-Jochen Vogel, der 1981 für kurze Zeit Berliner Oberbürgermeister ist und Wählerstimmen braucht, das Projekt endgültig verwirft. Das kann zwar den OB Vogel nicht retten, aber das Weinhaus Huth vor der Abrißbirne.
Jahrelang hat man das Haus Huth verrotten lassen, nun wird es renoviert. Der frühere Weinkeller steckte noch voller Trümmerschutt. Hier hat man dann die Flaschenpost gefunden, zwischen ramponierten Feuerlöschern und Kühlmaschinen, einem Autoschild, IA-210210, verbogenen Weinregalen und einem alten Tresor.
Der Geldschrank, zehn Quadratmeter groß, hat einmal der

Deutschen Bank gehört. Aber das erfahre ich erst Jahre später. 1938 hatte die Bank im Haus Huth eine Filiale.
Das Ungetüm mit den sechzig Zentimeter starken Seitenwänden war leer, als man es fand. Es ist auf eine Müllkippe in Ost-Berlin befördert worden.
Bei der Deutschen Bank in Frankfurt am Main weiß man von der Filiale am Potsdamer Platz nichts mehr. Und schon gar nicht, was in dem Tresor gewesen ist.
Tausende von bunten Reichsmarknoten waren darin, ein kleines Vermögen, in den Dreck getreten von betrunkenen russischen Soldaten, die den Tresor am 2. Mai 1945 geöffnet haben und wütend waren, weil sich kein Schmuck darin befand.
Das weiß ich an diesem Tag im Bezirksamt noch nicht. Später wird mir ein Augenzeuge davon erzählen. Und ich werde auch das Geheimnis der Flaschenpost lösen.

Am Anfang schien es, als gäbe das alte Haus am Potsdamer Platz seine Geschichte nicht her. Beim Amtsgericht Moabit verweigerte ein bornierter Richter Einsicht in die Grundbuchakten. Willy Huth, der letzte Inhaber, war 1967 im Alter von neunzig Jahren gestorben, seine Frau Dorothee, geborene Diede, vier Jahre später. Wo anfangen?
Die beiden hatten eine Tochter. Aber Ilse, so erzählen mir Hausbewohner, sei schon 1976 gestorben. Und Lutz, ihr Sohn, verunglückte 1982 bei einer Dolomitenwanderung, ein Jahr, bevor ich mit meiner Suche anfing.
Ich krame in alten Berliner Adreßbüchern nach der Potsdamer Straße 5. Schon kurz nach der Einweihung hat Willy Huth in sein Geschäftshaus Mieter aufgenommen. Aber das ist lange her. Die älteste Eintragung stammt aus dem Jahr 1913.
Ich notiere Namen aus längst vergangenen Zeiten.
Was ist aus dem Hoffriseur Larsen geworden, der Babyhygiene AG und den Neuköllner Vollkornwerken? Wer hat etwas von Ju-

stizrat Elsbach gehört, den Rechtsanwälten Stöckicht und Happek? Wer kennt noch die Bauingenieure Tolksdorf und die Erntemaschinen der Firma Fahr?

Ich gebe Anzeigen auf, erzähle von meiner Suche im Rundfunk, ohne Erfolg. Auch bei der Jüdischen Gemeinde kann man mir nicht weiterhelfen. Von den 170 000 Berliner Juden gab es bei Kriegsende nur noch rund zweitausend. Die heute hier wohnen, sind meist Neubürger.

Erhalten ist jedoch, Ordnung muß sein, im Archiv der Berliner Oberfinanzdirektion eine Kartei über die Vermögensverwaltung der deportierten Berliner Juden. Gestapo und SS schafften die Arbeit nicht allein, da mußten auch Finanzbeamte ran in deutscher Gründlichkeit.

Schicksale in Briefen und Aktenvermerken, der auf Karteikarten verwaltete Massenmord.

In der Potsdamer Straße 5 hat es eine Fotohandlung Leo Bernstein gegeben. Herr Bernstein ist bei der Gestapo aktenkundig geworden. »Für den Juden Leo Bernstein«, hat die Staatspolizeileitstelle Berlin am 19. April 1941 an das Finanzamt Moabit geschrieben, »lagert im Hamburger Freihafen noch Umzugsgut. Ich habe die Staatspolizeistelle in Hamburg mit der Versteigerung des Umzugsgutes beauftragt.« Im Auftrage, Unterschrift (unleserlich).

Wo ist Leo Bernstein geblieben? Wo seine Frau Elisabeth, die Kinder Renate und Barbara? 1938 steht Leo Bernstein noch im Berliner Telefonbuch, im selben Jahr ist seine Tochter Barbara geboren worden.

Ich lese die Deportationsvermerke der Finanzdirektion. »74. Alterstransport vom 19. 11. 42« steht da. Oder »Welle 43. 29. Osttrsp. v. 29. 2. 43«.

Von den Bernsteins findet sich dort keine Spur. Aber die Berliner Entschädigungsbehörde führt eine Akte »Bernstein«. 1938 ist Leo Bernstein mit seiner Familie nach Amerika ausgewandert und so noch einmal davongekommen. Nur das Umzugsgut im Hamburger Freihafen fiel der Gestapo in die Hände.

In der restaurierten Ostberliner Staatsbibliothek, Unter den Linden, suche ich nach Unterlagen über den Potsdamer Platz. Es gibt noch alte Registraturen, in schöner, gestochener Kanzleischrift.
Als ich ein paar Titel ausleihen will, sagt eine alte Dame: »Davon haben wir nichts mehr.« Tausende von Titeln stehen in der Registratur — die Bücher sind im Krieg verbrannt.
Ich frage die Mieter, die 1952 ins Haus Huth gezogen sind. Der Händler Klaus Geier erinnert sich: 1982 hat jemand die Festsäle des ehemaligen Restaurants im ersten Stock besichtigen wollen, in denen Herr Geier damals seinen Hobby-Shop betrieb. Der Besucher erzählte, er habe vor langer Zeit bei Huths gearbeitet, als Lehrling.
Leider weiß Herr Geier den Namen des Besuchers nicht mehr. Nur, daß er aus Neustadt an der Weinstraße gekommen ist.
So groß ist Neustadt nicht. Vielleicht arbeitet der ehemalige Angestellte noch heute in der Gastronomie. Ich rufe ein paar Hotels an und frage nach einem Berliner, der nach 1945 zugezogen ist. So finde ich den Hotelbesitzer Georg Wehner, der in den zwanziger Jahren im Weinhaus Huth gewesen ist. Die erste Spur.
Andere Namen kommen hinzu. In der Todesanzeige für Willy Huth steht eine Elisabeth Foitzik. Das ist die Verlobte des in den Dolomiten verunglückten Lutz, Ilse Huths Sohn.
Aus den Steinchen wird ein Mosaik. Elisabeth Foitzik, verheiratete Hengsberger, hat mir einen kleinen Stapel alter Papiere gegeben. Ihr Mann hatte sie in der Garage gelagert. Es sind Versicherungsbescheinigungen und Arbeitsbücher aus den dreißiger Jahren, von Angestellten, die zwischen 1934 und 1944 im Weinhaus Huth beschäftigt waren.

Wenzel Mulz ist Kellner, geboren am 5. April 1908 in Machendorf in Böhmen. So steht es auf seiner Quittungskarte der Angestelltenversicherung, die mir Frau Hengsberger gegeben hat.
Sein letzter Wohnsitz war Berlin-Pankow, Neumannstraße 117. Das Haus steht noch. Im ersten Stock öffnet mir eine alte Frau. Sie sieht mich an wie ein Gespenst. Ich bin seit über vierzig Jahren der erste, der nach Wenzel Mulz, dem Kellner, fragt. Er hat einmal im Haus Huth gearbeitet. 1943 ist er für Führer, Volk und Vaterland im Osten gefallen. Ich streiche seinen Namen von der Liste.
Wo ist der kaufmännische Lehrling Horst Janke aus der Prenzlauer Allee im Osten Berlins? Wo der Kaufmann Frithjof Helbig? Der Bäcker Alfred Dschenfzig? Ich habe ihre Adressen, aber dort gibt es niemanden mehr, der sich an sie erinnert, in Kreuzberg, Friedrichshagen, Lichtenberg und Steglitz, in den alten Mietskasernen der Prenzlauer und Schönhauser Allee, die selbst schwer tragen an der Last der Zeit. Meine Liste ist alt, und oft stehen nicht einmal mehr die Häuser.
Es ist alles viel zu lange her.
Ich suche nach Soldaten, die 1945 am Potsdamer Platz gekämpft haben. Dort verlief der Verteidigungsring »Zitadelle« — armselige Schützenlöcher und Gräben, in denen ein verlorener Haufe die Stellung hielt, damit das »tausendjährige Reich« ein paar Tage länger leben konnte.
Die »Division Müncheberg«, die im April 1945 längst keine Division mehr war, hat im Potsdamer S-Bahnhof ihren Gefechtsstand gehabt. Deutsche und französische SS-Soldaten der Divisionen »Nordland« und »Charlemagne« haben am Potsdamer Platz ihren »Führer« noch nach seinem Selbstmord verteidigt.
Ehemalige Wehrmachtssoldaten der Einheit »Müncheberg« melden sich auf eine Anzeige. Die Veteranen der SS sind zurück-

haltender. Die Zeit, sich mit vollem Namen zu stellen, so sagt ein Angehöriger von »Nordland«, sei »noch nicht reif«. Wann ist sie reif?

Aber dann finde ich doch einen französischen Ritterkreuzträger, der die Kapitulation als SS-Soldat am Potsdamer Platz erlebt hat, und einen Panzerkommandanten der SS, der dort die letzten Schüsse abgab.

Und ich finde eine alte Dame, eine Verwandte der Huths, die sich noch an den Bau des Hauses Huth erinnert, 1911, als sie geheiratet hat. So schließt sich langsam der Kreis. Ich kann erzählen.

Herrliche Zeiten

Fangen wir mit einer Hochzeit an.
Die Kapelle spielt den »Einzug der Gäste auf der Wartburg« aus der Oper »Tannhäuser«, Kinder streuen Blumen, und die Braut trägt einen Jungfernkranz: Am 27. August 1910 heiratet der Weingroßhändler Willy Huth die Tochter des Glasermeisters Bodo Diede, und der ist nicht irgendwer.
Herr Diede ist der Vorsitzende der Berliner Glaserinnung und ein reicher Mann. Wer etwas auf sich hält im Berliner Großbürgertum der Kaiserzeit, der läßt sich Fenster von der Firma Diede liefern, altdeutsch bunt und bleigefaßt. Auch fürs Kaufhaus Wertheim, den gerade sechs Jahre alten Prachtbau des Architekten Franz Messel in der Leipziger Straße, ein paar hundert Meter vom Weinhaus Huth entfernt, hat die Firma Diede die riesigen Fensterfronten gesetzt. 1931 und in der »Reichskristallnacht« werden sie von marodierender SA zerschlagen.
Dorothee, Bodo Diedes älteste Tochter, ist eine bildschöne Frau mit hochgesteckten blonden Haaren, eine energische Person, die nach dem Tod der Mutter den Haushalt für den Vater führt. Willy Huth, der Bräutigam, ist alles andere als ein stattlicher Mann und nicht gerade Herrn Diedes erste Wahl. Aber der Schwiegervater zeigt sich großzügig und spendiert dem jungen Paar eine Villa am Lützowplatz, dort, wo sich heute das Hotel Berlin befindet.
Die Hochzeitsfeier findet noch im alten Haus Huth in der Potsdamer Straße statt. Das ist ein hübsches Gebäude mit Vorgarten und verglaster Veranda, das nicht mehr lange existieren wird. Der Kaiser hat seinem Volk herrliche Zeiten versprochen, da

wollen auch die Huths dabeisein. Ein Neubau muß her, denn das alte Gebäude ist viel zu klein. Das ist schon bei der Hochzeit 1910 beschlossene Sache, zwei Jahre später soll es soweit sein.

Die über hundert Hochzeitsgäste laben sich am Hochzeitsmahl, neun Gänge. Sie löffeln Schildkrötensuppe, essen Gebirgsforelle und danach Rinderfilet. Es gibt Rehrücken in Sahnesauce, Helgoländer Hummer und Champagnersorbet, französische Poularden mit Wachteln garniert, frische Edelpilze und Pfirsichkompott.

Berlin erstrahlt im Glanz der Kaiserzeit, und die Reichen schlemmen. Die Kapelle spielt »Oh du my darling« aus der Operette »Miß Dudelsack«, es werden sieben Weine gereicht, darunter ein 93er Château Margaux, zum Schluß Champagner.

Wie sagten doch die Deutschnationalen damals? Ein guter Deutscher liebt den Franzmann nicht, aber seine Weine trinkt er gern.

Die Kapelle macht eine Pause, denn nun werden die Tischreden gehalten. Die sind lang und langweilig, gehen wir vor die Tür, an die frische Luft.

Nur ein paar Meter sind es zum Potsdamer Platz, an der Konditorei Telschow vorbei, am just eröffneten Siechen-Bier-Palast, der natürlich Palast heißen muß, obwohl er keine Helgoländer Hummer und französischen Poularden zu bieten hat für seine Gäste, sondern Würstchen für das kleine Volk. Das Haus Siechen, später Pschorr-Bier-Palast, ist eine der ersten Hochburgen für das Vergnügen der Masse.

Der Potsdamer Platz im August 1910. Straßenbahnen und Omnibusse mit offenem Verdeck haben die Pferdefuhrwerke verdrängt. Menschen hasten über den Fahrdamm, Kraftdroschken bahnen sich ihren Weg. Noch fehlt der berühmte Verkehrsturm, von dem ab 1924 der chaotische Verkehr geregelt wird. Aber schon fährt eine U-Bahn unter dem Potsdamer Platz. An den

Hochzeitsfeier im Haus Huth (Tischkarte)

Erfrischungsbuden kostet die Bockwurst fünf Pfennig, ein Selterswasser zehn. Da bedienen sich natürlich nicht die feinen Leute, sondern die Boten mit dem Dreirad, die Zeitungsjungen und Gepäckträger vom Potsdamer Bahnhof nebenan.
1910 hat Berlin 3 700 000 Einwohner und ist eine der am dichtesten besiedelten Städte der Welt. Ein Zuwachs ohnegleichen: 1867, vier Jahre vor der Gründung des Deutschen Reiches, haben erst 700 000 Menschen hier gelebt. Nun ist Berlin zur Reichshauptstadt geworden, im Osten entstehen die Mietskasernen mit den dunklen Hinterhöfen und am Potsdamer Platz die Statussymbole des neuen Reichtums.
Der kümmerliche Potsdamer Bahnhof, von dem 1838 die erste preußische Bahnlinie nach Potsdam abging, hat 1872 einem üppigen Neubau weichen müssen, dem ersten der großen Kopfbahnhöfe. Anhalter, Lehrter, Stettiner, Schlesischer und Görlitzer Bahnhof folgen.
30 000 Fremde kommen um das Jahr 1910 täglich nach Berlin, die essen, trinken, schlafen und sich amüsieren wollen. Am Potsdamer Platz werden die Luxushotels Fürstenhof, Palast und Bellevue gebaut. Ein Adelskonsortium errichtet das Esplanade, wo sich der Kaiser alljährlich mit pensionierten Generälen trifft. Wer nicht »von« ist, bekommt im Esplanade kein Zimmer.
Schon klagt die »Deutsche Bauzeitung«, das Überqueren des Potsdamer Platzes sei für »Fremde, Kinder, Frauen und Greise mit Gefahr für Gesundheit und Leben verbunden«, und ein Stadtbaurat Krause erklärt, die Frage der Entlastung des Potsdamer Platzes sei »eine brennende« geworden. Die Stadtplaner wollen neue Straßen durch die Tiergartenviertel brechen und den Potsdamer Platz untertunneln.
Ein »Wettbewerb Groß-Berlin« wird ausgerufen, denn »Kinder und Automobile müssen sich austoben können, sie daran zu hindern, wäre eine Verkennung ihrer Bedürfnisse, die sich rä-

chen würde«. Das schreibt ein Stadtbaurat 1910, man sieht, es ist alles schon einmal dagewesen, auch vor den gigantischen Umbauplänen des Herrn Speer und den Träumen der Architekten von einer »autogerechten Stadt« nach dem Krieg.
Berlin ist schon 1910 eine Metropole im Weltstadtfieber, lange vor den berühmten zwanziger Jahren. Es gibt sechzig verschiedene Zeitungen, und über den Potsdamer Platz führen vierzig Straßenbahn- und Omnibuslinien. Das Kaufhaus Wertheim, mit einer Grundfläche doppelt so groß wie der Reichstag, bietet unter anderem zwanzig Sorten Schoten und 28 Sorten Vogelfutter an.
Inmitten des Trubels wirkt das Café Josty am Potsdamer Platz wie eine Oase. Auf der Terrasse werden Fleischpasteten und Jostys berühmte Schokoladen serviert. Die Gäste lesen im »Berliner Tageblatt« von der Eröffnung des Sportpalastes. Oben auf dem Dach wirbt Leibniz für seine »Cakes«, die damals noch nicht Kekse hießen.
August 1910. Die Herren mit Strohhüten, die Damen im langen Rock. Es ist ein schöner Sommer, und noch vier Jahre bis zum großen Krieg. Auf der Huthschen Hochzeitsfeier trinken die Gäste auf »S. M.«, den Kaiser, der den Deutschen diese herrlichen Zeiten beschert hat, wenn auch mit dezenter Hilfe von fünf Milliarden Goldmark, die Frankreich nach dem verlorenen Krieg von 1871 an das Reich zahlen mußte.
Herrliche Zeiten, aber das alte Berlin schwindet dahin mitsamt seiner biedermeierlichen Gemütlichkeit. Vor dem glorreichen Aufschwung hat der Potsdamer Platz in beschaulicher Ruhe vor den Toren der Stadt gelegen, und der Komiker Karl Helmerding vom Wallner-Theater besang spöttisch die Idylle: »Kommt man vor das Pi-Pa-Potsdamer Tor, kommt Berlin mir wie ein Blumengarten vor.«
1792 hat König Friedrich Wilhelm II. die Potsdamer Straße zur ersten preußischen Chaussee ausbauen lassen, aber erst nach

den Freiheitskriegen von 1813 und dem Abzug der Truppen Napoleons wird das gesamte Gelände planiert. Kaffeegärten entstehen, und sonntags spielt Militärmusik. Am Potsdamer Platz, damals noch der »Platz vor dem Potsdammer Thore«, war Berlin zu Ende.

Eine vier Meter hohe Zollmauer umschloß die Stadt, damit Fuhrwerke nicht unkontrolliert herein- und Deserteure nicht hinauskamen. 1851 wurde die Mauer abgerissen. Mehr als hundert Jahre später, 1961, bauen die Ostdeutschen am Potsdamer Platz eine neue, torlos diesmal.

1871 versammelt sich vor dem Potsdamer Tor eine Menschenmenge: Die siegreichen preußischen Heere ziehen über den Potsdamer Platz. Sie haben nach den Dänen und den Österreichern nun auch den Franzmann geschlagen, dessen Weine man so gerne trinkt.

Siegestaumel in Berlin, und im stolzen Jahr 1871 wird in der Potsdamer Straße das Weinhaus Huth gegründet. Berlin wächst aus seinen Kleidern, es verschwinden die Kaffeegärten vor dem Potsdamer Tor und die Militärkapellen, es verschwindet, endlich, auch die Verbindungsbahn, die alle Berliner Bahnhöfe miteinander verband, um Truppen und Kriegsgerät quer durch Preußen zu verschieben, Grundstein für schnelle und glorreiche Siege.

Hundert Güterwaggons rollten bis dahin täglich über den Potsdamer Platz, ein fahnenschwingender Bahnbeamter schritt voran, und es staute sich der Verkehr.

Das lästige Hindernis ist beseitigt, der Potsdamer Torbezirk wird in Tiergartenviertel umbenannt, und die feinen Bürger bauen ihre Villen in die Blumengärten vor den Toren Berlins.

In der Potsdamer Straße wohnt auch Theodor Fontane, Stammgast bei Huths, deren Weinhaus er in »Effi Briest« erwähnt. Eine seiner Romanfiguren läßt er sagen: »Und dann ein kleines Vorsprechen bei Huth, Potsdamer Straße, die kleine Holztreppe

vorsichtig hinauf. Ich finde verschiedene Stammgäste, Frühschöppler, deren Name ich klüglich verschweige. Der eine erzählt dann vom Herzog von Ratibor, der andere vom Fürstbischof Kopp und der dritte gar von Bismarck. Ein bißchen fällt immer ab. Dreiviertel stimmt nicht, aber wenn es nur witzig ist, krittelt man nicht lange dran herum und hört dankbar zu.« Fontane wohnt nur fünf Häuser weiter. Jeden ersten Mittwoch im Monat gibt es einen »Fontane-Abend« im Haus Huth.
Das waren noch stille Stunden in der Potsdamer Straße, als die Stammtische »Oberwelt« und »Unterwelt« dort tagten und der »Allgemeine Deutsche Reimverein« mit den Dichtern Gustav Freytag und Heinrich Seidel. Zu vorgerückter Stunde, wenn die anderen Gäste schon gegangen waren, kratzte sich Seidel mit dem Fuß hinter dem Ohr, um seine Gelenkigkeit zu beweisen. Der Herr Seidel ist ein vielseitiger Mensch gewesen. Er hat nicht nur den Roman »Leberecht Hühnchen« geschrieben, sondern als Ingenieur auch das Dach des Anhalter Bahnhofs konstruiert.
Zu Huths kamen der Reichspostmeister Heinrich von Stephan und der spätere Großadmiral Alfred von Tirpitz, der das Deutsche Reich zur zweitstärksten Seemacht nach England aufrüsten wollte.
Aus der Zeit vor der Jahrhundertwende sind noch Fotos vom alten Weinhaus Huth erhalten. Ehrwürdige Herren im Bratenrock oder in Uniform sitzen da auf der Veranda vor ihrem Dämmerschoppen. Auch der Historiker und Nobelpreisträger Theodor Mommsen ist Stammgast bei Huths. Der Maler Adolph von Menzel, der seinen Stammtisch eigentlich im alten Schultheiß-Restaurant am Potsdamer Platz hat, das später dem Columbus-Hochhaus weichen muß, trifft sich bei Huth mit Fontane. Auf der Potsdamer Straße schreien die Gassenjungen hinter Menzel her, weil er so klein ist.
1877 wird Berlin Millionenstadt. »Im Herbst dieses Jahres«, so

erinnert sich der Schriftsteller Paul Lindenberg an seine Jugendzeit, »nahm mich mein Vater mit zu seinem Stammtische, der in der Huthschen Weinhandlung jeden Sonntagvormittag seine Mitglieder versammelte.
Welch' anderes Aussehen hatte das damalige Berlin in jener Gegend — mächtige Bäume beschatteten die Bürgersteige, nur vereinzelt gab es einige Läden. Die Wagen der Pferdebahn klingelten gemächlich dahin, und gelegentlich tauchten auch mit fröhlichen Menschen vollgepfropfte Kremser auf, deren unten befestigte Bierfäßchen hin und her schaukelten.
Das Überqueren des Potsdamer Platzes war mit keinen Gefährnissen verbunden. Auf demselben Platz hatte sich ja nach Schinkels Absichten der neue Dom erheben sollen, weil ›hier vor der Stadt Ruhe und Frieden herrsche‹.
An der linken Seite der Potsdamer Straße standen noch einzelne uralte Häuschen, zu deren Türen man vom Bürgersteige hinabsteigen mußte, und deren Dächer man mit der Hand berühren konnte.
Aber gemütlich und zutraulich war jenes Berlin, das noch nichts von elektrischem Licht, von Fernsprecher und Kraftwagen geahnt, und gemütlich und zutraulich ging's auch in der Huthschen Weinstube zu.
Hinter der Glasveranda im ersten Stock befanden sich mehrere Stuben mit dunkelroten, schon etwas verblichenen Plüschsofas, Ölgemälden und Fotografien einiger berühmter Gäste, unter ihnen jene des ehemaligen ›Literaturpapstes‹ Julian Schmidt, von dem eine dunkle Sage ging, daß er auf einem seiner Sofas oder bequemen Armsessel nach etlichen Flaschen guten Burgunders eines raschen und stillen seligen Endes verblichen sei.
Adolph von Menzel erschien meist zu später Stunde, ließ sich an einem unbesetzten Tische nieder und wies dem Kellner auf der Weinkarte knurrend die gewünschte Sorte. Er konnte viel vertragen, der kleine Menzel, und der ersten Flasche folgte bald die

zweite. Wiederholt wurde auch ein Nickerchen gemacht, und keiner wagte den berühmten Gast zu stören. Er sah es nicht gern, wenn man ihn begrüßte, und wurde nachts bei Fackellicht in der Potsdamer Straße gearbeitet, so zog Menzel sein Skizzenbuch hervor und zeichnete schnell einige der Figuren.
Der Besitzer der Weinstube, der prächtige alte Herr Huth, drückte jedem Gast beim Abschied freundschaftlich die Hand, und das beiderseitige ›Auf Wiedersehen‹ war durchaus ehrlich gemeint.«
Alt-Berliner Erinnerungen. Eine Wohnung in der Potsdamer Straße mit vier großen Stuben, Balkon und Garten wird 1865 für 170 Taler, rund 500 Mark, vermietet — in der Innenstadt muß man dafür fast das Dreifache bezahlen. Ein Dienstmädchen bekam damals sechs Taler monatlich, ein Hausmädchen vier.
In der Linkstraße, die schräg von der Potsdamer abgeht und direkt hinter dem Weinhaus Huth verläuft, haben bis zu ihrem Tod auch die Brüder Grimm gewohnt. Ihr Haus, Linkstraße 7, steht schon lange nicht mehr.
Aber der Rentner Friedrich Hucke, Jahrgang 1899, Augenzeuge aus der Zeit nach der Jahrhundertwende, lebt noch und kann erzählen. Seine Großeltern hatten in der Linkstraße eine kleine Schreinerei, und Großvater Hucke ist dort der einzige Handwerker in den vorwiegend von Geheimräten bewohnten Häusern gewesen.
Friedrich Hucke wurde in der Linkstraße geboren. Er saß bei seiner Großmutter auf dem Schoß und hörte ihren Geschichten zu. Und nun sitze ich bei Herrn Hucke in der Bundesallee und tauche ein in die Vergangenheit. Frisch und lebendig erzählt der Herr Hucke, als sei es gestern gewesen, daß die Großmutter sich im Vorgarten mit Jacob oder Wilhelm Grimm unterhielt.
Eines Tages haben die Grimms der gichtgeplagten Alten eine Erstausgabe ihrer Märchenbücher geschenkt, mit Widmung —

»Unserer lieben Frau Hucke« — und einer ganzen Seite voll von Lebensweisheiten. So erinnert sich Herr Hucke, denn er bekam das Buch geschenkt, als er noch ein Kind war, und hat es dann in der Schule gegen Briefmarken eingetauscht.
In der Linkstraße wohnte auch der Hauslehrer des Kronprinzen Friedrich Wilhelm, der 1888 für neunundneunzig Tage Kaiser wurde, bevor er an Krebs starb. Die Großmutter hat ihrem Enkel erzählt, wie die Häuser damals ausgesehen haben — eng und dunkel und die Klos im Hof. Und weil der Lehrer des Kronprinzen alt und kränklich war und die vier Treppen in den Hof nicht mehr gehen mochte, da wurde der Tischler Hucke geholt und mußte dem Herrn Geheimrat einen Kackstuhl bauen, so unfein hieß das damals.
Nach einem Besuch des Kronprinzen, so weiß der Herr Hucke, mußte sein Großvater noch mal ran. Exzellenz hatte sich beim Kronprinzen beschwert, daß die Fuhrwerke in der Linkstraße zu laut über das Kopfsteinpflaster polterten, und da gab Seine Königliche Hoheit kurzerhand Order, daß die Straße über neun Häuserbreiten mit Strohmatten abzudecken sei. Die durfte dann der Tischler Hucke flechten und auslegen, damit der Herr Geheimrat seine Ruhe hatte.
Die Beschaulichkeit hält nicht lange vor. Das wuchernde Wachstum der Metropole erreicht die Vorstadt, und Fritz Hucke erlebt die Profiteure eines frühen Wirtschaftswunders: Bauern aus dem Dorf Schöneberg, die ihre Ländereien als Baugrund verkauft haben und nun nicht mehr wissen, wohin mit dem Geld. »Früher waren sie mit einer Klingel durch die Linkstraße gezogen und hatten uns Gänse verkauft«, sagt der Herr Hucke. »Aber eines Tages brachten sie keine Gänse mehr, sondern fuhren in Dogcarts vor, zweirädrigen Kutschen, mit Dienern hintendrauf. Die Bauern trugen jetzt Zylinder und dicke Uhrketten und knallten vor unserem Haus mit der Peitsche.
Mein Vater ging mit ihnen zu Huths, und dann fraßen sie Kaviar

— Stiewelwichse, wie sie das nannten —, protzten mit ihren Rennpferden und Kaleschen. Millionäre waren das, Goldmark-Millionäre mit zehn und zwanzig Millionen auf der Bank, manchmal sogar auf der eigenen Bank, wie die des Bauern Rademann, dem fast die ganze Potsdamer Straße gehörte und der nun ein Vermögen von über fünfzig Millionen Mark besaß.«

Ich frage Herrn Hucke, wie er sich heute fühlt, wenn er die Steppenlandschaft links und rechts der Linkstraße sieht, diese Öde, ohne Häuser, ohne Menschen.

In der Bundesallee hat er sich eingegraben, der Herr Hucke. Hier oben lebt er nun zwischen Lackschränken aus China und afrikanischen Skulpturen, denn er ist rumgekommen in der Welt und hat sich ein eigenes Reich der Erinnerung eingerichtet. An den Potsdamer Platz erinnert nichts. Der ist nur noch in seinem Kopf und fast ein Märchen der Brüder Grimm. In die Linkstraße fährt er nicht mehr, denn er hat einfach keine Lust, die Bilder von einst mit denen von heute zu vergleichen. Er müßte suchen, wo die Schreinerei seiner Großeltern mal gestanden hat.

Heute hält kaum noch ein Wagen in der Linkstraße, weil es keinen Grund zum Aussteigen gibt. Der alte Dreifaltigkeitsfriedhof am Potsdamer Platz, wo viele Huckes begraben sind, ist längst eingeebnet. Als um die Jahrhundertwende die alten Häuser den Neubauten weichen mußten, als die berühmte Ring'sche Apotheke verschwand und die Leinenwarenhandlung im Schreiberschen Haus, da hatte auch für den Friedhof vor dem Potsdamer Bahnhof die Stunde geschlagen. Bis 1922 kündet noch ein Rasenstück von der ehemaligen Ruhestätte, dann wird Platz gebraucht für den Verkehr, und es verschwindet der letzte Rest Alt-Berlin.

»Es tut jetzt allen Urberlinern leid
Um die Lokale aus der alten Zeit,
Wo man im Dunst und Rauch behaglich aß,
Oft sechs Mann hoch bei einem Weißbierglas.
Kein alter Siechen grüßt uns mehr mit Humor,
Kein Dressel setzt uns mehr den Rotspon vor,
's Bierstübchen, das zum Altberliner paßt,
Hat längst gewandelt sich zum Bierpalast;
Französisch die Karte, nach der man serviert,
Aus England die Möbel, ganz frisch importiert,
Das Orchester aus Ungarn, die Kellner aus Wien —
So schwindest du hin, du mein altes Berlin!«

Couplet aus der Jahrhundertwende

Berlin tritt ein ins 20. Jahrhundert, Kaiser Wilhelm II. begrüßt die Jahreswende mit einer Hymne an seine strahlende Wehr: »Der erste Tag des neuen Jahrhunderts sieht unsere Armee, das heißt unser Volk, in Waffen, um seine Feldzeichen geschart, vor dem Herrn der Heerscharen knien.«
Noch lebt das Deutsche Reich im tiefsten Frieden, obgleich der Kaiser nach Weltgeltung dürstet. Noch trinkt der Kammergerichtsherr und Schriftsteller Ernst Wichert seinen Schoppen bei Huths, noch verabschiedet Wilhelm Huth, Sohn des Gründers Karl Christian, persönlich die Gäste.
Aber ringsum verändert der Potsdamer Platz sein Gesicht. Die Weltstadt baut sich ihre Tempel, und es ist, als ob das Weinhaus Huth zwischen den üppigen Neubauten ringsum immer kleiner würde. Das Nachbarhaus, Potsdamer Straße 3, ist fast zwei Stockwerke höher, und da es in der Bauflucht sechs Meter vorspringt, ist das Weinhaus Huth vom Potsdamer Platz aus kaum zu sehen.
Den traditionsbewußten Wilhelm Huth hat das wenig geküm-

mert. Schon der Urgroßvater des Gründers ist 1769 Kellermeister bei Friedrich dem Großen gewesen, und der berühmte Berliner Gastronom Louis Frédéric Niquet, von dem die Sage geht, er habe die Wiener Würstchen erfunden, weil er sie nach einem Stammgast mit dem Namen Wiener benannte, ist mit den Huths verwandt. Herr Huth kann auf seine Stammgäste zählen, was braucht er da Reklame und Blickfang.

Aber in den herrlichen Zeiten ringsum kann das Haus Huth keine Insel bleiben. Herr Huth begreift das nicht oder will es nicht begreifen. Er stirbt 1904, und sein Sohn Willy denkt anders als er.

Der neue Herr im Haus ist erst 28 Jahre alt, ein Jahr jünger als der Kaiser bei seinem Regierungsantritt. Mehr als fünfzig Jahre wird Willy Huth das Weinhaus führen. Dann ist nichts mehr so, wie es mal war.

1905, als Willy Huth das Haus übernimmt, hat er große Pläne. Der Weinhandel wird ausgeweitet, und er braucht mehr Platz für seine Gäste. Die stillen Tage am Potsdamer Platz gehören der Vergangenheit an.

Anne Marie Kühnemann ist die Tochter von Willy Huths Bruder Hermann und die älteste Augenzeugin, die ich gefunden habe. Sie wurde 1892 geboren und hat ihren Onkel in der Potsdamer Straße oft besucht. Heute lebt sie in der Nähe des Kurfürstendamms in einer Wohnung, die aussieht wie zur Zeit der Jahrhundertwende. Als ich den schweren Tisch und die Stühle bewundere, sagt sie: »Die hat mir Onkel Willy geschenkt.« Es ist das letzte Mobiliar aus dem Weinhaus Huth, das bis heute erhalten blieb.

Anne Marie Kühnemann hat noch den Kaiser im Tiergarten gesehen, in einer Kutsche, auf dem Bock ein Leibgardist mit wehendem Helmbusch. Sie fuhr mit der Pferdebahn zum Potsdamer Platz und ging zur Lindenstraße in die Privatschule der Englischen Fräulein Morris. Die lag nur ein paar Schritte vom Weinhaus Huth. Frau Kühnemann erinnert sich natürlich auch an Bodo Diede, den Glasermeister, dessen älteste Tochter Dorothee damals ihren Onkel Willy geheiratet hat — »bei der Eröffnung des Kaufhauses KaDeWe am Wittenbergplatz, 1907, stand der Name Diede groß auf den Scheiben«.

Im selben Jahr 1907 wird am Potsdamer Platz, gleich bei Huth um die Ecke, das Weinhaus Rheingold eröffnet, ein Prachtbau mit vierzehn Festsälen, der »kommenden Geschlechtern Zeugnis ablegen soll von unserem Können, ein Geschlecht dem anderen, die Gegenwart für die Zukunft« — so schwülstig feiert die Berliner Architekturwelt 1907 das neue Gebäude, in dem der Oberbürgermeister von London mit einem Festbankett der Stadt Berlin empfangen wird und der Kaiserliche Automobilclub unter der Schirmherrschaft des Prinzen Heinrich 1910 sein zehnjähriges Bestehen mit einem Festmahl feiert, bei Malossol-Kaviar, Gänseleber-Parfait in Madeira-Kruste und Nantaiser Enten.

Da spätestens muß es dem jungen Huth gedämmert haben, daß sich die alte Villa am Potsdamer Platz überlebt hat. Die alten Stammgäste sind verschwunden. Kein Theodor Fontane kommt mehr und kein Adolph von Menzel, und drüben im Rheingold feiert das Berliner Großbürgertum vor Wandtafeln aus Marmor und roter Seidenbespannung, bronzenen Springbrunnen und Palisander mit Perlmuttintarsien.

Dagegen kommen die verschossenen Plüschsofas und die verblichenen Fotografien in der Potsdamer Straße nicht mehr an. Ein neues Haus muß her, und ein Jahr nach der Hochzeit von Willy Huth und Dorothee Diede stellt Willy Huths Mutter Martha als Erbin das Baugesuch. Am 16. September 1911 beantragt sie beim Königlichen Polizeipräsidium in der Magazinstraße, Abteilung III, den Bau eines Geschäftshauses in der Potsdamer Straße. Gezeichnet, »ergebenst«, Martha Huth, geborene Schäffler.

So steht es in den Grundbuchakten im Amtsgericht Berlin-Moabit, die ich nach langen Querelen doch noch habe einsehen dürfen, vergilbten Bänden, die ähnlich lädiert aussehen wie heute das Haus Huth. Dutzende von Seiten wurden rabiat mit der Schere entfernt, meist Dokumente aus der Nazizeit. So schwer war nach dem Krieg der Anblick von Adler und Hakenkreuz zu ertragen.

Aber auch aus der Zeit vor der Jahrhundertwende fehlen Blätter. Es läßt sich nicht mehr feststellen, wann das Haus vor dem heutigen, die alte Villa mit der Holzveranda, eigentlich gebaut worden ist. Am 23. März 1877 hat es der Weinhändler Friedrich Karl Christian Huth, der seine Firma bis dahin im Nachbarhaus betrieb, für 420 000 Goldmark gekauft.

Seinem Enkel Willy gefällt es 1911 nicht mehr. Das Ingenieurbüro O. Leitholf in der Großbeerenstraße wird mit einem Neubau beauftragt.

Die Zeit drängt. Neben dem Potsdamer Bahnhof wächst das Haus Potsdam heran, das heute niemand mehr unter diesem Namen kennt, nur als Haus Vaterland, Berlins berühmtesten Amüsierbetrieb.

Das neue Haus Huth soll 1912 eröffnet werden. Da stehen am Potsdamer Platz schon ganz andere Paläste — neben dem Rheingold und dem Vaterland auch der Fürstenhof und das Esplanade. Aber das Weinhaus Huth wird sie alle überleben, auch die Pracht des Rheingold, das Bruno Schmitz, der Erbauer des Leipziger Völkerschlachtdenkmals, für 4,6 Millionen Mark errichtet hat. Vom Märchenland der Austern, Trüffeln und Spargelspitzen blieb eine Unkrauthalde.

Die Prachtentfaltung der Jahrhundertwende hat ihren Preis, da dürfen sich auch die Huths nicht lumpen lassen. Sie sind reiche Leute, aber ihr Reichtum hat Grenzen, und die Witwe Martha Huth muß den Neubau ihres Hauses teuer bezahlen.

Anne Marie Kühnemann, meine Augenzeugin, erinnert sich noch gut an die Witwe Huth, ihre Großmutter. Nach der Schule ist Frau Kühnemann in die Potsdamer Straße gegangen, und »Muttchen Huth« saß auf der Holzveranda, weil sie von dort den besten Überblick hatte. Ihr straffes Regiment war bei Familie und Personal gefürchtet.

1911, als Frau Kühnemann einen Marineoffizier heiratet, muß die Hochzeitsfeier in ein Hotel verlegt werden, denn das Weinhaus Huth, der schöne alte Bau mit der Holzveranda, ist abgerissen worden. Die Gäste werden in den früheren Pferdeställen auf der anderen Straßenseite bewirtet.
Drüben wächst ein fünfgeschossiges Geschäftshaus heran, mit Pfeilerfassaden und einer Front aus Kirchheimer Muschelkalkstein. Das Gebäude wird als hochmoderner Stahlskelettbau errichtet, zu einer Zeit, in der die meisten anderen Häuser nur hochgemörtelt werden, Stein auf Stein.
Die stabile Konstruktion rentiert sich erst dreißig Jahre später, als auf Berlin die Bomben fallen und ringsum Häuser auch ohne direkte Treffer zusammensacken, allein durch die Erschütterungen. Das Weinhaus Huth wird wanken, aber es fällt nicht und überlebt so bis auf den heutigen Tag.
An Bomben und Feuersbrünste hat 1912 noch niemand gedacht. Die Eisenkonstruktion erweist sich als teurer Spaß. Das neue Haus kostet rund 1,5 Millionen Mark.
Das ist eine hohe Belastung für die Familie Huth. Martha Huth nimmt ein Darlehen auf, 1,2 Millionen Mark von der Leipziger Lebensversicherung zu 4⅛ Prozent Zinsen. Die Schulden werden die Huths ein Leben lang verfolgen. Immer wieder, so steht es in den Grundbuchakten, müssen neue Hypotheken zur Tilgung der alten aufgenommen werden, bittet Willy Huth um Zahlungsaufschub oder niedrigere Tilgungsraten.

Selbst 1968, als die Stadt Berlin den Huths das Haus abkauft, ist der Bau nicht schuldenfrei.

1912, im Eröffnungsjahr, gibt es mit dem Bauamt Ärger. Willy Huths Architekten wollen die häßliche Brandmauer des Nachbarhauses mit einem Turmanbau verdecken. Gegen den Turm wehrt sich die Behörde, die angeführten »ästhetischen Gründe« verfangen nicht.
Im Januar kommt die Querele gar beim Minister für öffentliche Arbeiten an. Kaum auszudenken, was passiert wäre, hätte Exzellenz nicht schließlich doch Dispens erteilt. Denn nur durch den Kuppelbau ist das Weinhaus Huth auf alten Fotos vom Potsdamer Platz überhaupt zu erkennen. Unübersehbar reiht sich da noch Haus an Haus.
1945, als die anderen Häuser in Trümmer liegen, da reckt das Türmchen stolz sein Haupt über das Ruinenfeld: Es allein hat überlebt. Und ringsum blüht der schwarze Markt.

Oktober 1912: Die Huths rüsten zur Eröffnungsfeier. Das neue Haus ist ein Prachtstück geworden. Die »Bauwelt« widmet dem Ereignis drei Seiten, und eine Festschrift rühmt »die hervorragend günstige örtliche Lage des Geschäftes in unmittelbarer Nähe des Potsdamer Platzes, wo sich die Brandung großstädtischen Verkehrs besonders zeigt«.
Günstig auch, daß Reichstag, Landtag und Reichskanzlei, Ministerien und viele Verwaltungsgebäude in der Nähe liegen – Reichssicherheitshauptamt und Volksgerichtshof kommen erst später dazu.
Über tausend Quadratmeter mißt das Lager im Keller, wo der Wein auf Flaschen gezogen, verschlossen und etikettiert werden soll. Das Flaschenlager geht über drei Etagen, solide gehalten vom Stahlskelettbau.
Auf dem fernen Balkan schlagen die Völker aufeinander, in

Ägypten wird die Büste der Königin Nofretete gefunden und in die Reichshauptstadt gebracht. Ein Pfund Roggenbrot kostet sechzehn Pfennig, ein Pfund Kalbfleisch neunzig Pfennig, ein Pfund Butter eine Mark sechsunddreißig. An der Bismarckstraße wird die Deutsche Oper eröffnet, und im Reichstag ist der Bau von einundvierzig Schlachtkreuzern beschlossen worden. Da hat der Großadmiral von Tirpitz, Stammgast bei Huth, endlich was zu feiern.

Nicht unten in den beiden Schoppenstuben natürlich, sondern in den Gesellschaftsräumen im ersten Stock. Endlich ist genug Platz für die Gäste, im Langen und im Roten Saal, im Feldherrn-, Wappen- und Rundbauzimmer. Zehn Personen faßt der kleinste Raum, und im größten können bis zu hundert tafeln. Nun können sie kommen, die Herren Offiziere, die Minister und Geheimen Räte aus dem Regierungsviertel, die Reichs- und Landtagsabgeordneten, die Professoren von der Charité. In den eichenholzgetäfelten Sälen können sie ihre Hochzeiten feiern, ihre Jubiläen und Kommerse und die altdeutschen Buntglasscheiben bewundern, die natürlich von der Firma Diede stammen.

Von den heutigen Mietern kennen viele dieses Weinhaus noch, meist aus der Zeit zwischen den Kriegen. Aber niemand von ihnen ist jemals im feinen ersten Stock gewesen, nur unten in den Schoppenstuben, mit Blick auf die Treppe nach oben, die ins Hummer- und Champagnerreich entführt.

Die Treppe hat bis 1986 überlebt, aber sie trennte nicht mehr die Reichen von den Armen. Eine Zeitlang hat der Händler Klaus Geier dort Kartons gestapelt, jetzt stehen die Räume leer, und die Treppe ist abgerissen worden. Eine Reparatur hätte 40 000 Mark gekostet.

Am 2. Oktober 1912 schreiten die Gäste in Frack und Abendkleid zur Eröffnungsfeier in den ersten Stock. Ein großer Tag für Willy Huth, der nun ein Monokel trägt statt der Nickelbril-

le, ein Glückstag auch für Doro, seine Frau, die im Mai eine Tochter, Ilse, geboren hat.
Nur Muttchen Huth wird wohl etwas wehmütig gewesen sein inmitten der neuen Pracht. Verschwunden sind die gemütlichen kleinen Zimmer im alten Haus, die Plüschsofas und die vergilbten Fotografien. Nur das Porträt des Reichsgründers Bismarck ist noch da, denn die Huths sind deutschnational bis auf die Knochen. Verschwunden ist auch die alte Holzveranda, auf der Fontane saßen und der Maler Adolph von Menzel, der 1905 gestorben ist, ein Fossil aus dem vergangenen Jahrhundert.
Max Broemel hält die Eröffnungsrede. »Ein Segen«, sagt er, »hat bisher auf dem Haus Huth geruht, auf dem, was sie durch Fleiß und Umsicht, durch Sachkunde und Unternehmensgeist geschaffen.«
Ich weiß nicht, wer Max Broemel gewesen ist. Er muß schon 1912 ein alter Herr gewesen sein und Stammgast seit langem, denn er erinnert sich noch gut an Mommsen und Menzel und andere Gäste bis zurück zur Firmengründung 1871.
»Künstler, Dichter, Schriftsteller, Sänger und Schauspieler, Prinzen und Minister, Richter, Rechts- und Staatsanwälte«, sagt der Herr Broemel, »haben bei Huth eine Stätte, eine Flasche Rebensaftes zu mäßigem Preise zu trinken.« Natürlich lobt er auch die Weine des Franzmannes, »den wir nicht leiden mögen«.
Zwei Jahre später, im Oktober 1914, ist die Marneschlacht gegen den Franzmann verloren, aber wer denkt jetzt schon an einen Krieg. Im Feldherrnsaal klingen die Gläser. »Möge uns allen beschieden sein«, sagt Max Broemel zum Schluß, »im neuen Hause Huth in alter Traulichkeit noch recht viele Stunden zwangloser Geselligkeit, gemütvollen Frohsinns und geistiger Anregung zu verbringen.« Die Rede wird gedruckt, zum ewigen Gedenken, mit schwarzem Rand, wie eine Traueranzeige.
Noch haben die Gäste im Weinhaus Huth, im Rheingold um die Ecke, im Pschorr und im Fürstenhof ein paar Friedensjahre

vor sich. Im Haus Vaterland, nein, damals Haus Potsdam, staunen die Gäste über die Lichterfülle aus zweitausend Gaskandelabern.
In Berlin spielen täglich sechzig Theater, das Verkehrschaos am Potsdamer Platz wird nun mit einem Hornsignal geregelt, und in den Bier-Palästen rings um das Haus Huth kostet ein Menü zwischen ein und zwei Mark.
Das lockt die Provinzler an und die Angestellten aus den Büros ringsum, denen der Potsdamer Platz bald gehören wird. Willy Huth hat, bei allem Unternehmensgeist, bereits den Zug der Zeit verpaßt. In den Westen hätte er gehen sollen mit seinem neuen Haus, in die Nähe des Kurfürstendamms. Der Bau vom Kaufhaus des Westens 1907 war ein Signal.
Die Boheme, Maler, Journalisten, Schauspieler, hat den Anfang gemacht. Die feinen Leute ziehen vom Tiergartenviertel in den Grunewald um, und am Potsdamer Platz dominieren nach dem Ersten Weltkrieg die kleinen Leute. Willy Huth hat das kommen sehen, aber er wollte nicht weg aus seiner Welt. Zu dekadent roch dieser neue Westen.

1912, als das Weinhaus Huth mit großem Pomp eröffnet wird, ist auch Anna Hoop aus der Provinz nach Berlin gekommen, als Dienstmädchen, wie viele. Anna Hoop ist heute neunzig Jahre alt, und sie hat das Weinhaus Huth damals nur von außen gesehen. Was hätte sie dort auch verloren gehabt, mit einem Lohn von zehn Mark im Monat, bei freier Kost und Logis.
Von morgens um sechs bis abends um zehn war sie auf den Beinen, und nur alle vierzehn Tage gab's einen freien Tag. Die weiße Schürze, die alle Dienstmädchen trugen, mußte sie sich selber kaufen.
Die Huths da oben, Anna Hoop da unten. Fünfzehn Jahre ist sie damals alt gewesen, hat für die Herrschaften gedeckt und abgeräumt, Fußboden, Fenster und Türen geputzt, Tag für Tag.

»Ja, früher, da hat man was durchgemacht«, sagt die alte Frau heute. »Das waren bittere Zeiten für Leute wie mich. Die Herrschaften haben viel verlangt.«

Für Anna Hoop gab es keine Privatschule und auch keine Spaziergänge mit der Gouvernante. An ihren freien Tagen mußte sie abends um zehn wieder zu Hause sein.

Sie hat in einer kleinen Kammer unter dem Dach gewohnt, ohne Heizung, und im Winter heißes Wasser mit nach oben genommen, um sich zu wärmen. »Alles, was recht ist«, sagt sie, »so viel Arbeit, das war manchmal nicht zu glauben.« Einmal hat sie sich heimlich einen Kuchen gebacken, aber die Portiersfrau hat sie angezeigt, und es gab großen Ärger.

Sie zeigt mir ein Foto von früher. Ein hübsches Mädchen ist sie gewesen, ein bißchen mollig, mit großen braunen Augen. Auf dem Foto hält sie einen kleinen Blumenstrauß, das war kurz vor ihrer Verlobung. Heute lebt Frau Hoop in Nienburg, und sie hört ein bißchen schwer.

»Sind Sie denn mal im Weinhaus Huth gewesen?« frage ich.

»Wo denken Sie hin!« sagt die alte Dame. »Das war doch nur für die oberen Zehntausend. Ein teurer Spaß.«

Aber sie ist schließlich doch noch ins Haus Huth gekommen, wenn auch viele Jahrzehnte später. Als 1952 die Büroräume in den oberen Etagen zu Mietwohnungen ausgebaut werden, zieht Anna Hoop in die Potsdamer Straße. Ihr Mann ist da schon lange tot. Nur Herr Huth ist immer noch da, der alte Huth jetzt, und das Restaurant kümmert vor sich hin. Verschwunden ist die feine Gesellschaft am Potsdamer Platz. Nur die alten Linden vorm Haus, über die schon Herr Lindenberg geschrieben hat in seinen Jugenderinnerungen, sind dann noch da.

Anna Hoop blickt auf das Foto aus ihrer Verlobungszeit. Das war kurz vor Ausbruch des Ersten Weltkrieges. Von den herrlichen Zeiten, die der Kaiser damals den Deutschen versprach, hat sie nicht viel gemerkt.

Wir schreiben das Jahr 1913, Wilhelm II. feiert sein 25jähriges Regierungsjubiläum, der Potsdamer Platz ist mit Girlanden geschmückt. Zar Nikolaus II. kommt nach Berlin, Anna Hoop putzt bei ihren Herrschaften, im Zoo wird das neue Aquarium eröffnet, und am Kurfürstendamm wohnen fünfzig Multimillionäre.
Willy Huth gehört nicht dazu. Er hätte den Zug in den Westen mitmachen sollen, denn das Geschäft im neuen Haus läßt sich nicht so an wie erhofft. Vielleicht sind die altdeutschen Säle mit ihren dunklen Eichenholzwänden nicht so einladend wie die gemütlichen Zimmer im alten Bau mit der Holzveranda? Oder liegt es am jungen Huth, der so jung nun auch nicht mehr ist, sondern sechsunddreißig? Ausgesehen habe er wie ein Hohenzoller, so erinnert sich ein Verwandter, und nicht nur das. Stolz, hochfahrend und arrogant sei er gewesen, wie sein Kaiser. Für die 210 Angestellten war er der Herr, unnahbar, gönnerhaft, und selbst bei den Stammgästen hielt er Distanz.
Glasermeister Bodo Diede hat recht gehabt mit seinen Vorbehalten, und noch heute, nach über siebzig Jahren, rümpfen sie in der Diede-Sippe die Nase über Willy Huth. Ein Stiesel sei er gewesen, der »immer vornehmer sein wollte als er war«. Gut, vom Wein hat er was verstanden, aber wenig vom Restaurationsbetrieb — ein guter Weinhändler, ein schlechter Wirt.
Die Huths waren stolz auf ihre Tradition als Kellermeister. Bis Ende der dreißiger Jahre waren noch die Kassenabrechnungen von jenem Huth erhalten, der bei Friedrich dem Großen den Weinkeller führte.
Die alten Dokumente sind verschwunden, obwohl Willy Huth sie gehütet hat wie einen Schatz. Verschwunden ist auch das Gästebuch, an das sich Dr. Rudolf Neumann, vor vierzig Jahren Geschäftsführer der Berliner Weinhändler-Innung, noch gut erinnert: »Das war ein dicker Wälzer, in Leder gebunden, mit unzähligen Eintragungen von den Stammtischen, die Anwesen-

heitslisten führten und auch vermerkten, was sie bei ihren Treffen getrunken hatten.
Das war interessant zu lesen. Die haben für eine Flasche Wein damals zwischen vier und sechs Goldmark bezahlt. Das war damals viel Geld. Und davon soffen die Herrschaften mehrere Flaschen leer. Da sieht man, welches Publikum bei Huths verkehrte.
Und dann müssen Sie sich mal die Uhrzeit ansehen. Das passierte oft am hellichten Vormittag, so zwischen elf und eins. Die Offiziere und gehobenen Beamten konnten sich eben vormittags frei machen und dann für teures Geld ihre Schoppen trinken.«
Einmal ist bei Huths für den Grafen Zeppelin gesammelt worden, dessen Luftschiff von einem Sturm zerstört worden war. Da waren am Stammtisch bald 150 Mark zusammen — mehr, als das Dienstmädchen Anna Hoop in einem ganzen Jahr verdient hat.
»Das wurde«, sagt Herr Neumann, »aus der Westentasche bezahlt.«
Gar zu gerne hätte Dr. Neumann das Buch für sein Verbandsarchiv behalten, »aber dazu war Herr Huth nicht zu bewegen. Er wollte es uns nicht überlassen, und nach drei Wochen gab ich es zurück.«
Ach, hätte der Dr. Neumann das Buch doch bloß behalten. Es ist verschwunden.

Den Rentner Karl Rademeier soll ich nach den alten Zeiten fragen, haben mir Mieter im Haus Huth geraten. Der kenne noch das alte Restaurant aus der Zeit kurz nach der Eröffnung und wohne hier ganz in der Nähe.
Der Rentner Rademeier ist Jahrgang 1904, und er erinnert sich gut. Wir treffen uns in einem Café vorm Anhalter Bahnhof, an den nur noch der Rest des Portals erinnert. Im Eröffnungsjahr 1880 war er Europas drittgrößter Bahnhof, und die Halle wurde

nachts elektrisch beleuchtet, damals eine Seltenheit. Im Krieg ist der Anhalter Bahnhof ausgebrannt, aber die große Halle stand noch bis 1961. Dann wurde sie gesprengt. Beim Abbruch des Portals kam Protest gegen die planmäßige Vernichtung auf, und die Bauarbeiter stellten die Abrißarbeiten ein, als von der Vorderfront nur ein kläglicher Rest geblieben war.

Einen Moment lang sehe ich an Herrn Rademeier vorbei auf die Ruine und die Brachlandschaft dahinter. Hier bin ich im Herbst 1943 in Berlin angekommen und mit meinen Eltern durch die zerbombten Straßen gelaufen.

1987 findet auf dem Gelände eine Ausstellung zur Berliner 750-Jahr-Feier statt, und aus der Trickkiste der Holographie erhebt sich der alte Anhalter Bahnhof, als sei er nie vergangen.

Ich stehe wieder auf dem Bahnsteig, über mir wölbt sich das Hallendach, und ich bin wieder ein Kind auf meiner ersten Reise nach Berlin. Aber es ist nur eine Illusion.

Der Rentner Karl Rademeier blickt nicht einmal nach drüben. Er ist hier aufgewachsen, zwischen Potsdamer Platz und Anhalter Bahnhof, er hat die Lichter der Stadt gesehen, die Menschenheere und das Ende, was soll er sagen?

Nur ein paar Schritte sind es vom Café am Anhalter Bahnhof bis zum Weinhaus Huth. 1913 hat Vater Rademeier seinen Sohn mitgenommen zum Potsdamer Platz, am Café Josty vorbei, wo die Offiziere des Kaisers Zivil tragen mußten, und ist dann mit ihm hinauf ins Weinhaus Huth gegangen, in den feinen ersten Stock, wohin sich das Dienstmädchen Anna Hoop niemals traute.

Mucksmäuschenstill hat der junge Karl sein müssen, »denn da liefen keine Kinder herum wie heute, und einen Gast im Pullover hätte man gar nicht eingelassen«. Darüber wachten der Portier unten vor der Tür und oben ein Geschäftsführer im Frack.

Karl Rademeier erinnert sich an eine große Jagdgesellschaft, Bauern waren das, die Neureichen der Jahrhundertwende, die

ihre Fracks in London fertigen ließen und die Oberhemden in Brüssel.
Dunkle Anzüge hätte das Personal getragen, erzählt der Herr Rademeier, mit grünen Westen.
Vierzig Jahre später wird Karl Rademeier das Haus Huth doch noch im Pullover betreten, aber da gibt es keinen Portier mehr und keine Kellner. Längst sind die neureichen Bauern verschwunden, die Offiziere aus dem Café Josty in Flandern und anderswo verblutet. Verschwunden sind auch die Professoren und Geheimen Räte. Die Büroetagen sind zu Wohnungen ausgebaut worden, Willy Huth beklagt den Verfall der Zeit, und Karl Rademeier ist im Haus der erste Mieter.

»*Man drückt* uns das Schwert in die Hand«, erklärt der Kaiser am 31. Juli 1914, »Gott empfohlen«, und eine kriegsbegeisterte Menge singt »Nun danket alle Gott«. Von Gott ist jetzt viel die Rede. Es wird mobil gemacht, endlich kann der Großadmiral von Tirpitz seine neuen Schlachtkreuzer ausprobieren. Auch die Terrasse des Café Josty leert sich, auf zum Frühstück nach Paris.
Kriegsbegeisterung macht sich breit, und der Potsdamer Platz wird zur Zentrale des Radaupatriotismus. »Hier trafen sich die nationalistischen Banden«, erinnert sich der Politiker Hellmut von Gerlach, »um patriotische Lieder zu singen, Ausländer zu verprügeln, Spione abzufangen und sich in dem zum Café Vaterland umgetauften Café Piccadilly unter Vorantritt eines Pastors unter Bier zu setzen. An einem einzigen Tage wurden auf die Polizeiwache des Potsdamer Bahnhofes 64 angebliche Spione eingeliefert.«
Patriotisch geht es her im Weinhaus Huth, wenn auch etwas feiner. »Und dann kamen jene sturmbewegten, begeisterungsvollen Augusttage des Jahres 1914«, schreibt der Dichter Paul Lindenberg über den Kriegsbeginn. »Am 18. jenes Monates hatten

sich auf meine Veranlassung in der Hinterstube bei Huths die in Berlin wohnenden oder hierher gekommenen Kriegsberichterstatter versammelt, um hier mit ihren Frauen noch einmal glücklich vereint zu sein. Manch gutes und hoffnungsvolles Wort wurde gesprochen, manche Erwartung und Zuversicht gehegt, manch ›Auf Wiedersehen‹ im Westen oder Osten mit frischem Trunk begossen.«

Zwei Tage später fährt auch Herr Lindenberg als Berichterstatter gen Osten, »großen Ereignissen entgegen, denen wir aus nächster Nähe beiwohnen konnten«.

Der Kriegsberichterstatter wird Zeuge, wie Hindenburg die in Ostpreußen eingedrungenen russischen Armeen zerschlägt, »und ohne daß ich es wußte, hallte am Samstagabend, dem 30. August, die Huthsche Weinstube von hellstem Jubel wider, war es mir doch gelungen, lange vor der offiziellen Mitteilung die Kunde vom Tannenberg-Sieg nach Berlin gelangen zu lassen, die an jenem Abend durch Extrablätter überallhin verbreitet wurde«.

Jeder Schuß ein Russ'!

Es gellen die Siegesfanfaren, als sei der Krieg schon gewonnen, und in der Potsdamer Straße 4 gründen Patrioten den Verein Feldgrau 1914/1915, in dem »jeder unbescholtene Deutsche mit Freuden aufgenommen wird«, zum Monatsbeitrag von 1,50 Mark. Medaillen werden ausgegeben, »im Gedächtnis an die größte Zeit Deutschlands«.

Die herrlichen Zeiten sind vorbei, nun müssen Superlative helfen. Auch zwanzig Jahre später wird wieder Deutschlands größte Zeit beschworen, wie immer, wenn das Reich kurz vor der Katastrophe steht.

Bei Langemarck rennen deutsche Regimenter ins Maschinengewehrfeuer, »aber in Berlin jubelte alles«, sagt Robert Biberti, einst Stammgast im Weinhaus Huth und Mitglied der legendären Gesangsgruppe »Comedian Harmonists«.

»Die waren doch alle besoffen.«

Am Potsdamer Platz kommt der Verkehr zum Erliegen, wenn die trunkene Menge zusammenströmt, um den Kaiser hochleben zu lassen.

»Eine schöne Siegesfeier«, so schreibt im August 1914 nach der Schlacht bei Tannenberg die »Tägliche Rundschau«, »veranstaltete gestern nacht die Berliner Liedertafel, indem sie unter der Leitung ihres Chormeisters Max Wiedemann ein improvisiertes Konzert auf dem Potsdamer Platz gab. Der bekannte Verein hatte seinen Übungsabend abgebrochen, um dem überquellenden Jubel über den eben bekanntgewordenen großen Sieg in irgendeiner Weise Luft zu machen, zog zum Potsdamer Platz und überraschte und erfreute die zahlreiche Menge durch seine Kunst. Das ›Niederländische Dankgebet‹ und einige feurige Kriegslieder, darunter ›Lützows wilde, verwegene Jagd‹, wurden vorgetragen und von dem immer mehr anwachsenden Publikum mit tosendem Beifall aufgenommen. Bei den letzten Liedern ›Deutschland, Deutschland über alles‹, ›Die Wacht am Rhein‹ und ›Heil dir im Siegerkranz‹ fiel die schließlich den ganzen Platz füllende Menge ein, und so gestaltete sich schließlich das improvisierte Konzert zu einer patriotischen Kundgebung von überwältigender Schönheit.«

»Verdrescht die Feindesbrut im Krieg!
Die Hölle mögt Ihr stürmen!
Geht stramm durch dick und dünn zum Sieg!
Wenn selbst sich Schrecken türmen!
Macht aus ganz Frankreich Fricassé!
Rußland zum Deutschen Reiche!
Und aus ganz Englands Macht zur See
Macht eine Wasserleiche . . .«

Kriegslied von Julius Einödshofer, Text Alfred Schmasow

Doch der Jubel hält nicht lange vor, und als Karl Rademeier, wieder an der Hand seines Vaters, zum zweitenmal das Weinhaus Huth betritt, ist der Feldzug im Westen zum Grabenkrieg geworden. Der junge Karl nimmt Abschied von seinem Onkel, der — schon in Feldgrau — an die Front ziehen muß.

Es ist 1915, und dem reichen Deutschland gehen die Lebensmittel aus. Lebensmittelkarten werden eingeführt und es gibt K-Brot, mit zwanzig Prozent Kartoffelzusatz, so knapp ist im Reich nun das Getreide.

Feldgrau werden jetzt auch die Gesichter im Weinhaus Huth, und feldgrau ist der Umschlag der Weinpreisliste Nr. 41. Auf 24 Seiten bietet Willy Huth seine Weine an, darunter 56 rote Bordeaux', als teuerstes einen 1895er Château Haut-Brion, Schloß-Abzug, für 30 Mark. Man sieht, die Stammgäste müssen noch nicht darben.

Die Frauen von Einberufenen erhalten monatlich neun Mark, eine geübte Näherin verdient 2,50 Mark am Tag, ein Transportarbeiter bei Siemens 27 Mark bei 59 Stunden Arbeitszeit pro Woche.

Kein Wunder, daß die Berliner im zweiten Kriegsjahr abends zu müde zum Jubeln sind. Im Westen sind die Fronten im Stellungskrieg erstarrt, vor dem Reichstag demonstrieren Frauen für den Frieden, und im Haus Huth werden ab Herbst fleischlose Tage eingeführt, da schmeckt auch der Bordeaux nicht mehr.

In der Weinliste, die mir ein Berliner Sammler geschickt hat, steht eine Widmung: »Meinem lieben Matzel zur Erinnerung an die in der Heimat verbrachten fröhlichen Weihnachten 1915 von Ihrem Kurt.« Vergessene Namen, verschollene Menschen. An welcher Front hat der unbekannte Kurt gekämpft? Acht Wochen nach dem fröhlichen Weihnachten von 1915 beginnt der deutsche Angriff auf Verdun, 335 000 deutsche Soldaten und 360 000 Franzosen sterben.

Potsdamerstr. 139, Ecke Linkstr.

Schaumweine

Französisches Erzeugnis

	1/1 Fl. M.	1/1 Fl. Pf.	1/2 Fl. M.	1/2 Fl. Pf.
Moët & Chandon, Epernay				
Vin blanc Grand Mousseux	11	—		
White Star, sec	12	50	7	—
Cremant d'Ay rosé	12	50	7	—
Brût Imperial extra sec	12	50		
Veuve Clicquot Ponsardin, Reims				
England, demi sec	12	25	6	75
Sec, goût américain	12	25	6	75
Rosé	15	—		
Heidsieck & Co., Reims				
Monopole sec	10	75	6	—
Louis Roederer, Reims				
Grand vin sec	12	—		
Extra dry great Britain 1900er	14	—	7	50
Brût reserve for Great Britain 1904er	14	—	7	50
Pommery & Greno, Reims				
Carte blanche sec	12	—	6	55
Goût américain	12	75		
G. H. Mumm & Co., Reims				
Extra dry, goût américain	12	—	6	50
Perrier, Jouët & Co., Epernay				
Extra dry	11	75	6	50

und Weinstuben

1915: Reiche Auswahl an Champagner bei Huths

Am 1. Mai 1916 will Karl Liebknecht auf der Terrasse des Café Josty eine Rede halten, und am Potsdamer Platz wimmelt es von berittener Polizei und Spitzeln.

Abends um acht kommt Liebknecht am Potsdamer Bahnhof an, und eine große Menschenmenge erwartet ihn. »Liebknecht kam aus dem Bahnhof ohne persönlichen Schutz, wie er in jede andere Versammlung gegangen wäre«, erinnert sich die Politikerin Martha Globig. »In seiner Begleitung waren Rosa Luxemburg und andere Genossen. Die kleine Gruppe konnte wegen des starken Verkehrs nur schwer weiterkommen. Die Spitzel hatten sich bereits um Karl Liebknecht geschart, um ihn am Weitergehen zu hindern. Und so kam es, daß Liebknecht gar nicht bis zum Café Josty vordringen konnte, sondern mitten auf dem Potsdamer Platz seine berühmte Losung rief: ›Nieder mit dem Krieg! Nieder mit der Regierung!‹ Der Ruf war weithin zu hören, er pflanzte sich fort, wurde weitergetragen.

Im Handumdrehen war alles ein einziges Knäuel: Genossen versuchten, Liebknecht von den Spitzeln und Polizisten loszureißen, Rosa Luxemburg hängte sich an ihn. Aber es gelang nicht, Karl Liebknecht vor der Verhaftung zu bewahren. Die Polizeibeamten führten ihn ab.

Noch bis in die Nachtstunden dieses 1. Mai waren die Straßen in der Nähe des Bahnhofs mit demonstrierenden Menschen gefüllt, gegen die immer wieder Polizei eingesetzt wurde. Aber Karl Liebknechts ›Nieder mit dem Krieg! Nieder mit der Regierung!‹ war nicht mehr auszulöschen.«

Einen Monat später wird Liebknecht wegen Hochverrats zu vier Jahren Zuchthaus verurteilt.

In den Rüstungsbetrieben streiken die Arbeiter, und die Kohlrübe wird Volksnahrungsmittel — als Zusatz zum Brotteig, als Marmelade und Kaffee-Ersatz. »Es gab Steckrübensalat, Steckrübenaufstrich und Steckrübenpudding«, sagt Robert Bi-

berti von den »Comedian Harmonists«. »Grauenhaft hat das geschmeckt.«
Der berüchtigte Kohlrübenwinter bricht an. Weihnachten 1916 muß ein Erwachsener mit einer Tagesration von 270 Gramm Brot, 35 Gramm Fleisch mit Knochen, 25 Gramm Zucker, 11 Gramm Butter und 1/14 Ei auskommen.
Neunzehn Pfennig kostet das Ei jetzt, doppelt soviel wie vor dem Krieg. Die »Vossische Zeitung« druckt Rezepte für Saatkrähen und junge Spatzen (»Auf einen Sperling für die Person rechnet man 1/4 Liter Wasser«). Das Kriegsernährungsamt ordnet an, daß zum Weihnachtsfest nur eine Kerze zu benutzen sei.
Schlechte Zeiten auch für das Weinhaus Huth. Am 31. Mai 1916 beschließt der Bundesrat eine »Verordnung zur Vereinfachung der Beköstigung«. Danach dürfen »in Schank-, Gast- und Speisewirtschaften nicht mehr als zwei Fleischgerichte zur Auswahl gestellt werden. Zu einer Mahlzeit darf jedem Gast nur ein Fleischgericht verabfolgt werden.«
Grippe- und Ruhrepidemien gehen um, und viele sterben, von Hunger geschwächt. Alte Herren und Offiziere auf Fronturlaub treffen sich jetzt im Weinhaus Huth. Viele Stammgäste und die meisten Angestellten kämpfen und sterben an der Somme, in Wolhynien, der Bukowina oder auf den Panzerkreuzern des Großadmirals von Tirpitz — es gibt keine Dokumente, keine Berichte, die belegen könnten, wie viele von den über zweihundert Angestellten des Hauses Huth im Krieg geblieben sind.
»Vor den Verlustlisten, die an den öffentlichen Gebäuden angeschlagen waren«, schreibt die dänische Schauspielerin Asta Nielsen in ihren Memoiren, »sah man Frauen ohnmächtig zu Boden sinken. Einem alten Mütterchen — vielleicht war es noch gar nicht so alt, nur von Hunger und Kummer zermürbt — half ich eines Tages wieder von der Erde auf. Ich brachte sie zu einer

Bank, wo sie bald wieder zu sich kam und sitzen konnte. Lange blieb sie stumm, und ihr Körper zuckte, während die Tränen auf ihren fahlen Wangen Streifen zogen. Nach einer Unendlichkeit stammelte sie: ›Mein kleiner Junge, mein lieber, kleiner Junge. Es war der jüngste und letzte von vieren, die sie mir genommen haben mit ihrem Krieg.‹« Fast zwei Millionen deutsche Soldaten werden bis 1918 ihr Leben lassen.
1917 wird auch Fritz Hucke aus der Linkstraße Soldat. Die reichen Schöneberger Bauern, die er als Kind bei Huths hat tafeln sehen, bauen nun Steckrüben an, Fritz ist achtzehn und reif für den Krieg.
Herr Hucke reist ab, Herr Lenin kommt an. Am 11. April 1917 macht der plombierte Sonderwagen aus der Schweiz auf dem Potsdamer Bahnhof Station, aber niemand bekommt den ungewöhnlichen Berlin-Besucher zu Gesicht. Der Bahnsteig ist abgesperrt, und der Waggon wird zum Lehrter Bahnhof umdirigiert, dann kann Lenin weiterreisen. Die Revolution in Rußland, so hoffen die deutschen Heerführer, wird ihnen die ersehnte Entlastung bringen — Friede im Osten und im Westen Einsatz der abgelösten Truppen.
Doch die neuen Offensiven bringen nur magere Geländegewinne, und auch der Eisenbahnpionier Hucke kann das Kaiserreich nicht mehr retten. Vor den britischen Tanks, der unbekannten Schreckenswaffe, weichen die deutschen Heere zurück. In Berlin gibt es 125 Gramm Seife pro Kopf und Monat, und Willy Huth schenkt in seinem Restaurant den kostbaren Bordeaux nur noch an gute Gäste aus. Der Franzmann, den man nicht leiden kann, liefert keine Weine mehr.
Im November 1918 kehrt Fritz Hucke nach Berlin zurück und wird mit seinen Kameraden, in Fünferreihe, gegen den Potsdamer Platz in Marsch gesetzt. An der Potsdamer Brücke stehen Maschinengewehre, die stadteinwärts zeigen.
Fritz Hucke wundert sich, warum plötzlich überall Menschen

auftauchen, erregte Menschen offenbar, denn sie packen die Maschinengewehre der Soldaten und werfen sie, nieder mit dem Krieg, in den Landwehrkanal. Scharfe Munition ist an die Pioniere ausgegeben worden zur Bekämpfung der Revolution, pro Mann fünf Patronen, aber es waren der Revolutionäre zu viele, und viele Soldaten wollten nicht mehr schießen.

Der Pionier Hucke läuft zum Potsdamer Platz, am Weinhaus Huth vorbei. Er wird Zeuge einer historischen Stunde, denn es ist der 9. November 1918, Kaiser Wilhelm hat abdanken müssen, und der sozialdemokratische Reichstagsabgeordnete Philipp Scheidemann hat von einem Fenster des Reichstages die Republik ausgerufen. Am Potsdamer Platz müssen sich Offiziere mit gezogenem Revolver gegen Soldaten verteidigen, die ihnen die Schulterstücke herunterreißen wollen.

Verloren ist der Krieg, dessen Ausbruch bei Huths vier Jahre zuvor so begeistert gefeiert wurde, und des Kaisers schimmernde Wehr ist auf den Schlachtfeldern verblutet — »im Felde unbesiegt« natürlich, so wird wenig später an der Dolchstoßlegende gestrickt.

»Am Potsdamer Platz«, so erinnert sich der Schriftsteller Arthur Holitscher an den Sturz der Monarchie vom 9. November 1918, »hatte sich eine marschierende Menge gesammelt. Kompakte Kolonnen in der Breite von etwa zwanzig Mann, Arbeiter, Arbeiterinnen, die aus der Potsdamer, der Leipziger, der Königgrätzer Straße kamen, formierten sich zum Vormarsch gegen das Brandenburger Tor.«

Fritz Hucke sieht zu. Es gibt ein Foto vom Potsdamer Platz an diesem 9. November. Unübersehbar drängen sich die Menschen, rote Fahnen wehen, und irgendwo muß auch Fritz Hucke sein.

Im Hintergrund reckt sich das Türmchen vom Weinhaus Huth. Es spielt an diesem Tag nur eine Statistenrolle, obwohl eine Epoche zu Ende geht, auch für die Huths.

Das Kaiserreich existiert nicht mehr, und ins Schloß der Hohenzollern ist die rote Volksmarinedivision eingerückt. Nie wieder wird der Kaiser in einer Kutsche durch den Tiergarten fahren, verschwunden sind Gardeoffiziere und Adel, die feine Hofgesellschaft, und das Regierungsviertel hat seinen Glanz verloren, jedenfalls für Willy Huth, der die Sozialdemokraten nicht leiden kann.

Glanz und Terror

Der Eisenbahnpionier Hucke nestelt die Kokarde von der Mütze und stellt sein Gewehr am Potsdamer Platz an einen Wagen. Der Krieg ist aus.
Anna Hoop, die als Dienstmädchen nach Berlin kam, ist Straßenbahnschaffnerin geworden. Im Krieg gab es nicht mehr genug reiche Herrschaften, die sich Personal halten konnten und Zehn-Zimmer-Wohnungen über eine ganze Etage.
Am Potsdamer Platz werden Büros gebaut, in die Rechtsanwälte und Interessenverbände einziehen. Bei Huths verschwinden die Stammtische, und es kündigt der Hoffriseur Larsen, weil es keinen Hof mehr gibt.
Der Krieg ist vorbei, aber am Potsdamer Platz wird weitergeschossen – wie überall in der Stadt. Am 21. Dezember werden die Särge von 21 Opfern des Bürgerkriegs in einem Trauermarsch über den Platz geführt. Die Toten liegen auf Bierwagen, dahinter laufen rote Matrosen und Tausende von Zivilisten.
Nur kurze Zeit sind vor dem Reichstag Gewehre für eine Mark das Stück verkauft worden, vielleicht auch das von Herrn Hucke, aber nun werden sie wieder gebraucht.
Der kommunistische Spartakus-Aufstand bricht los, und rote Matrosen besetzen für kurze Zeit den Potsdamer Bahnhof. Am 6. Januar 1919 dringen sie dreimal gegen die Reichskanzlei vor.
Ab acht Uhr abends ist Ausgehverbot, schlecht für das Weinhaus Huth. »Am 8. Januar 1919«, so schreibt Marie von Bunsen in ihrem Buch »Die Welt, in der ich lebte«, »sprach ich über die Sozialdemokratie vor der Musiklehrerinnen-Vereinigung im Rheingold. Zwischendurch hörte ich scharfe Salven und Ma-

schinengewehrgeknatter vom Potsdamer Platz her. Dennoch fahren die Straßenbahnen. Aber es gibt keine Zeitungen.«
Die Garde-Kavallerie-Schützen-Division errichtet Straßensperren am Potsdamer Platz, Schilder drohen: »Halt! Wer weitergeht, wird erschossen«, und einige Soldaten tragen als Ausweis ihrer völkischen Gesinnung Hakenkreuze auf dem Stahlhelm, die ersten am Potsdamer Platz und nicht die letzten.
»Die großen Konditoreien Josty, Fürstenhof, Palastcafé, Vaterland«, so hat der Diplomat Harry Graf Kessler am selben 8. Januar notiert, »sind offen, hell erleuchtet und überfüllt. Um halb acht im Fürstenhof gegessen. Die eisernen Gittertore wurden eben geschlossen, weil ein Spartakusangriff auf den gegenüberliegenden Potsdamer Bahnhof erwartet wurde. Fortwährend fallen einzelne Schüsse. Als wir herauskommen, gegen neun, stehen aber noch immer Gruppen erregt diskutierender Menschen auf den Bürgersteigen. Die Straßenhändler mit Zigaretten, Malzbonbons, Seife schreien noch immer ihre Waren aus.
Café Vaterland ist hell erleuchtet. Ich gehe einen Augenblick hinein. Obwohl jede Minute Kugeln einschlagen können, spielt die Wiener Kapelle, die Tische sind gut besetzt, die Dame unten im Zigarettenhäuschen lächelt wie im tiefsten Frieden ihren Kunden zu.«

Das Jahr 1919 ist für das Weinhaus Huth keine reine Freude. Der Kriegsberichterstatter Paul Lindenberg, der 1914 so begeistert über die Tannenberg-Schlacht geschrieben hatte, ist heimgekehrt und trinkt wieder seinen Schoppen bei den Huths. »Zu Ende das blutige Kämpfen, zu Ende das furchtbare Ringen«, notiert er, noch immer vollmundig, später. »Und als wir wiederkehrten, da hatte sich Berlin verändert, auch unsere Huthsche Weinstube, deren Umgestaltung mit der neuen Zeit Schritt gehalten. Aber sonst ist sie die alte geblieben, was die Behaglichkeit und die Bacchusgaben nebst Zutaten anbelangt, und auch

heute noch versammeln sich dort gern jene, die sich bei edlem Trunk hinwegsetzen können über alles Kleinliche und Störende, was die Gegenwart bringt.«
Erinnerung verklärt. Aber vielleicht empfindet der Herr Lindenberg die neue Republik mit ihren Geburtswehen wirklich nur als kleinlich und störend, er wäre nicht der einzige. In Berlin herrscht Bürgerkrieg, und am 15. Januar 1919 werden Rosa Luxemburg und Karl Liebknecht von Angehörigen der Garde-Kavallerie-Schützen-Division ermordet. Am 25. Januar, bei Liebknechts Beerdigung, fahren regierungstreue Einheiten am Potsdamer Platz MGs und Geschütze auf.
Im März schlagen Regierungstruppen, die von der sozialdemokratischen Regierung nichts halten, aber noch mehr die Kommunisten hassen, den Spartakus-Aufstand nieder. Die Freikorps gehen mit schweren Geschützen und Minenwerfern gegen die Arbeiterviertel im Norden und Nordosten Berlins vor. Flugzeuge werfen Bomben ab, Häuser werden eingeäschert, über tausend Menschen sterben. Am Alexanderplatz stehen Ruinen — so wird 1945 Berlin aussehen.
Vielleicht haben beim Sieg über die Roten im Weinhaus Huth wieder die Gläser geklungen, weil hier alles beim alten geblieben ist, wie Paul Lindenberg meint. Doch viele Stammgäste sind nun verschwunden, der berühmte Stammtisch der Staatssekretäre Hoetsch und Hugenberg existiert nicht mehr, und der preußische Landadel, der früher sechs Wochen Saison in der Hauptstadt verbrachte, hat sich nach Potsdam verzogen. Von denen, die in der Kaiserzeit das Sagen hatten, sind nur die Hochfinanz und die Industriellen in Berlin geblieben, die bald einem neuen Herrscher, dem »Führer« diesmal, huldigen werden.
Die Welt im Weinhaus Huth ist nicht mehr dieselbe, weil die Welt ringsum nicht mehr dieselbe ist. Noch finden im Hotel Esplanade um die Ecke als Hofballersatz die Feste des adeligen Kurmärker Wirtschaftsclubs statt, und an jedem 26. Januar wird

der traditionelle Toast auf »Unseren allergnädigsten Herrn, Seine Majestät den Kaiser und König« ausgebracht, doch das Geburtstagskind ist kein Kaiser und König mehr, sondern hackt Holz im holländischen Exil.
Die jungen Damen, die vor 1918 nur mit Kavallerie tanzten und die Aufforderung eines Leutnants vom 1. Garderegiment zu Fuß als übergeschnappt bezeichnet hätten, tanzen nun Boston und Tango mit den neureichen Kriegsgewinnlern, den »Raffkes« und Schiebern. In Berlin gibt es 300 000 Arbeitslose.
Im Sommer 1919 ist Verkehrsstreik in Berlin. Gemüse- und Kohlewagen ersetzen die Omnibusse, Kremser und Droschken kommen wieder zu Ehren, und der Potsdamer Platz sieht aus wie zur Jahrhundertwende, so ganz ohne Autos. Aber des Kaisers herrliche Zeiten sind vorüber, und der Schriftsteller Paul Liebmann trauert den Tagen nach, »als ein Droschkenkutscher zehn Pfennig noch für ein Trinkgeld hielt und nicht für eine Beleidigung, und der Kaiser so populär war wie heute Fern Andra und Henny Porten«. Die neue Zeit sucht sich ihre Idole im Kino, da kann der Herr Liebmann lange trauern.
Die Nacht von Berlin, findet er, sei früher eine leichtlebige Person gewesen, aber die Berliner Nacht von 1919 sei grämlich. Grämlich sind alle, die sich an den Verfall der Monarchie nicht gewöhnen können.

Der Krieg ist vorüber, aber noch stehen Café Josty, Haus Vaterland und Hotel Fürstenhof, als sei nichts gewesen. Die deutschen Heere haben fern der Heimat kapituliert, und selbst die Großflugzeuge der letzten Kriegsjahre, die »Gotha«- und »Staaken«-Bomber mit sechs Mann Besatzung, wirken putzig gegen die späteren Fliegenden Festungen im Zweiten Weltkrieg. Noch ahnen die Menschen nichts von Luftminen und Phosphorkanistern, die Berlins Stadtmitte fünfundzwanzig Jahre später zertrümmern werden. Beim Spartakus-Aufstand von 1919 hat der

Potsdamer Bahnhof ein paar Maschinengewehrgarben abbekommen — was ist das schon gegen die Granaten, Panzerfäuste und Raketen aus Stalinorgeln, die bei Kriegsende selbst die Ruinen noch einmal pulverisieren.
Willy Huth weiß nach dem Ende des Kaiserreichs nicht mehr, wie ihm geschieht. Vor seinen Augen hat sich die Tiergartenkultur, der er angehört, verflüchtigt, der Kurfürstendamm die Tiergartenstraße als Flanierboulevard abgelöst. »Wohnungsauflösungen und Versteigerungen«, so schreibt Helmut Weidmüller in seinem Buch »Die Berliner Gesellschaft während der Weimarer Republik«, »wurden zum Symbol des Abflusses einer Epoche. Die Repräsentanten des neuen Reichtums bevorzugten nicht mehr die historischen Wohnstätten der Gesellschaft.«
Wie zum Trotz geht Willy Huth weiter im Tiergarten spazieren, als wolle er die Veränderungen ringsum ignorieren. Er spaziert die Tiergartenstraße entlang, durch zwei Jahrzehnte, durch Krieg und Nachkriegszeit, auch als der Tiergarten längst kein Garten mehr ist und im Mai 1945 Flugzeugwracks und Gräber vom Schlachten der letzten Kriegstage künden. Er geht seine Runden zwischen Schrebergärten und Neuanpflanzungen, ein tägliches Ritual, das erst der Tod beendet.

Berlin 1920. Die letzten Pferdeomnibusse werden eingestellt, der rechtsradikale Kapp-Putsch ist gescheitert, und ein Ei kostet jetzt 94 Pfennig, dreizehnmal mehr als vor dem Krieg.
Im Haus Huth feiert die schlagende Verbindung der »Jenaer Preußen« ihr 62. Stiftungsfest. Jenaer Preuße ist auch der Stammgast Ferdinand Sauerbruch. Mit ihren Frühschoppen an jedem Sonntag werden die Preußen dem Haus Huth bis in die dreißiger Jahre die Treue halten, dann ziehen sie an den Wittenbergplatz 3 um, in die Bier- und Weinstuben Alois, die einem ehemaligen Kellner im Weinhaus Huth gehören: Alois Hitler, dem Halbbruder des Führers.

Fast zehn Jahre ist Alois Hitler bei den Huths Kellner gewesen. Viele Angestellte erinnern sich noch gut an den nervösen Mann mit dem Oberlippenbärtchen, der es im Leben nicht so weit bringen wird wie sein Halbbruder Adolf und 1956 in Hamburg eines friedlichen Todes stirbt.

Am 10. Dezember 1921 erhält Albert Einstein, Direktor des Berliner Kaiser-Wilhelm-Institutes, den Nobelpreis für Physik, und bei der Premiere von Schnitzlers »Reigen« kommt es im selben Jahr zu antisemitischen Krawallen. Am Brandenburger Tor wird der Hotelkönig Lorenz Adlon überfahren. Er ist durch die mittlere Toreinfahrt gegangen, die bis 1918 nur dem Kaiser und den Seinen vorbehalten war. Aber nun gibt es keine Hohenzollern mehr, und Lorenz Adlon, an die neuen Zeiten noch nicht ganz gewöhnt, gerät unter die Räder.
Für das Weinhaus Huth beginnen die goldenen zwanziger Jahre, die freilich weder in Berlin noch anderswo so golden sind. Es ist eine Hochblüte der Boheme, ein Tanz aber auch auf dem Vulkan inmitten erbitterter politischer Auseinandersetzungen. Ein tiefer Riß geht durchs deutsche Volk. Zwischen Konservativen und Republikanern gibt es keine Brücken.
»Diese zehn großen Berliner Jahre«, schreibt Fred Hildenbrandt, damals Feuilletonchef des renommierten »Berliner Tageblattes«, über die Zeit von 1922 bis 1932, »waren nur und ausschließlich für folgende Leute zehn große Jahre: für Journalisten, Schriftsteller, Theaterdirektoren, Redakteure, Regisseure, Schauspieler und Schauspielerinnen jeglicher Art, Tänzerinnen und Tänzer, Kabarettisten, Maler, Bildhauer, Zeichner, Musiker und ihrer aller Anhang — diese allein und natürlich ihre Gäste, ihre Zuschauer und Zuhörer erlebten und genossen, schluckten, tranken, soffen und fraßen in diesen so viel zitierten ›zehn großen Berliner Jahren‹. Wir, die wir dazugehörten, hausten unter uns wie auf einer Insel. Denn rings um uns her, außerhalb unserer Welt, tobte ein erbitter-

ter und gnadenloser Kampf in der politischen und geschäftlichen Arena. Es ging um Leben und Tod, um Existenz oder Untergang. Die Parteien zerfleischten sich. Das Land wankte dahin. Das Schlachtfeld war übersät von Leichen. Wir auf unserer Insel der Glückseligen kümmerten uns wenig um das Martyrium des Vaterlandes. Eine betäubende Fülle künstlerischer Ereignisse ließ uns gar keine Zeit dazu, die harte, erbarmungslose Wirklichkeit zu sehen, zu hören, zu empfinden oder sie gar mitzumachen.«

Eine Weltstadt im Taumel. Die Menschen jubeln den Regisseuren Max Reinhardt und Erwin Piscator zu, Richard Tauber singt, Josephine Baker tanzt, Brecht und Weill führen ihre »Dreigroschenoper« auf. Es ist die Zeit der Atelierfeste, der Revuen und Fünf-Uhr-Tees. Niemals später gibt es wieder so verrückte Schlager — »Ausgerechnet Bananen«, »Ich wollt, ich wär' ein Huhn«, »Was will der Mayer am Himalaja«. Aber nicht Schlagerstars sind die Könige von Berlin, sondern die großen Tanzorchester: Bernhard Etté — eigentlich Bernhard Winter —, Hugo Strasser, Kurt Widmann. Im Hotel Eden am Zoo arbeitet Billy Wilder als Eintänzer und denkt noch nicht an Hollywood. Im Eden-Hotel hat 1919 auch der Stab der Garde-Kavallerie-Schützen-Division residiert, deren Soldaten Karl Liebknecht und Rosa Luxemburg ermordeten.

Goldene zwanziger Jahre: Die Mädchen tragen kurze Röcke und Monokel, und fürs Wochenende im Hotel kann man sich zum Preis von drei Mark Trauringe leihen. 1921 hat es im Café Josty noch Kuchen aus gefrorenen Kartoffeln und Zigarren aus nikotingetränkten Kohlblättern gegeben, ein Jahr später wimmelt der Potsdamer Platz wieder von Vergnügungssüchtigen, als hätten die Jahre der Entbehrung und Verzweiflung nie existiert.

Die Weltstadt hungert nach Glanz und Zerstreuung, der Terror bleibt. Die Menschen singen »Ich fühl' in mir den Kasimir«, und am 24. Juni 1922 wird Außenminister Walther Rathenau von Rechtsradikalen erschossen. Die Inflation galoppiert.

Im Weinhaus Huth werden die oberen Etagen zu Büros ausgebaut. Von Lokal und Weinhandel allein kann Willy Huth nicht länger leben. Die Neuköllner Vollkornwerke ziehen ein, die Rechtsanwälte Bachwitz und Happek, die Bürobau AG. Im Erdgeschoß eröffnet ein Herr Hurwitz sein Zigarrengeschäft.
Am Potsdamer Bahnhof wird der Dreifaltigkeitsfriedhof eingeebnet, längst ein lästiges Verkehrshindernis, und mit ihm verschwindet auch Mutter Michaelis' berühmte Blumenhalle, die dort seit Menschengedenken an der Friedhofsmauer klebte. Die Idee, auf dem Friedhofsgelände ein neuzeitliches Kaffeehaus zu eröffnen, scheitert an Protesten aus der Bevölkerung.
Über den Potsdamer Platz fahren täglich 40 000 Autos — 10 000 waren es vor dem Krieg. Wieder einmal müssen sich die Stadtplaner mit dem Verkehrschaos beschäftigen. Der Platz soll überdacht werden, mit einer Plattform für Fußgänger, aber das Projekt verschwindet in den Schubladen, wie sechzig Jahre später die unselige Westtangente.
Auf dem Höhepunkt der Inflation, 1923, kostet ein Brot zwei Milliarden Mark, im fernen München putscht im November ein Herr Hitler, und im Weinhaus Huth fängt Elsie van der Straeten an, Elsie aus Ost-Flandern mit dem kurzen Bubikopf. Sie arbeitet zuerst als Sekretärin und später an der Etikettiermaschine im Weinkeller. Die Kontrolle durch die Vorgesetzten ist hier nicht so streng, und man kann auch mal ein Gläschen heben. Eines Tages wird Elsie van der Straeten im Weinkeller die Flaschenpost verstecken, die den Untergang des Hauses Huth überlebt.
Im Jahr 1923 schlägt im Vox-Haus gegenüber auch die Geburtsstunde des deutschen Rundfunks. Wegen der räumlichen Enge müssen die Zimmer im dritten Stock mit Pferdedecken geteilt werden, und für aufwendige Sendungen werden Säle im benachbarten Rheingold gemietet. Den Hörern wird — noch immer ist Inflation — eine Jahresgebühr von 350 Milliarden Papiermark abverlangt.

Das Schloßparktheater nimmt für den teuersten Platz ein Pfund Butter statt Geld, und die Kinder singen:

»Eins, zwei, drei, vier, fünf Millionen,
meine Mutter, die kauft Bohnen,
zehn Milliarden kost' das Pfund
und
ohne Speck
du bist weg.«

Im November 1923 beendet die Einführung der Rentenmark den Spuk der Inflation. Der Potsdamer Platz wird zu einem Zentrum der vergnügungssüchtigen Masse, die nun für billiges Geld den Hauch der großen weiten Welt spüren will. Es lärmen die Straßenbahnen, es schreien die Zeitungsjungen und die Blumenfrauen, dudeln die Leierkastenmänner auf ihren Drehorgeln, und bei jedem Verkehrsstau gibt es Hupkonzerte. 1924 wird, eine Sehenswürdigkeit, der Verkehrsturm auf dem Potsdamer Platz errichtet, und ein Schutzmann gibt von der Kanzel aus Signale. Das Gedränge wird dadurch noch größer, denn nun kommen auch die Neugierigen von weit her und blockieren Fahrbahn und Bürgersteig.
»Der Führerschein II b«, spottet Carl von Ossietzky in der »Weltbühne«, »ist heute mehr wert als der Dr. rer. pol. und beinahe schon so viel wie früher das Leutnantspatent.«
Im Kaufhaus Wertheim in der Leipziger Straße leuchten hunderttausend Glühbirnen, staunen die Kunden über den Teppichsaal aus italienischem Nußbaumholz und die ostasiatische Abteilung mit riesigen Ballen Rohseide.
Kaufhäuser und Vergnügungspaläste sind die Tempel des neuen Massenwahns, und der Lebenshunger der Massen entlädt sich in einem Tanz-Kult ohnegleichen, Boston, Blackbottom, »da lie-

fen einem die Beene von alleene wech«, wie sich ein alter Mieter im Haus Huth wehmütig erinnert.
Vom Geschäfts- geht es direkt in den Amüsierbetrieb, und die Mädchen nehmen die Seidenstrümpfe gleich mit ins Büro. Nicht jedem gefällt die Emanzipation der zwanziger Jahre. »Immer mehr«, so resigniert der Schriftsteller Hans Ostwald in seinem Buch »Das galante Berlin«, »dringt der neu-sachliche Mädchentyp durch. Eine gymnastisch-tänzerische Generation, die keine Gemütshemmungen kennt, entzaubert und mechanisiert die Erotik. Sie ergibt sich einem übertriebenen Körperkulturfimmel, schminkt sich zwar die Lippen brennend rot in Herzform, kümmert sich aber um herzliche Bindungen nicht. Sie begnügt sich mit der kalten Phrase von der neuen Sachlichkeit. Ihr Ziel ist, mit allen Mitteln der Schönheitsindustrie zu wirken und zu werben, und ihr Wesen wird im Grunde ebenso beschminkt und gepudert wie ihr Gesicht. Jedes unberührte Mädchen wird schamvoll bei dieser zu weit getriebenen körperlichen und seelischen Entblößung, die allen Reiz und alle Süße nimmt.«
Eine deutsche Frau schminkt sich nicht. Bald wird einer kommen, der deutsche Tugenden predigt, und die Menschen werden ihm folgen. 1925, als der sozialdemokratische Reichspräsident Friedrich Ebert stirbt, wählen die Deutschen ausgerechnet den erzkonservativen Hindenburg zum Nachfolger, Heerführer des verlorenen Weltkrieges und Repräsentant einer vergangenen Epoche. Das zeigt, was sie wirklich halten von der ungeliebten Republik.
Auch die Justiz macht dabei keine Ausnahme. »Die Bezeichnung ›Schwarz-Rot-Mostrich‹ für die Farben der Republik«, so hat der SPD-Politiker Wilhelm Hoegner geklagt, »wurde von den Gerichten nicht als Beschimpfung betrachtet. Ebenso stellte das Reichsgericht fest, daß die Benennung ›Lappen‹ für die Reichsfahne keine Beleidigung sei.«

Auch Herr Huth ist von gestern, nie käme er auf die Idee, sein Restaurant für ein Massenpublikum zu öffnen, das Menüs für eine Mark fünfzig essen will und lieber Bier trinkt als Wein. Ein kleiner Lieferwagen parkt vor der Potsdamer Straße 5, mit Girlanden geschmückt, und eine Tafel in altdeutscher Schrift wirbt: »Nach dem Kino, dem Theater, Weinhaus Huth sei dein Berater.« Hoffnungslos altmodisch mutet das an inmitten einer Welt des Flittervergnügens. In der Komischen Oper am Bahnhof Friedrichstraße sagt Hans Albers die Revue »Tausend süße Beinchen« an, und Eric Charell, Berlins Revuekönig, entdeckt einen neuen Star, La Jana, die eigentlich Henny Hiebel heißt und aus Frankfurt stammt.

Nach der Premiere von Alban Bergs Oper »Wozzeck« entrüstet sich die »Deutsche Zeitung«: »Der Tag kann nicht mehr fern sein, da der Beischlaf auf der Bühne der Staatsoper coram publico vollzogen wird.«
Die Berliner tanzen auf dem Vulkan, und 1926 muß Willy Huth bei der Deutschen Hypothekenbank erneut ein Darlehen aufnehmen, eine saftige Million Feingoldmark zu Zinsen von acht bis neun Prozent. Damit löscht er ein Jahr später den Kredit der Leipziger Lebensversicherung aus dem Baujahr 1911, aber die Schulden sind so hoch wie zuvor.
1926 ist ein ereignisreiches Jahr. Der Berliner Funkturm wird eingeweiht, und Joseph Goebbels wird Gauleiter der NSDAP für Berlin. Bald wird er die ersten Massenumzüge der Nazis organisieren.
1926 wird in der Potsdamer Straße 35 ein Büro der Berliner SA eröffnet, und 1926 tritt auch Georg Wehner seine Stelle als Lehrling im Weinhaus Huth an, jener Herr Wehner, der 1983 seine frühere Arbeitsstätte am Potsdamer Platz noch einmal besichtigt hat und den ich nach kurzer Suche in Neustadt an der Weinstraße gefunden habe.

Für Herrn Wehner ist mein Besuch eine unverhoffte Begegnung mit der Vergangenheit. Ich kann ihm viel vom Weinhaus Huth erzählen und er mir. Von 1926 bis 1929 hat er in der Potsdamer Straße gearbeitet und den Rest der goldenen zwanziger Jahre gerade noch mitbekommen. Noch heute schwärmt er von der Lehrzeit im Haus Huth, Erinnerung verklärt, auch hier.
Er zeigt mir alte Fotos. Herr Wehner im dunklen Anzug und stolz wie ein König, denn im Weinhaus Huth angestellt zu sein, das ist damals eine Auszeichnung gewesen.
Es gibt auch andere Fotos, Georg Wehner als dritter von rechts in der Kochbrigade. Vor den riesigen gußeisernen Herden ist sie aufgereiht, 15 Mann hoch, und Georg Wehner erinnert sich noch an jeden einzelnen Namen, den Küchenmeister August Brune, seinen Chef, den Sous-Chef Baumgartner, die Rotissiers Lutze und Exner, die Sauciers Christensen und Habermann, den Entremetier Pelkenickel, die Gesellen Oertel, Schulze und Romeike, die Lehrlinge Gerhard, Werner, Paul und Alfred. Sechzig Jahre ist das her.
Auf dem Herd steht der riesige Marmite-Topf, ein kupferner Kessel, in dem die Grundsaucen hergestellt wurden. Küchenarbeit in großen Restaurants ist auch heute kein reines Vergnügen, aber ein Labsal im Vergleich zu der Plackerei von damals.
Georg Wehner, Jahrgang 1912, war vierzehn, als er zu Huths in die Lehre kam, und er weiß noch, daß er »selig und glücklich war«, als man ihn nach der Unterzeichnung des Lehrvertrages durchs Haus führte. »Die Räume waren wunderschön gepflegt«, sagt der Herr Wehner, »kein Pomp, sehr geordnet und solide.«
»Wie sind Sie eigentlich zu Huths gekommen?« frage ich. Georg Wehner stammt nicht aus Berlin, er ist in Beelitz geboren, einer kleinen Ortschaft fünfzig Kilometer vor der Stadt. Als er zehn war, starb sein Vater, der in Beelitz ein Restaurant besaß, und die Mutter sagte: »Ich lass' dir eine gute Ausbildung zukommen,

aber danach mußt du mir zur Seite stehen.« Daß er nach der Lehre das Restaurant seiner Eltern übernehmen würde, war Georg Wehner klar.

Georg Wehner hatte einen Onkel, der Koch war in einem Hotel unweit vom Potsdamer Platz, und der hat ihn ans Weinhaus Huth vermittelt.

Herr Wehner überlegt — wie hieß doch gleich das Haus, in dem sein Onkel gearbeitet hat? Richtig, das Hotel Prinz Albrecht ist es gewesen, »da war später die SS drin«. Nicht nur die SS war drin, sondern der Reichsführer der SS persönlich, Heinrich Himmler, der den Bau in der Prinz-Albrecht-Straße nach der Machtübernahme zu seinem Hauptquartier macht. Elf Jahre wird er darin residieren, bis zu seiner Flucht aus Berlin im April 1945.

Keine Adresse allerersten Ranges sei das Hotel Prinz Albrecht gewesen, schreibt ein Stadtführer der Jahrhundertwende. Eine Adresse allerersten Ranges für Massenmord und Ausrottung wird es erst 1934 mit Heinrich Himmler und seinem SS-Staat.

Vier Jahre wird Georg Wehner, der seine Stelle dem Onkel im Hotel Prinz Albrecht verdankt, im Weinhaus Huth arbeiten, beim Frühdienst von morgens um acht bis nachmittags um fünf, beim Spätdienst von vier bis nachts um eins. Lehrlinge machen da keine Ausnahme, auch wenn sie erst vierzehn sind.

Drei Mark pro Woche hat Georg Wehner als Kochlehrling im ersten Jahr verdient, danach gab es jedes Jahr eine Mark mehr. Das reichte nicht mal für die Miete, dreißig Mark im Monat für das Zimmer bei einer Tante in Lichterfelde, dann noch das Fahrgeld für die Linie 74 bis zum Haus Huth. Es ist dieselbe Linie 74, mit der ich zwanzig Jahre später von Lichterfelde in die Kinos am Potsdamer Platz fahren werde.

Es sind schöne Jahre gewesen für Herrn Wehner, auch wenn er den Amüsierbetrieb rings um den Potsdamer Platz nur als

Zaungast genießen konnte, zu spärlich war sein Lehrlingsgehalt. Aber die große weite Welt kam zu ihm ins Weinhaus Huth, es kamen die Schauspieler Fritz Kortner und Paul Wegener, der Dirigent Wilhelm Furtwängler von der nahen Philharmonie und einmal sogar der Großadmiral von Tirpitz, der nun schon fast achtzig ist und nicht mehr von Schlachtkreuzern für seinen Kaiser träumt.
Gleich vom ersten Tag an mußte der Lehrling Wehner mächtig ran, Silber putzen, eindecken, Wäsche holen, das Personalessen für die Angestellten kochen.
Willy Huth, der Chef, aß da nicht mit. Er setzte sich an den Stammtisch, zu seinen Geschäftsführern, immer unnahbar und auf Distanz bedacht.

1927 gehen die Geschäfte im Weinhaus Huth wieder etwas besser, und Herr Huth kann sich Reisen nach Monte Carlo leisten oder zur Jagd nach Schweden. Das Wildbret bringt er für die Gäste mit. Wenn Dora Huth, seine Frau, in der Villa am Lützowplatz ihre kleinen Feste gibt, zu denen der Professor Sauerbruch kommt und der Flieger Ernst Udet, dann müssen die Kochstifte mithelfen, das Essen in der Potsdamer Straße arrangieren und dann an den Lützowplatz schaffen. Dora Huth führt ein geselliges Haus, dreißig Personen pro Abend und mehr sind zu Gast. Im Weinhaus Huth herrscht jetzt oft drangvolle Enge, »und wenn Grüne Woche war oder Automobilausstellung«, sagt der Herr Wehner, »dann kochte der Laden über«.
Das hieß Hochbetrieb an dem sieben Meter langen Herd, der mit Steinkohle beheizt wurde. Die Fleischkochtöpfe dampften, und auf den drei durchgehenden Bratöfen stand Kupfertopf neben Kupfertopf. Dreihundert Essen pro Abend waren keine Seltenheit, und die vier Geschirrspülerinnen kamen kaum noch nach. Da haben natürlich auch die Lehrlinge helfen müssen, die schweren Kupfertöpfe zu putzen und die Kohlen aus dem Keller

zu holen. »Und wenn das nicht schnell ging«, sagt der Herr Wehner, »dann gab's ein paar hinter die Löffel.«
An den Tagen mit Hochbetrieb schafft Georg Wehner gerade die letzte Straßenbahn nach Lichterfelde, kurz vor eins. Herr Huth fährt mit seinem Horch nach Hause an den Lützowplatz, das heißt, er wird gefahren, denn natürlich haben die Huths einen Chauffeur.
Die 180 Plätze im Erdgeschoß und im ersten Stock sind fast jeden Abend ausgebucht, den Gästen werden die Speisen auf Silberplatten serviert, auch Herrn Adenauer, damals Oberbürgermeister von Köln und Mitglied des Preußischen Landtags in Berlin.
Zeit zum Verschnaufen gab's da nicht, nur wenn ein Zeppelin über die Reichshauptstadt flog, dann durfte das Personal mit dem Lastenfahrstuhl rauf aufs Dach. Einen schönen Blick hat man da oben auf den Zeppelin und die Menschen unten am Potsdamer Platz.
Auch am 17. Juni 1953 werden Leute aufs Dach steigen, Mieter diesmal, obwohl es keinen Zeppelin zu sehen gibt, aber viele Menschen am Potsdamer Platz und russische Panzer, die den Ostberliner Aufstand niederwalzen.

1927 wird das Haus Vaterland am Potsdamer Platz umgebaut, alles soll noch größer, noch protziger werden, als es schon ist. Bis zu 9000 Gäste kommen Tag für Tag, amüsieren sich im Puszta-Keller, in der Texasbar oder schauen in der »Bremer Kombüse« Dampfer- und Segelschiff-Modellen zu. 1100 Angestellte hat das Haus Vaterland, darunter über 200 Kellner.
»Hier ist die Masse bei sich selbst zu Gast«, hat der Journalist Siegfried Kracauer geschrieben. »Der Raum, in dem der Heurige genossen wird, bietet einen herrlichen Fernblick auf das nächtliche Wien. Matt hebt sich der Stephansdom vom gestirnten Himmel ab, und eine innerlich beleuchtete Elektrische entgleitet über die

Donaubrücke. In anderen Räumen fließt der Rhein, glüht das Goldene Horn, dehnt sich fern im Süden das schöne Spanien ... Je mehr die Monotonie den Werktag beherrscht, desto mehr muß sich der Feierabend aus seiner Nähe entfernen. Der genaue Gegenschlag gegen die Büromaschine ist die farbenprächtige Welt. Nicht die Welt, wie sie ist, sondern wie sie in den Schlagern erscheint.« Ein Disneyland der zwanziger Jahre.

Ins Vaterland kommen natürlich nicht nur die Angestellten aus den Büros, sondern auch die Besucher aus der Provinz, die Onkels aus Neu-Ruppin. Sie schreiten durch eine Halle, die großartiger ist als die im Adlon, und schnuppern so vom Duft der großen Welt: Talmi für die kleinen Leute, denn die Stadt wirbt mit dem Slogan »Jeder einmal in Berlin«.

Jeder einmal in Berlin: Richard Tauber kommt, der Kronprinz kehrt aus dem holländischen Exil zurück und läßt seinen Sohn Wilhelm, den Kaiserenkel, nicht ganz legal als Beobachter an einem Reichswehrmanöver teilnehmen, was den General von Seeckt um die Heeresleitung bringt; es kommt Herr Hitler und hält eine Rede, und es kommt, aus Dresden, Erich Kästner, der über die Provinzbesucher ein Gedicht verfaßt:

»Sie stehen verstört am Potsdamer Platz
Und finden Berlin zu laut.
Die Nacht glüht auf in Kilowatts.
Ein Fräulein sagt heiser: Komm mit, mein Schatz!
Und zeigt entsetzlich viel Haut.

Sie wissen vor Staunen nicht aus und nicht ein
Sie stehen da und wundern sich bloß.
Die Bahnen rasseln. Die Autos schrein.
Sie möchten am liebsten zu Hause sein.
Und finden Berlin zu groß.

Es klingt, als ob die Großstadt stöhnt,
weil irgendwer sie schilt.
Die Häuser funkeln. Die U-Bahn dröhnt.
Sie sind das alles so gar nicht gewöhnt.
Und finden Berlin zu wild.

Sie machen vor Angst die Beine krumm.
Und machen alles verkehrt.
Sie lächeln bestürzt. Und sie warten dumm.
Und stehn auf dem Potsdamer Platz herum,
bis man sie überfährt.«

Im »Baedeker« steht: »Für die Weiterfahrt ab Potsdamer Bahnhof stehen zur Verfügung: Anschluß an S- und U-Bahn, die Straßenbahnen 1, 6, 7, 8, 15, 21, 23, 24, 33, 40, 51, 52, 54, 57, 60, 61, 66, 67, 71, 72, 74, 80, 81, 87, 88, 101, 114, II, sowie drei Autobuslinien.«

In Wedding fließt Blut, fliegen Biergläser und Stuhlbeine, schreien die Menschen, wird nach Sanitätern gerufen. In den Pharussälen kommt es am 11. Februar 1927 zur Schlacht zwischen SA und kommunistischer Rotfront. Herr Goebbels, erst ein Vierteljahr in Berlin, hat ganze Arbeit geleistet.
Immer heftiger werden die Bürgerkriegsarmeen in den nächsten Jahren aufeinanderprallen. Die Berliner amüsieren sich im Luna-Park am Halensee und im Kabarett der Komiker, im Femina, im Wintergarten und in der Katakombe – draußen auf der Straße schlagen sich SA, Thälmanns Frontkämpfer und das Reichsbanner Schwarz-Rot-Gold der Sozialdemokraten.
Die Berliner Polizei steht auf verlorenem Posten – 150 000 Mitglieder hat im Reich allein der »Rotfrontkämpferbund«, drei Millionen das »Reichsbanner«, eine Million der »Stahlhelm«,

SA und SS erreichen 1931 zusammen 100 000 Mann. Die Berliner Bürger werden gebeten, die Fenster zu schließen.
Herr Wehner macht nach der Koch- auch noch eine Kellnerlehre, den Smoking muß er sich für 130 Mark selber kaufen, und daß er täglich ein frisch gestärktes Hemd trägt, darauf achtet schon sein Vorgesetzter, der Oberkellner Alois Hitler.
Georg Wehner hat ihn »als einen spitzen, sehr wienerischen Typ« in Erinnerung, der ab 1928 ständig zu den Nazi-Kundgebungen im Sportpalast gelaufen ist und den Herrn Hennings, einen der Geschäftsführer, belehrt hat, sein Halbbruder Adolf bringe es noch mal zu was.
Da hat der Herr Hennings gesagt: »Ach, reden Sie doch nicht.«
Das Haus Huth ist deutschnational, in den Sälen hängen Bilder von Bismarck und dem Kronprinzen. Die Nazis sind den Huths zu ordinär.
1928, Herr Wehner ist im zweiten Lehrjahr, ziehen die Nationalsozialisten mit zwölf Abgeordneten in den Reichstag ein, zwei Mandate weniger, als sie 1924 bekommen hatten. Der Lufthansa-Pilot Hermann Köhl überquert mit seinem Landsmann Ehrenfried-Günther von Hünefeld und dem irischen Major James Fitzmaurice den Atlantik zum erstenmal in Ost-West-Richtung, ein Jahr nach Lindberghs Flug von New York nach Paris.
Im selben Jahr wird im zweiten Stock ein Weinbüro eröffnet. Willy Huth hat sich dafür einen Fachmann engagiert, Dr. Unruh von der renommierten Weinhandlung Lutter & Wegener. Er bringt eine Einlage von 40 000 Mark mit, das hilft der Firma wieder auf die Beine. Zu seinem großen Ärger wird Herr Dr. Unruh zwar nicht Mitinhaber, aber er engagiert Reisende und vergrößert so den Umsatz außerhalb des Hauses.
Georg Wehner bekommt als Kellner endlich auch mal eine oder zwei Mark Trinkgeld und kann abends ausgehen, natürlich nicht in die feinen Häuser wie Fürstenhof und Esplanade, son-

dern in die Bierpaläste, ins Pschorrhaus etwa oder in den Bayernhof mit seinen riesigen Sälen, wo die Menüs ein Drittel weniger kosten.
Herr Wehner zeigt mir sein Lehrzeugnis. »Sein zuvorkommendes Wesen«, so hat ihm Willy Huth bescheinigt, »sein Fleiß, sein bescheidenes, aber doch bestimmtes Auftreten verleihen ihm eine besondere Qualität für den von ihm erwählten Beruf als Kellner. Seine Führung war tadellos.«
Mit diesem Zeugnis aus einem renommierten Hause hätte Georg Wehner überall unterkommen können, und er hat eine Zeitlang auch mit dem Adlon geliebäugelt, aber dann mußte er doch zurück nach Beelitz, um mit achtzehn den Betrieb seines verstorbenen Vaters zu übernehmen.

Vom 21. Dezember 1929 ist aus dem Haus Huth noch eine Speisekarte erhalten, von einer Hochzeitsfeier.
Ein Erwin Pikelke hat an diesem Tag ein Fräulein Inge Vorbrodt geheiratet, und es gibt Kraftbrühe mit Mark, Haffzander überbacken, Rehkeule in Sahne, Fürst-Pückler-Eis, Mokka und Liköre, dazu deutsche und französische Weine, die nun wieder reichlich vorhanden sind, obgleich man den Franzmann wegen seiner dreisten Reparationsforderungen noch immer nicht leiden kann. Fast sechzig Jahre liegt die Hochzeit zurück.

Herr Wehner ist heute ein alter Herr. Er hat es in Neustadt an der Weinstraße zu einem eigenen Hotel gebracht und sich in den Ruhestand zurückgezogen. Wir sitzen in seiner Wohnung nahe dem Stadtzentrum, und Berlin ist weit.
Ich lese ihm Namen von früheren Angestellten vor. Herr Wehner erinnert sich, aber er weiß nicht, wo seine Kollegen geblieben sind. Nur das Lokal von Alois Hitler am Wittenbergplatz 3 hat er viel später mal besucht, zusammen mit seinen Söhnen. Aber da war sein alter Chef schon tot. Und dann hat er den alten

Huth noch einmal getroffen, der freundlich war, aber unnahbar wie immer.
Herr Wehner erinnert sich, daß schon in den zwanziger Jahren immer über den schlechten Geschäftsgang gemunkelt wurde. Laut traute sich das natürlich niemand zu sagen, und tatsächlich, in den Grundbuchakten steht: Auch 1928 hat Willy Huth wieder ein Darlehen aufgenommen, 150 000 Mark von der Dresdner Bank diesmal. 1929 und 1931 werden Sicherungshypotheken über die hohe Summe ins Grundbuch eingetragen.

1929 gibt es zweieinhalb Millionen Rundfunkhörer. Gustav Stresemann stirbt, viel zu früh, im Alter von einundfünfzig Jahren, und die Zahl der Arbeitslosen in Deutschland überschreitet die Drei-Millionen-Grenze. 450 000 sind es allein in Berlin.
Am Wittenbergplatz — Alois Hitler arbeitet da noch im Weinhaus Huth — machen die Gebrüder Franz und Erich Sass Schlagzeilen. Sie knacken den Tresor der Berliner Disconto Gesellschaft, nachdem sie vom Nachbarhaus aus einen Tunnel gegraben haben.
1985 bin ich auf der Suche nach einer jüdischen Familie in die Birkenstraße 57 in Berlin-Moabit gekommen. Niemand erinnert sich an die 1943 Deportierten, wohl aber an die Gebrüder Sass. Denn auch die haben in der Birkenstraße 57 gewohnt, im Hinterhof. 1940 sind die beiden von den Nazis »auf der Flucht erschossen« worden.
1929 gehen die goldenen Zwanziger ihrem Ende zu, aber noch wird in Berlin gefeiert. Im Haus Vaterland wird die Revue »Berlin will lachen« aufgeführt, mit Loni Heuser und Grethe Weiser, es tanzen sechzehn Vaterland-Girls, fünf Stunden ohne Pause, und zwischen den Tischen kneifen ihnen die Gäste ins rosarot geschminkte Fleisch.

In der Scala tritt der Jongleur Rastelli auf, bei Aschinger kosten Erbsen mit Speck fünfzig Pfennig, und die Berliner singen »Oh, Donna Clara, ich hab' dich tanzen geseh'n, oh, Donna Clara, du bist wunderschön«.
Komponist dieses Schlagers ist Dr. Fritz Löhner, der unter dem Pseudonym Beda auch den Klassiker »Yes, we have no bananas« zu »Ausgerechnet Bananen« umgedichtet hat und der fünfzehn Jahre später in Auschwitz enden wird. Berlin gleicht »einem Kessel am Überkochen, mit einer Menge rosarotem Schaum drauf«, so der Maler George Grosz.
Im Wintergarten tritt Josephine Baker auf, nur mit einem Bananenröckchen bekleidet, Kurt Tucholsky verfaßt den Schlager »Mir ist heut so nach Tamalan« und widmet ihn der Sängerin Fritzi Massary. Beim Film geht ein neuer Stern auf — Hans Albers spielt die Hauptrolle in einem der ersten deutschen Tonfilme, »Die Nacht gehört uns«.
1929 nimmt das Fernsehen den Sendebetrieb auf, und am Potsdamer Platz werden die ersten Hochhäuser geplant, dort, wo noch das Café Josty steht. Wieder einmal soll ein Verkehrsplan das Chaos ordnen.

Ist es eine Lust zu leben? Das seriöse »Berliner Tageblatt« veröffentlicht jeden Sonntag Hunderte von Kontaktanzeigen, die kaum mit Heiratsgesuchen zu verwechseln sind. In der Potsdamer Straße haben die Mokkadielen Hochbetrieb, über die Kurt Moreck in seinem »Führer durch das lasterhafte Berlin« berichtet: »Die Logen sind eng und der Vorhang kein hermetischer Verschluß, aber die Kellner sind diskret und vertrauen darauf, daß ihr Taktgefühl beim Zahlen berücksichtigt wird. Wenn das Gedeck serviert ist, erscheinen sie nur noch auf Wunsch. Vor allem zwischen fünf und sieben sind diese Knutschlogen sehr begehrt.«
Am Potsdamer Platz schreien die Wurstmaxen der Firma

Koschwitz, täglich frisch im weißen Dreß. Bei manchen ist nicht nur Bockwurst zu haben, sondern auch Kokain. Das war schon damals Mode in Berlin, lange vor den Kindern vom Bahnhof Zoo.

Eines Tages sitzt Marie Krause aus Neu-Ruppin vor mir, Jahrgang 03 und noch ziemlich munter. Bei der Berliner Weinhändler-Innung hat man sich an ihre Schwester erinnert, die mal bei den Huths gearbeitet hat. So finde ich Herta Thiel, und Frau Thiel holt Mariechen, ihre Schwester, aus der DDR nach Berlin.

Ja, sagt Mariechen Krause, vierzehn Jahre habe sie bei den Huths gearbeitet, von 1926 an. Sie war eine der wenigen Angestellten, die auch im Haus gewohnt haben, unterm Dach mit Luke zur Straße und Fenster zum Innenhof, »nicht überwältigend schön, aber bequem«.

Zu acht sind sie da oben gewesen, aber Marie Krause erinnert sich nur noch an die Wirtschafterin Hulda Neumann und einen Heizer, der morgens den Herd, die Zentralheizung und den Heißwasserboiler für die Kaffeemaschine anstellte. Seinen Namen weiß sie nicht mehr.

Zu zweit haben sie in den engen Kammern gewohnt, aber es war angenehm, daß man nach der Arbeit nicht mehr nach Hause mußte, denn manchmal ging es bis nachts halb zwei.

»Haben Sie denn mit Ihrer Schwester zusammengewohnt?« frage ich. Nein, sagt Mariechen Krause, mit ihrer Schwester nicht. Mit Elsie.

Elsie?

Ja, Elsie van der Straeten aus Belgien.

So höre ich, nach drei Jahren Suche, zum erstenmal von Elsie, der Belgierin aus Ost-Flandern, die ab 1923 bei Huths gearbeitet hat und »im Jahre des Heils 1938« die Flaschenpost im Keller versteckte. Niemand hat sich beim Bezirksamt Berlin-Tiergar-

ten auf die Botschaft aus der Vergangenheit einen Reim machen können.
Die Elsie, sagt Frau Krause, sei eine bildhübsche Person mit krausen braunen Haaren und sehr schönen Beinen gewesen, aber leider immer etwas schlampig angezogen, ein leichter Vogel eben, etwas flatterhaft. Marie Krause blickt pikiert.
Elsie van der Straeten hat zuerst in der Telefonvermittlung gearbeitet, aber sie kam oft zu spät, weil sie abends so gern ausging. Sie hat die goldenen zwanziger Jahre auf ihre Weise genossen, zum Mißvergnügen von Marie Krause, die vom Lande kam und an Elsies nächtlichen Ausflügen nicht teilgenommen hat. Immerhin, sagt Frau Krause, hat Elsie ihrer Mutter jeden Monat zwanzig Mark geschickt.
Eines Tages muß es Herrn Huth wohl zuviel geworden sein mit dem ausgehfreudigen Fräulein Elsie und ihren vielen Verspätungen, und da hat er sie in den Weinkeller versetzt. Da saß sie nun und machte ab und zu »ein Prösterchen«, wie Mariechen Krause vermutet, natürlich, sie saß ja an der Quelle.
»Ein leichtes Mädchen«, sagt Frau Krause voller Mißbilligung. Sie weiß noch, daß die Kollegin aus Antwerpen stammte. »Die Elsie«, sagt sie, »ist sicher schon lange tot.« Marie Krause hat damals in der Warenannahme gearbeitet, und die Sitten waren streng. Es gab nicht nur eine Stempeluhr, sondern gelegentlich auch Leibesvisitationen beim Personal. Denn bei den feinen Huths wurde viel geklaut. Willy Huth zahlte bescheidene Gehälter, weil er es wohl als Ehre für das Personal ansah, in seinem Haus beschäftigt zu sein. Da hielten sich die Angestellten auf andere Weise schadlos. Wenn Hochzeit war im Haus und Marie Krause zwölf Stunden auf den Beinen, wenn die Vorgesetzten im Trubel ringsum mal die Übersicht verloren, nutzten viele Angestellte die günstige Gelegenheit. Die meisten haben im Osten Berlins gewohnt, wo die Mietskasernen standen und der Tisch nicht so üppig gedeckt war wie am Potsdamer Platz.

Ihrer Zimmernachbarin Hulda hat Marie Krause mal in die große Kaffeekanne geblickt, und da war ein Hühnchen drin statt Kaffee. Eine Kaltmamsell hat sie erwischt mit einer Büchse Ölsardinen und einem Stück Schinken unterm Hut, es aber nicht gemeldet, denn wer erwischt wurde, flog raus. Aus Angst vor der Leibesvisitation hat eine Angestellte einmal die Butter ins Klo gespült.

Herta Thiel, Mariechens Schwester, ist als Kaltmamsell zu Huths gekommen. Da war sie für die kalten Platten zuständig, den Aufschnitt und die beiden großen Kühlschränke in der kalten und der warmen Küche. Morgens um acht hat sie angefangen in der ersten Schicht, und um zwölf mußte die Küche stehen. »Wenn Grüne Woche war«, sagt Herta Thiel, »dann hab' ich gedacht, ich werd' verrückt. Frau Bönsch, die Annonceuse, brüllte die Bestellungen, neben mir wurden Gemüse und Kartoffeln geputzt, der Wein kam mit dem Fahrstuhl aus dem Keller, und der Eis-Maxe brachte das Stangeneis, mit dem die Kühlschränke damals noch gekühlt wurden. Wir mußten Salate machen, Heringssalat und Fleischsalat, und viele Extras.«
Eine Leine hatten sie gespannt vor der Glaswand zur warmen Küche mit den Zetteln für die Bestellungen, und wenn die Gutsbesitzer kamen, um mit zwanzig, dreißig oder auch achtzig Personen zu tafeln, wenn die Vorspeisen raus mußten im Sekundentakt, die Speisen, das Eis, die Kompotte und der Kaffee, dann wußte Frau Thiel manchmal nicht, wo ihr der Kopf stand. Zwölf Stunden war sie oft auf den Beinen.
Anschließend mußten sie noch aufräumen, die Lebensmittel in die Kühlräume bringen und die kalte Küche saubermachen. Das ging bis spät in die Nacht, so lange, bis auch der letzte Gast gegangen war. Dann war nebenan in der Abwaschküche noch Hochbetrieb, eine Frau für die Töpfe, eine zweite fürs Geschirr und eine dritte fürs Silber. Am nächsten Morgen mach-

ten schon um zehn die beiden Probierstuben im Erdgeschoß auf.

Und zwischendurch immer der Herr Huth, der sich Roggenbrötchen mit Gänseschmalz servieren läßt, entgrätete Ölsardinen mit Zwiebeln oder frisch angebratenes Roastbeef. Da springt das Personal, denn »wir hatten alle ein bißchen Angst vor ihm«, sagt Herta Thiel. »Er war immer so zurückhaltend, so ...« Sie kommt nicht auf das Wort.

»Unnahbar?« sage ich.

»Ja«, sagt Herta Thiel. »Unnahbar.« Das hat Georg Wehner auch gesagt.

Dreiundzwanzig Mark hat sie damals verdient pro Woche und nach der Lehre neunzig. Neunundvierzig Mark pro Woche wurden da fürs Essen abgezogen und für die kleine Kammer unterm Dach.

Alle vier oder sechs Wochen wurde Inventur gemacht in Küche und Keller, die Konserven wurden durchgezählt und das Berndorfer Silber. Willy Huth war ärgerlich, wenn Bestecke fehlten, aber auch die kamen weg, trotz der Aufschrift »C. Huth & Sohn«.

»Er war der Herr«, sagt Frau Krause, »wir war'n die Kleenen.«

Der Herr fährt abends mit der Limousine nach Hause in die Villa am Lützowplatz oder ins Sommerhaus draußen in Hohengatow, mit Blick auf die Havel, die Angestellten scheuern die Fliesen. Die Frau in der Abwaschküche, schweißgebadet, kippt mal einen, um in der Hitze nicht verrückt zu werden. Dann geht es mit der Straßenbahn nach Hause. Herta Thiel ist oft gelaufen, um zwanzig Pfennig Fahrgeld zu sparen.

Alle Viertelstunde wird die Küche tagsüber geputzt, davon merkt der Prinz Louis Ferdinand von Preußen nichts, der gern Gast ist bei den kaisertreuen Huths, schließlich hängt das Bild seines Vaters, des Kronprinzen, im Restaurant. Es wird auch dann noch dort sein, wenn das Bild des »Führers« längst obligatorisch ist.

Die goldenen zwanziger Jahre gehen zu Ende, Thomas Mann erhält den Nobelpreis für Literatur, Alfred Döblins Roman »Berlin Alexanderplatz« erscheint, und Herta Thiel rafft einen ganzen Monatslohn zusammen, um sich für hundert Mark eine Kamera zu kaufen, »das durfte ich meinen Eltern nicht erzählen, weil das so wahnsinnig teuer war«.
Himmler wird Reichsführer der SS, was 1929 kaum jemand zur Kenntnis nimmt, weil er noch nicht an der Macht ist, noch nicht Hausherr drüben in der Prinz-Albrecht-Straße, wo er die Massenmorde von Majdanek und Auschwitz organisieren wird.
Goebbels bereitet in Berlin das Terrain mit Sportpalast-Reden und Straßenschlachten, die Kleinbürger laufen in Scharen zu den Nazis über, in Berlin herrscht Hunger, blühen die Prostitution und der Korruptionsskandal. Auf dem Kurfürstendamm und anderswo werden Juden und als Juden Verdächtigte von SA-Trupps verprügelt, die Berliner stürmen die Kinos, die Revue-Theater, die Tanz- und Freß- und Saufpaläste.
Es blüht die Kunst des Boulevards, es blühen die seichten Schlager, aber es wetterleuchtet schon am Horizont, nein, kein künstliches Gewitter im Haus Vaterland, sondern der große Börsenkrach in Amerika, der Schwarze Freitag, und bald darauf die Weltwirtschaftskrise mit ihren Millionen Arbeitslosen. Konrad Adenauer nimmt ausgerechnet im Wohlfahrtsministerium an einem üppigen Büfett teil. Die Rechnung erscheint im Nazi-»Stürmer« als Beleg für die Dekadenz der Weimarer Republik.
Im Haus Huth wird Kaviar geschlemmt, fünfzig Gramm für sechs Mark, und Frau Thiel stellt die blauen Kilobüchsen raus mit dem Gummiband, wiegt vorher, wiegt nachher, auch wenn Willy Huths Verwandte an den Stammtischen schlemmen, wie der Herr Steuer, der Willy Huths Schwester Else geheiratet hat.
»Sind Sie denn am Potsdamer Platz auch mal ausgegangen?« frage ich die beiden Schwestern.

»Natürlich«, sagt Herta Thiel. »In die Winzerstuben in der Potsdamer Straße oder ins Café Telschow, Telschow-Schnitten für fünfzig Pfennig, ins Josty, Alt-Bayern oder Rheingold — und ins Vaterland, wenn wir Besuch vom Lande hatten, das war ja eine tolle Attraktion. Oder in den Pschorr-Bierpalast vorn an der Ecke, der hatte eine Extra-Ausgabe für Rostbratwurst. Wissen Sie, wir haben damals fürs Ausgehen nicht so viel Geld ausgegeben, das war eher etwas für höhere Schichten.« Vier Mark fünfzig hat das Menü im Weinhaus Huth da gekostet.
Wer kein Geld hat, geht spazieren und ißt sich mit den Augen satt, bestaunt die Kronleuchter aus Kristall im Kaufhaus Wertheim und die böhmischen Gläser, setzt sich in den Brunnenhof vor die vergoldeten Terrakotten. Die Schaufensterfront im Wertheim ist 330 Meter lang.
»Berlin«, schreibt Siegfried Kracauer 1930, »ist die Stadt der Angestelltenkultur; das heißt, einer Kultur, die von Angestellten für Angestellte gemacht wird und von den meisten Angestellten für eine Kultur gehalten wird.«
Herta Thiel spart zwanzig Pfennig für die Straßenbahn, die Gebrüder Sklarek, Leo und Willy, ergaunern in Berlin Millionen. Im September 1929 platzt ihr Textilimperium, das Krankenhäuser, Feuerwehr und Polizei mit Dienstkleidung versorgt hat. Dank ihrer guten Kontakte zu den Behörden haben die Sklareks von der Berliner Stadtbank großzügige Kredite bekommen, die sich schließlich auf knapp zehn Millionen Mark addierten.
Stadträte und Bankdirektoren haben von den Sklareks Schmiergelder genommen, es ist eben alles schon mal dagewesen in der Geschichte der Berliner Korruptionsskandale — Filz auch in den zwanziger Jahren.
Oberbürgermeister Gustav Böß von der bürgerlichen Deutschen Demokratischen Partei hat seiner Frau einen Nutria-Pelz spendiert, der 4000 Mark wert ist, und den Sklareks nur 375 Mark dafür bezahlt. Jetzt muß der Bürgermeister gehen, und

ein Spottvers weht ihm nach, frei nach dem Lied vom schönen Gigolo:

»Bürgermeister Böß, Bürgermeister Böß,
Denkst Du noch der Zeiten,
Wo Du einst im Amt
Gingst in Seid' und Samt,
Konntest Deutschlands Hauptstadt leiten?
Stellung ist passé,
Sklarek sagt ade,
Schöner Pelz, du gingst in Fransen!
Und nun zahlen wir zum Hohn
Dir 'ne riesige Pension.
Geh' und schnür den Ranzen!«

Goebbels kommen solche Skandale wie gerufen. Schuld an Korruption und Verfall der Sitten ist natürlich die verhaßte Weimarer Republik, der »Judenstaat«. Ein Jahr nach dem Sklarek-Skandal werden die Nazis im Reich ihren ersten großen Wahlsieg erringen.

Herta Thiel zeigt mir einen über fünfzig Jahre alten Band aus grauem Leinen, den sie gehütet hat wie einen Schatz. Es ist das Hausbuch des Weinhauses Huth, einst Geschenk für treue Gäste, und manchmal auch für treue Angestellte, wie Herta Thiel eine war.

In den letzten sechzig Jahren, so lese ich in der Einleitung von 1930, habe sich das Haus Huth »von innen heraus stetig entwickelt und Kräfte aufgespeichert, die auch den Stürmen der Nachkriegszeit trotzen konnten«.

Aber die schlimmsten Stürme stehen dem Haus Huth erst noch bevor. Es wird alle seine Kräfte brauchen, und am Ende werden auch die nicht reichen.

Ich blättere in der schmalen Fibel. Ernst blickt Firmengründer

Karl Christian Huth, ein vierschrötiger Mann im Bratenrock, ernst blickt auch Wilhelm Huth, sein Sohn. Sie haben das Haus Huth ins neue Jahrhundert geführt.
Willy Huth, der Enkel, trägt schwer an seinem Erbe. Er sieht mit seinem Kneifer eher wie ein Studienrat aus. Vom Vater hat er die Arroganz, nicht aber die Kraft und den Elan, um ein solches Haus zu führen. Mit den Katastrophen zweier Weltkriege und den Stürmen danach wird er erst recht nicht fertig.
Dreiundfünfzig ist er im Jahr 1930. Er hat keine Söhne, keinen Nachfolger, nur Ilse, die Tochter, die von ihrer Mutter verhätschelt, verzogen, unterjocht worden ist.
»Ja, Dora. Nein, Dora. Wie du willst, Dora«: So erinnern sich noch heute Verwandte an das verschüchterte Kind.
Ilse, jetzt achtzehn, wird mit zweiundzwanzig einen Juristen heiraten, Dr. Kurt Hengsberger. Die Ehe geht schief und später auch die zweite. Ilse Huth bleibt allein mit ihren Depressionen. 1976 begeht sie Selbstmord, mit vierundsechzig Jahren.
Auch die alte Villa mit der Holzveranda, die 1912 dem Neubau weichen mußte, ist in dem Hausbuch abgebildet, die Stammtische »Oberwelt« und »Unterwelt«, deren Mitglieder niemand mehr kennt. Und da ist ja auch das neue Haus mit dem Türmchen, den Probierstuben im Erdgeschoß und den getäfelten Sälen im ersten Stock. In der Spirituosenabteilung steht eine junge Dame mit Bubikopf und grauem Kittel an der Etikettiermaschine. Das könnte Elsie van der Straeten sein, deren Flaschenpost fast fünfzig Jahre im Weinkeller lag.
Düster wirken die Gewölbe mit den riesigen Stückfässern, ein ungemütlicher Arbeitsplatz, ohne Tageslicht, zwischen Flaschen und Regalen mit den Weinetiketten.

Nach diesen langen Reisen in die Vergangenheit bin ich manchmal zum Potsdamer Platz gegangen und habe in der Leere nach dem Gestern gesucht. Dort drüben, wo die Mauer einen Knick macht, muß das Vaterland gestanden haben, daneben, auf dem großen Schlammplatz, der Potsdamer Bahnhof. Der Wachtturm drüben im Niemandsland erhebt sich auf dem Gelände des Hotels Fürstenhof. »Von der Terrasse«, steht in einem Prospekt aus den frühen dreißiger Jahren, »haben Sie den besten Blick auf diesen Brennpunkt des Berliner Lebens.«

An der Voß- und Wilhelmstraße nahebei stehen heute Baukräne, lärmen Bagger. Über tausend Wohnungen, Läden, Gaststätten haben die Ostberliner Behörden hier zum Teil schon errichtet, und niemand kann noch erkennen, wo Alte und Neue Reichskanzlei gestanden haben, das Palais des Reichspräsidenten und das Auswärtige Amt, Symbole der deutschen Geschichte im Guten wie im Bösen.

Ein letztes Mal kommen Fundamente und Kellergeschosse zum Vorschein, ein unterirdisches Tunnelsystem mit Luftschutzbunkern und langen Gängen, die jetzt gesprengt werden müssen.

Das Achteck des Leipziger Platzes und die Konturen der Voßstraße sind 1984 von der Aussichtsplattform am Potsdamer Platz noch vage zu erkennen. Da drüben haben die Schinkelschen Torhäuser gestanden und links davon das Palast-Hotel. Verschwunden sind die letzten Bäume im Niemandsland, die S-Bahn-Schilder.

Ein Bus hält vor der Mauer, Touristen steigen aus. Auf dem Parkplatz war früher das Café Telschow, daneben der Pschorr-Bierpalast. Die Andenkenbuden stehen auf dem Grundstück vom Café Josty, wo des Kaisers Gardeoffiziere Fleischpasteten aßen oder Billard spielten.

Das weiße Rechteck hinter der Mauer, ein zubetonierter S-Bahn-Eingang, sieht wie eine Grabplatte aus. Kein Gedenkstein kündet von den Menschen, die hier in den letzten Apriltagen 1945 gestorben sind, als eine Granate direkt in den Eingang schlug. »Volltreffer«, hat ein Offizier der Division Müncheberg damals in sein Tagebuch geschrieben. »Männer, Frauen und Kinder kleben buchstäblich an den Wänden.« Wer weiß noch von diesen Toten?

Das Haus Huth liegt abseits. Die meisten Touristen gehen achtlos daran vorbei. Nach dem Blick vom Abscheugerüst steigen sie wieder in ihren Bus und fahren die neue Potsdamer Straße entlang, die über das Gelände des ehemaligen Volksgerichtshofes führt.

Kaiser Wilhelms Größenwahn und dann der von Adolf Hitler, das war zuviel für das Herz von Berlin.

»Veiji, du altes,
auch dich befehligte damals
ein König,
auf deinem Marktplatz ward golden
der Thron ihm gestellt.
Heute ertönt in den Mauern
das Horn des gemächlichen Hirten,
und über eurem Gebein
werden die Felder gemäht.«

Properz

»Man überquert«, so feiert eine Reklamebroschüre 1929 den Rhythmus der Großstadt, »den Potsdamer Platz, den Spittelmarkt, den Alexanderplatz, die Straße am Stettiner Bahnhof, den Wedding und dergleichen Punkte mehr. Da merkt man die gigantische Bewegung, das Flitzen, Flirren, Huschen und Sausen. Welle auf Welle jagt heran und flieht. Rasendes Tempo! Das Herz des Reiches, dies Berlin, pulst Leben! Vier Millionen Menschen in Betrieb, ein Fünfzehntel des deutschen Volkes im Schnellschritt.«

Wo führt er hin, der Schnellschritt? »Zehn Jahre später«, prophezeit die Werbeschrift, »wenn im gleichen Tempo der Aufstieg weitergeht, ist vieles höher vollendet. Dann wird Berlin der Mittelpunkt Europas sein.« Zehn Jahre später, 1939, beginnt der Zweite Weltkrieg, und nichts wird höher vollendet. Bomben ebnen die Hauptstadt ein.

Der von den Werbern 1929 beschworene Aufstieg verwandelt sich noch im selben Jahr in einen ebenso temporeichen Abstieg. Mit dem »Schwarzen Freitag« an der New Yorker Börse beginnt im Herbst die Weltwirtschaftskrise. Sie gibt der Weimarer Republik den Rest. 3,2 Millionen Arbeitslose im Reich, da naht die Stunde der Radikalen, und Goebbels hat die Nase vorn.

»Die Straße«, schreibt er in seinem Buch »Kampf um Berlin«, »ist nun einmal das Charakteristikum der modernen Politik. Wer die Straße erobern kann, kann auch die Massen erobern, und wer die Massen erobert, der erobert damit den Staat.«

Anfang 1930 wird der SA-Mann Horst Wessel von dem Kommunisten Ali Höhler erschossen, und Joseph Goebbels wertet das Vorstadtdrama — Wessel und Höhler waren mit einer Prostituierten befreundet — für seine Haßparolen aus.

Aus Wessel wird ein »Kämpfer für das erwachende Deutschland«, sein Lied »Die Fahne hoch« zur Nationalhymne der Nazis.

Willy Huth sitzt mal wieder zwischen den Stühlen. Die Sozialdemokraten mochte er nie leiden, aber mit den Nationalsozialisten kann er auch nicht. Die rüden Straßenkrawalle, die aggressiven Reden der NS-Führer schrecken ihn ab. Wie hat doch Gregor Strasser, Hitlers Reichsorganisationsleiter, gesagt? »Höflichkeit bis zur letzten Leitersprosse, aber gehenkt wird doch.« Pech für Strasser, daß er sich mit Hitler zerstreitet. 1934, beim Röhm-Putsch, fällt er selbst von der Leitersprosse und wird in der Prinz-Albrecht-Straße exekutiert.

»Es werden Köpfe rollen«, hat Adolf Hitler versprochen, und der Kabarettist Willi Schaeffers fragt:

»Wenn wir wüßten, was der Adolf mit uns vorhat,
Wenn er die Macht erst mal am Brandenburger Tor hat.
Müßten wir dann alle braune Kragen tragen?
Dürft' kein Mensch dann mehr das Wörtchen ›Nebbich‹ sagen?
Wünschen wir dem Adolf Heil?
Oder nur das Gegenteil?«

Weiter reicht die Phantasie von Willi Schaeffers nicht. Aber da ist er nicht der einzige.
1930 schließt das Café Josty, auch ein Symptom. Es hat sich überlebt, ein Relikt aus der Kaiserzeit wie das Weinhaus Huth.
Willy Huth, ein Mann in den besten Jahren, wird nun endlich Herr im Haus. Seit 1905 führt er die Firma, ein Vierteljahrhundert lang, aber bis jetzt hat das Haus immer noch seiner Mutter Martha Huth gehört, obwohl sie nun draußen in Kohlhasenbrück wohnt und kein Auge mehr hat auf das Kommen und Gehen im Restaurant. Ja, wenn es das alte Haus noch gäbe mit der Holzveranda, mit den Stammgästen Fontane, Menzel und Paul Wallot, dem Reichstagserbauer, mit den alten Salons im ersten Stock, wo auch »Muttchen Huth« zum Inventar gehörte, vielleicht wäre sie bis an ihr Lebensende am Potsdamer Platz geblieben. Aber nun wohnt sie draußen vor den Toren der Stadt und kann ihren Sohn nicht länger kujonieren. Das hat Dora übernommen, die Ehefrau.
Am 5. Mai 1930 verkauft Martha Huth ihr Haus an Willy Huth und seine Schwester Else für anderthalb Millionen und eine Leibrente von jährlich 40 000 Mark. Das ist viel Geld für die neuen Besitzer. Doch da stirbt Muttchen Huth am 20. Dezember in Kohlhasenbrück. Sie ist vierundsiebzig Jahre alt geworden.

Schulden belasten den Besitz. 1,1 Millionen Mark der Hypothekenbank Meiningen, 150000 der Dresdner und noch mal 150000 Mark der Darmstädter und Nationalbank — Willy Huth weiß kaum noch weiter. Im Juli 1930 beantragt er beim städtischen Bauamt den Ausbau des Dachgeschosses für zusätzliche Mieter und begründet das »mit großen Lasten und dem nicht befriedigenden Geschäftsgang des im gleichen Hause befindlichen Betriebes«.
Neue Mieter ziehen ein — die Firma Zeiss, die Märkische Haftpflicht, der Patentanwalt Stöckicht, die Ingenieure Fürstenau & Valerius, Baustoff-Schulz, der Optiker Fromm.

Bei der Uraufführung des Filmes »Im Westen nichts Neues« 1930 lassen die Nazis weiße Mäuse los, es gibt Tumulte, bis der Antikriegsfilm nach dem Buch von Erich Maria Remarque verboten wird. Aufsehen ganz anderer Art erregt »Der blaue Engel«, weil Marlene Dietrich dort ihre Beine zeigt. Im Tiergarten sitzen die Arbeitslosen rum, alte Frauen müssen Zeitungen oder Streichhölzer verkaufen, entlassene Angestellte hängen sich Schilder um: »Nehme jede Art von Arbeit an.« Aber es gibt keine. Glücklich kann sein, wer jetzt bei Huths in Stellung ist.
Mehr Bettler als sonst gibt es in der Stadt der Lichtreklamen, in der so viel Schatten ist. Mehr Betrunkene, mehr Eckensteher, mehr ambulante Händler — Scherenschleifer, Lumpensammler, Stiefelputzer mit und ohne Gewerbeschein, die nur Pfennige verdienen.
Ums nackte Überleben hat zuletzt auch die Weimarer Republik gekämpft, es hilft ihr nichts. Im März 1930 ist Heinrich Brüning Reichskanzler geworden, er geht gegen die Wirtschaftskrise mit Notverordnungen an, die die Not noch größer machen. Die Steuern werden erhöht und die Beiträge für die Arbeitslosenversicherung, das treibt Hitler neue Wähler zu. Ende 1930 wird es

im Reich viereinhalb Millionen Arbeitslose geben, und die Nazis ziehen bei den Wahlen im September mit 107 Abgeordneten in den Reichstag ein.
Mit 6,4 Millionen Stimmen ist die NSDAP zweitstärkste Partei nach der SPD geworden, Grund zum Jubeln für Herrn Goebbels im »Sportpalast« und für den Kellner Alois Hitler aus dem Haus Huth, der ja schon immer gesagt hat, daß sein Halbbruder es mal zu etwas bringen werde. Achtmal so stark wie noch vor zwei Jahren ist die Partei von Adolf Hitler und noch drei Jahre von der Macht entfernt. Dafür hat mit seinem Geld und seinen Zeitungen vor allem der Pressezar Alfred Hugenberg gesorgt.

Marie Krause, die im Haus Huth als Wirtschafterin bis jetzt in der Dachkammer gewohnt hat, wird das Zimmer gekündigt. Willy Huth braucht die Räume für seine neuen Mieter, er braucht vor allem die Miete, und Frau Krause kann nun sehen, wie sie nachts um halb zwei nach Hause kommt.
Sie hat keinen Horch wie der Herr Huth, und manchmal ist die letzte Bahn schon weg.
Der Herr Huth mag vom guten Leben nicht lassen, trotz der drückenden Schulden, und das Personal serviert Hummer und Kaviar bei den privaten Feiern in der Villa am Lützowplatz 10. Auch Hermann Köhl kommt jetzt, der zwei Jahre zuvor den Atlantik in Ost-West-Richtung überquerte und nun ein berühmter Mann ist, Leiter der Nachtflugdienste bei der Luft Hansa in Berlin. Er hat die Strecke nach Königsberg mit Anschluß nach Moskau und Leningrad eingerichtet.
Bei Huths wird geschlemmt. Frack und Abendkleid, so hat Elfriede Köhl erzählt, die Frau des Atlantikfliegers, seien bei den Einladungen im Haus Huth selbstverständlich gewesen. Als »ganz reizende Menschen« hat Frau Köhl, »Peterle« genannt, die Huths in Erinnerung und Dorothee Huth als »heitere, tap-

fere Frau«. Jahrelang gehen die Köhls bei den Huths ein und aus, und 1938 widmet Hermann Köhl »seiner lieben Freundin Dora« ein Gedicht:

»Liebe Mutti Huth,
es geht mir schon ganz gut.
Denn nicht nur das ›Befinden‹,
sondern auch das ›Sich-selber-Finden‹
ist ausschlaggebend in der Zeit,
wo Schmerz und Trübsal Menschen oft entzweit.
Ich hab in dieser Zeit so recht empfunden,
wie Peterle ihr Herz für mich zerschunden,
und strahlend leuchtet jetzt dem ›Herrle‹
der gute Peter, meine große Perle.«

Hermann Köhl stirbt wenig später im Alter von fünfzig Jahren. Seine »große Perle« lebt heute noch, in München, sie lebt in ihren Erinnerungen an längst vergangene Zeiten und an ihren Mann, den Luft-Hansa-Pionier.

Fünfundvierzig Morgenzeitungen, vierzehn Abendzeitungen und zwei Mittagszeitungen erscheinen Anfang der dreißiger Jahre in Berlin, die Extra-Ausgaben nicht mitgerechnet. Am Potsdamer Platz glitzern die Leuchtreklamen, obwohl es den Leuten immer schlechter geht. Lord-Zigaretten »schonen die Nerven« für sechs Pfennig das Stück, so verkündet ein Plakat am Columbus-Haus, das gerade errichtet wird, und da hat wohl auch jemand im Haus Huth gemerkt, Reklame könne nichts schaden, nimmt einen Zettel und notiert: »Es bricht sich Bahn nur das, was gut, drum geh' ins Weinhaus Huth.«
Besonders mitreißend ist das nicht, deshalb verschwindet das Blatt in einer Schublade. Nach fünfzig Jahren kommt es wieder zum Vorschein – eine Angestellte hat es aufgehoben.

Anni Rockstroh hat 1930 als Kaltmamsell im Haus Huth angefangen. Damals hieß sie noch Anni Richter und war froh, endlich Arbeit zu haben. Aber zweiundzwanzig Mark Wochenlohn, das war auch 1930 herzlich wenig, und dann wurden ihr noch elf Mark fürs Essen abgezogen. »Montags stand Mutter vor der Tür und holte den Rest«, sagt Frau Rockstroh. Montags war Zahltag.

Morgens um sieben ging es mit der Arbeit los, und ein freies Wochenende gab es nicht. Huths Angestellte bekamen nur dienstags frei. Schon um neun Uhr wurden die ersten warmen Essen geordert, Omeletts und halbe Portionen Pökelkamm. In der zweiten Schicht lief der Betrieb bis tief in die Nacht, mit Prairieaustern und Krabbencocktails.

»Da mußte man ganz schön flitzen«, sagt Anni Rockstroh und zeigt mir Fotos aus den dreißiger Jahren. Ein hübsches junges Mädchen ist sie gewesen mit braunen gelockten Haaren, kein Wunder, daß sich der Koch Gerhard Rockstroh für sie interessierte.

Er hat seit 1928 bei Huths gearbeitet und ist damals extra aus Eisenach gekommen, um sich als Commis vorzustellen. Im vornehmen Hotel Excelsior, gegenüber vom Anhalter Bahnhof, hat ihn Herr Huth nach Hummer und Austern befragt, was eben die Gäste so essen in seinem Haus, und Gerhard Rockstroh hat sich nicht einmal zu fragen getraut, was er denn bei Huths verdienen würde. »Der Alte war ein verrückter Kerl«, sagt er heute, »ein Pedant, und eingebildet. Ein Zeugnis aus einem Bierlokal hat er nicht für voll genommen.«

Ich sitze bei den Rockstrohs in Ost-Berlin zwischen Speisekarten und Fotoalben. 1936 haben sie geheiratet, das ist jetzt vierundfünfzig Jahre her. Aber Anni Rockstroh lacht immer noch so fröhlich, wie sie auch auf den alten Fotos aus dem Weinhaus Huth gelacht hat, obwohl die Zeit damals für sie nicht zum Lachen war.

Zu viert stehen sie da um den dicken Koch Erich Thiemen herum, Frau Linzer, Frau Rockstroh, Frau Ofgerowski und der Lehrling Götz. Herr Thiemen ist schon lange tot, und die anderen sind verschollen.

Das Foto wurde im Hof bei Huths gemacht, das erkenne ich an den weißen Fliesen. Die sind heute noch da, wenn auch mit Einschußlöchern.

Auch Anni Rockstroh wird sich noch ein zweites Mal vor den weißen Fliesen fotografieren lassen. Da ist der Krieg gerade zu Ende, ihr Mann ist verschollen, und Frau Rockstroh ist im Haus Huth der einzige Koch. Das ist im September 1945, Frau Rockstroh trägt ein flottes weißes Käppi, aber gelacht hat sie da sicher nur für den Fotografen.

1930, als junges Mädchen, mußte sie als Kaltmamsell tüchtig ran. Die Vorspeisen und die kalten Platten anrichten, den Hummer aufschlagen, die Mayonnaisen mit der Hand anrühren, dreißig Eigelb, neun Flaschen Öl. »Wir hatten ja keine Küchenmaschinen«, sagt Frau Rockstroh heute. Sie hat die Butter ausgestochen, das Aalgelee hergerichtet, die Sülzkoteletts und das Gänseweißsauer, den Kaviar für die feinen Leute auf Eis gestellt und die Trüffel in Aspik.

Da ist sie manchmal kaum zum Essen gekommen, höchstens mal einen Knüppel mit Thüringer Pflaumenmus zwischendurch, und dann kam auch noch Willy Huth, wollte einen Kopfsalat, bitte, Fräulein Richter, aber nur das Herz, und eine Prise Zitrone und etwas Zucker, und ist die Crème double auch frisch?

Natürlich ist die Crème double frisch, hat das Fräulein Richter gesagt, und hier ist der Kopfsalat, nur das Herz, wie gewünscht, Herr Huth, und sich wieder vor die Zwiebeln gesetzt. Fünfzig Pfund hat sie geschält pro Tag, dann die Gurken und zuletzt den Aufschnitt. Bis nachts um elf war Hochbetrieb, und auch um eins wurden noch einmal die Kohlenherde ange-

worfen, wenn der Orchesterkönig Barnabas von Geczy mit Frau Adlon aus dem Vox-Haus kam und mit dreißig Freunden essen wollte.
Für den Textilkönig Brenninkmeyer hat der Kochlehrling Hans Guillaume mal ganz eilig eine Languste holen müssen, die im Haus nicht mehr vorrätig war, und in der Eile hat er das Krustentier beim Lieferanten mit der Hand gegriffen. Unterwegs zwickte ihn die Languste in die Hand und entkam unter einen Bus.
Eine Krebssuppe hat damals im Haus Huth 1,35 Mark gekostet, Lachs gebraten, mit Mayonnaisesalat, 2,50 Mark.
Zu teuer für die einfachen Leute, zu teuer auch für Anni Rockstroh, die sich in der Küche nur bedienen durfte, wenn es Bruch gab, eine Hohlrippe, die auf den Boden gefallen war, zerdrücktes Gebäck. Aber manchmal hat Frau Rockstroh das Gebäck eben selbst zerdrückt, wenn sie Appetit hatte auf was Süßes.
Vor dem Willy Huth haben sie alle gezittert, »eine Majestät war das«, sagt Frau Rockstroh heute. Die Angestellten läßt er den Klassenunterschied spüren, ich bin ich, und wer bist du. Die da unten haben das damals wohl als selbstverständlich hingenommen. Eine Villa am Lützowplatz, Horch und Kaviar für den einen, die Wohnung am Prenzlauer Berg, Straßenbahn und Bruch aus der Küche für die anderen.
Aber Anni Rockstroh ist ja froh, daß sie nicht zum Millionenheer der Arbeitslosen gehört, daß sie nicht Bolle-Eis verkaufen muß oder Schnürsenkel am Potsdamer Platz. Die Armut und das Elend kann sie täglich sehen, wenn sie von der Arbeit kommt. Selbst im Haus Huth sind Kollegen schlechter dran. »Die Frauen, die in der Abwaschküche das Kupfer putzten«, sagt Anni Rockstroh, »waren klatschnaß und haben schon um elf die Wäsche gewechselt. Kochend heiß war es vor den Herden mit den glühenden Platten, und die Hitze machte die Menschen aggressiv.«

1934, zwei Jahre vor ihrer Hochzeit, verläßt Anni Rockstroh das Weinhaus Huth und nimmt eine andere Arbeit an. Daß sie elf Jahre später noch einmal in der Potsdamer Straße vor den Herden stehen wird, ahnt sie nicht.
Ende 1931 gibt es in Deutschland fünfeinhalb Millionen Arbeitslose, Goebbels tobt gegen »Novemberverbrecher« und »Asphaltliteraten«, und Lion Feuchtwanger ahnt in einem Zeitungsartikel: »Was also die Künstler und Intellektuellen zu erwarten haben, wenn erst das Dritte Reich sichtbar wird, ist klar: Ausrottung. Das erwarten denn auch die meisten, und wer irgend unter den Geistigen es ermöglichen kann, bereitet heute seine Auswanderung vor. Man hat, wenn man unter den Intellektuellen Berlins herumgeht, den Eindruck, Berlin sei eine Stadt von zukünftigen Emigranten.«
Aber wer glaubt denn wirklich an Ausrottung und industriellen Massenmord? Daran glaubt ja nicht einmal Feuchtwanger selbst, der sich ein Haus im Grunewald kauft. 1933 wird ihm die deutsche Staatsbürgerschaft aberkannt.

Im Juli 1931 macht die Darmstädter und Nationalbank, bei der auch Willy Huth 150 000 Mark Schulden hat, Pleite. Durch den Zusammenbruch des zweitgrößten deutschen Geldinstitutes werden die Sparer nervös und räumen auch anderswo ihre Konten, mehr und mehr Banken geraten in die Krise. Da werden zwei Tage alle Schalter geschlossen, und in den Gaststätten geht der Umsatz um die Hälfte zurück, das hat Willy Huth gerade noch gefehlt.
Im August kommt wieder einmal eine Sicherungshypothek aufs Haus, 102 000 Mark diesmal. Noch mehr Mieter ziehen in die obere Etage, auch der Verlag Delius und Klasing mit seiner Zeitschriftengruppe. Er ist den Mietern im Haus nicht nur wegen der Maibockfeiern in guter Erinnerung, sondern auch deshalb, weil Seniorchef Konrad Delius noch nach

1933 laut und deutlich »Guten Tag« oder »Guten Abend« sagt.
Auf den Berliner Straßen wird geschlagen. Rotfrontkämpfer der Kommunisten schlagen Polizisten und umgekehrt. SA schlägt Rotfront und umgekehrt. Die Weimarer Republik taumelt, Arbeitslosenheere prägen das Stadtbild. Charlie Chaplin kommt nach Berlin und wohnt im Esplanade am Potsdamer Platz. Die begeisterte Menge reißt ihm die Knöpfe vom Anzug, der »Völkische Beobachter« nennt Chaplin einen »jüdischen Clown«.
Willy Huth schirmt sich hinter altdeutschem Buntglas ab gegen die Häßlichkeit jener Tage, er stiftet aus seinen Weinbeständen dem Kaiserhaus im holländischen Doorn ein paar hundert Flaschen und erhält dafür ein »Brieftelegramm Ihrer Majestät der Kaiserin und Königin« mit »herzlichem Dank für die liebenswürdige Stiftung des Weins und Ihr Interesse an meinem ›Herminen-Hilfswerk‹«, gezeichnet Hermine.
Das ist Kaiser Wilhelms zweite Frau, die natürlich weder Kaiserin noch Königin ist, weil es 1922, im Jahr der Eheschließung, kein Kaiserreich mehr gab. Aber warum soll Hermine nicht von vergangenen Zeiten träumen wie Willy Huth, der vielleicht hofft, mit dem Adolf Hitler käme die Monarchie zurück, was damals manche hofften.
Die Villa der Huths am Lützowplatz bleibt eine Insel der Seligen, während die Straße den SA-Trupps gehört. Sie singen »Wenn's Judenblut vom Messer spritzt«, die feinen Bürger halten sich die Ohren zu.

Dorothea Kahnert erinnert sich noch gut an die feine Villa am Lützowplatz. Ihr Vater war Dorothee Huths Bruder, er nahm sie mit zu den Familientreffen.
Frau Kahnert, damals noch ein Kind, hat sich dort immer ein bißchen fehl am Platz gefühlt, zwischen Zimmerpalmen

und Spitzendeckchen. Unbehaglich war ihr vor allem Willy Huth, ihr Onkel — »der war mir zu streng, mit seinem Monokel«.
Wenn in dem über sechzig Quadratmeter großen Speisezimmer gegessen wurde, mit sieben, acht, manchmal sogar zwölf Gängen und endlosen Tischreden, hat Dorothea Kahnert mit den anderen Kindern am Katzentisch gesessen und sich gelangweilt. Aufregend waren allein der Speiseaufzug in der Küche und die Gegensprechanlage, ein Rohr mit Stöpsel, durch das die Kellner von oben ihre Kommandos riefen.
Das Personal hat die Speisen im Restaurant in der Potsdamer Straße vorgekocht, weil die Küche in der Villa am Lützowplatz zu klein war für die dreißig oder vierzig Gäste. Die Huths hielten gern hof, wenn schon der Kaiser keinen Hof mehr hielt, und unter den Verwandten machte das Wort von der »Befehlsstelle Lützowplatz« die Runde.

Am Potsdamer Platz hängt ein riesiges Filmplakat, und ganz Berlin singt: »Das gibt's nur einmal, das kommt nicht wieder, das ist zu schön, um wahr zu sein.« Lilian Harvey singt dieses Lied in dem Film »Der Kongreß tanzt«, der anderthalb Millionen Mark Produktionskosten verschlungen hat, was soll's: Ein neues Traumpaar ist geboren, Lilian Harvey und Willy Fritsch, und Träume können die Berliner im Herbst 1931 gut gebrauchen.
Der Filmregisseur Richard Eichberg hat Lilian Harvey, die eigentlich Lilian Pape heißt, als Solotänzerin in einer Wiener Revue entdeckt und zur Ufa nach Berlin geholt.
Lilian Harvey ist klein und pummelig, aber sie hat eine hübsche Stimme. Und da ist ja auch noch ein gewisser Willy Fritsch, der aus Kattowitz stammt und an der Technischen Hochschule Berlin eigentlich Ingenieur studieren wollte.
Lilian Harvey und Willy Fritsch, der so strahlendschön lachen

kann, werden das Traumpaar des jungen deutschen Tonfilms, obwohl sie privat gar kein Liebespaar sind, wie viele glauben oder glauben wollen.
Millionengagen haben beide damals verdient, in einer Zeit, in der Millionen Deutsche keine Arbeit hatten. Aber sie konnten wenigstens zwei Stunden träumen und das Kino mit der Gewißheit verlassen, daß die Harvey und ihr Fritsch für immer vereint und glücklich waren. Opium fürs Volk.
Der Pressezar Alfred Hugenberg schließt seine Deutschnationale Volkspartei mit den Nazis zur »Harzburger Front« zusammen. Er möchte Hitler dominieren, doch es kommt natürlich umgekehrt, und Hugenberg darf sich von Goebbels als »Hugenzwerg« bespötteln lassen.
In diesen undurchsichtigen Zeiten haben Hellseher und Wahrsager Konjunktur, und den größten Zulauf hat Erik Jan Hanussen, der in seinem »Haus des Okkultismus« in der Lietzenburger Straße sogar hohe NS-Führer berät. Sie sitzen vor seiner beleuchteten »magischen Hausbar«, und Hanussen sieht zwar, daß bald »eine sehr starke Faust über Deutschland kommen wird«, aber nicht, daß er die gefährliche Liaison 1933 mit dem Leben bezahlen wird. Ein SA-Kommando erschießt den lästigen Mitwisser hinterrücks im Grunewald.
Wie viele Nazis mag es in den dreißiger Jahren im Weinhaus Huth gegeben haben? Gerhard Rockstroh, der Koch, überlegt: Da war Alois Hitler, den man wohl aus familiären Gründen ausklammern muß, und dann der Kellner Kraft Kramer, der bei der SS war, und der Mann von der Ofgerowski bei der SA, also vielleicht zwanzig insgesamt von den fünfzig Angestellten, die noch geblieben sind. »Man ist halt so mitgelaufen«, sagt Georg Wehner, der damals Kellnerlehrling war.

1932 macht Willy Huth die obere Etage zu. Das Personal hat er schon seit geraumer Zeit reduziert. Aus der Kochbrigade wer-

den alle Gesellen entlassen. Wenn er jetzt die Mieteinnahmen nicht hätte, dann wäre er wohl pleite.
Am Potsdamer Platz wird das Columbus-Haus gebaut, das modernste Bürohochhaus der dreißiger Jahre, nach einem Entwurf des Architekten Erich Mendelsohn, dem man das Häuserbauen bald verbieten wird.
Im Mai 1932 stürzt der unfähige Reichskanzler Brüning, dem der unfähige Franz von Papen folgt. Immerhin hatte Heinrich Brüning der SA und SS verboten, Uniformen zu tragen, das hebt Herr von Papen jetzt wieder auf. Er ernennt sich zum Reichskommissar für das Land Preußen und setzt die sozialdemokratisch geführte Landesregierung ab, die bis dahin ein mächtiges Gegengewicht zur Reichsregierung war und für die Nazis ein Hindernis auf dem Weg zur Macht. Unter Papen machen sie einen gewaltigen Sprung nach vorn: Bei den Reichstagswahlen im Juli wird die NSDAP mit 230 von 608 Mandaten noch vor der SPD stärkste Partei.
Zwar gibt es bei den zweiten Wahlen im November einen Rückschlag, und die Nazis verlieren zwei Millionen Wählerstimmen, aber Adolf Hitler und die Seinen trennen nur noch ein paar Monate von der Macht. Goebbels darf zum erstenmal im Rundfunk sprechen, den er später zu seinem liebsten Propagandainstrument macht, per »Volksempfänger«.
Auf der Internationalen Funkausstellung wird die Hakenkreuzfahne gehißt.
Vergeblich schreibt Kurt Tucholsky gegen die Nazis an, die ja nicht als Besatzungsmacht über die Deutschen kommen, sondern durch Millionen Wählerstimmen, vergeblich reimt Erich Kästner über ein Soldatentreffen:

»Heute Spaß,
morgen Gas,
übermorgen
Würmerfraß.«

Aber wer hört ihnen noch zu?
Herr von Papen möchte die »öffentliche Ordnung und Sicherheit« wiederherstellen. Er bringt die Arbeitslosen nicht von der Straße, da erscheint Hitler vielen als Retter in der Not.
Bei den Wahlen im November ist wieder mal Krawall am Potsdamer Platz. Kommunisten haben Barrikaden errichtet, es kommt zu schweren Zusammenstößen, und die Polizei haut dazwischen. Im Haus Huth bleiben tagelang die Gäste weg.
1932 hat es in Preußen bei 461 Saalschlachten insgesamt 82 Tote und 400 Verletzte gegeben. Die Zahl der Arbeitslosen wächst in Berlin auf 639 000, und 5,7 Millionen sind es im Reich.

Im Dezember 1932 wird General Kurt von Schleicher für acht Wochen Reichskanzler. Mit seinem Rücktritt ist die Republik am Ende.
Die Firma Huth hat traurige Jahre hinter sich. Nur mit dem Weinhandel hat sich Willy Huth vor einem Konkurs retten können. Ob es jetzt wieder aufwärtsgeht? Das Haus in der Potsdamer Straße wird zwanzig Jahre alt, aber es gibt keinen Grund zum Feiern.
Der »Querschnitt«, in dem Benn und Hemingway schreiben, Charlie Chaplin und Lion Feuchtwanger, für den Beardsley und Beckmann zeichnen, Kirchner, Klee und Grosz, und der wohl die gescheiteste Zeitschrift war, die es je in Deutschland gegeben hat, erscheint im Januar 1933 mit einem Brevier für den Herrn.
»Haartracht«, so heißt es in der Satire, »seitlich gescheitelt, glatt. Lächeln: Vorgesetzten und Gleichgestellten gegenüber nach beiden Seiten einen bis anderthalb Zentimeter breit, Mundwinkel nach oben verzogen. Nachgesetzten gegenüber einen halben Zentimeter breit, jedoch nur nach rechts, Mundwinkel nach unten verzogen.
Hutlüpfen: Politischen Gegnern gegenüber um einen halben

Zentimeter kürzer. Frauen gegenüber: über den Ehegatten nur wenig, höflich, mit zartem Mitleid eingefaßt — ungefähr so, wie man sich nach dem Personal erkundigt, rasch, auf ein anderes Thema übergreifend.

In der Politik ein halbliberales Dunkelgrau, mit diskreten demokratischen Streifen.«

Da freilich irrt der »Querschnitt«. Diskrete demokratische Streifen sind im Januar 1933 nicht mehr gefragt. Der Reichskanzler Kurt von Schleicher tritt zurück, und Hindenburg macht den ungeliebten böhmischen Gefreiten Hitler zu dessen Nachfolger. Noch bevor Goebbels und der SA-Führer Röhm im Hotel Kaiserhof von dem »Wunder« (Goebbels) erfahren, schreien die Gassenjungen vor dem Reichskanzleipalais in der Wilhelmstraße bereits:

»Adsche hat es geschafft.«

Die Farbe Braun ersetzt nun das halbliberale Dunkelgrau, und nur zwei Monate später wird der »Querschnitt«, diese geniale Gründung des Kunsthändlers Alfred Flechtheim, verboten. Da ist die Zeitschrift gerade dreizehn Jahre jung.

»Berlin ist heute nacht in einer reinen Faschingsstimmung«, schreibt der Diplomat Harry Graf Kessler über den 30. Januar 1933. »SA- und SS-Trupps sowie uniformierter Stahlhelm durchziehen die Straßen, auf den Bürgersteigen stauen sich die Zuschauer. Auch über den Potsdamer Platz marschierten fortwährend kreuz und quer SA-Trupps in militärischen Formationen.«

Auch Dorothea Kahnert, die mit den Huths verwandt ist, sieht am Tag der Machtergreifung den braunen Fackelträgern zu, sie steht auf einem Briefkasten in der Friedrichstraße und friert entsetzlich. Ihr Vater, deutschnational wie Willy Huth, sagt, dies sei ein tiefer Einschnitt in die deutsche Geschichte. Den Tag müsse man sich merken: »Hoffentlich bekommt er uns nicht schlecht.«

Der Vater hofft vergeblich. Zwölf Jahre später hat sich der tiefe Einschnitt als verhängnisvoll erwiesen. Die Friedrichstraße liegt in Trümmern. Nicht einmal den Briefkasten, auf dem Dorothea Kahnert stand, gibt es noch.
Mariechen Krause kann nun vorm Haus Huth den Führer sehen. Der fährt von der Reichskanzlei die Potsdamer Straße hinunter zum Sportpalast, um markige Reden zu halten, und Frau Krause staunt über die lange Eskorte.
Andere Berliner haben nicht soviel Glück. Die ziehen dann vor die Reichskanzlei und schreien so lange »Eins — zwei — drei — vier — sechs — acht — zehn, wir wollen unsern Führer sehn« oder »Beim Führer brennt noch Licht, nach Hause gehn wir nicht«, bis sich der neue Reichskanzler blicken läßt.
Das ist ein Jubel, da kann sogar der Willy Fritsch nicht mit.

Die SA macht Jagd auf ihre politischen Gegner. Noch wehren sich die Kommunisten gegen die Erstürmung ihrer Hochburgen in den Arbeitervierteln, und wieder einmal kommt es zu Straßenschlachten, die in den ersten Wochen des neuen Jahres 69 Tote fordern.
»In zwei Monaten«, hat Franz von Papen, jetzt Vizekanzler, geträumt, »haben wir Hitler in die Ecke gedrängt, daß er quietscht.« Dabei steht er selbst längst in der Ecke.
Wieder einmal heben in Deutschland große Zeiten an, ähnlich denen, die der Dichter Paul Lindenberg 1914 bei Kriegsausbruch im Weinhaus Huth beschworen hat. Diesmal sind die Zeiten noch größer als damals, und das gehört sich so, wo das neue Reich tausend Jahre halten soll.

Ein paar Jahre vor der Machtübernahme hat bei Huth Hildegard Hennings angefangen. Sie ist dreiundzwanzig Jahre jung und bleibt den Huths fast zwanzig Jahre erhalten. Das ist eine Zeit, die sie nie mehr vergißt.

Denn Hildegard Hennings erlebt am Potsdamer Platz nicht nur das Ende der Weimarer Republik und den Aufstieg der Nazis, sondern auch den Krieg, die Bomben und das Ende. Ein Glück, daß sich Herta Thiel, die Kaltmamsell, an Frau Hennings erinnert hat.
Hildegard Hennings wohnt in Berlin-Steglitz und sagt: Ich weiß nicht, ob ich Ihnen viel erzählen kann. Ich habe einen Schlaganfall gehabt und kann mich an vieles nicht erinnern. Aber sie erinnert sich gut.
Auch Frau Hennings hat, wie Anni Rockstroh, ihren Mann bei Huths kennengelernt, er war einer der drei Geschäftsführer. Herr Hennings, Herr Höhnemann und Herr Brand haben unter Willy Huth das Restaurant geleitet, und Herr Hennings war am längsten im Haus. Er hat die Gäste noch in dem ehemaligen Pferdestall bewirtet, als 1912 die alte Villa mit der Holzveranda abgerissen wurde und das neue Haus Huth entstand.
Winzig klein sei der Stall gewesen, hat Herr Hennings seiner Frau erzählt, nicht viel größer als eine Wohnung. Aber es war ja nur für kurze Zeit.
1930 hat Willy Huth im Betrieb eine Küchenkontrolle eingeführt, weil er wissen will, was die einzelnen Abteilungen im Haus an Umsatz haben, das Restaurant, die Schoppenstuben und der Weinversand. Für das Kontrollsystem ist ein Fräulein Hirschburg zuständig, und von ihr ist Frau Hennings an das Weinhaus Huth vermittelt worden. Frau Hennings fängt dort als Stenotypistin an, im Büro im ersten Stock.
Kurz darauf stirbt eine Buchhalterin, und Frau Hennings soll den Posten übernehmen. Ihrem späteren Mann sagt sie, die Vorgängerin habe immer so lang Überstunden gemacht, das sei ihr zuviel. Aber Herr Hennings redet ihr zu, und so übernimmt Fräulein Kowalewski, denn so heißt sie damals noch, die Kasse.
»Da kam das Geld aus den Probierstuben zusammen, aus dem Restaurant und den Räumen im ersten Stock«, sagt Hildegard

Hennings. »Und das habe ich dann verwaltet. Der Herr Huth war ja keine große Leuchte. Der konnte ja nicht mal einen anständigen Brief diktieren. Der sagte immer: Schreiben Sie doch mal, wie Sie darauf antworten würden.« Kam aus dem Tiergarten ins Büro, unterschrieb — noch im Reitzeug — die Post und ging dann wieder.

Schlechte Gehälter habe der Chef gezahlt, sagt Frau Hennings. »Beim Personal war er nicht sonderlich beliebt. Dazu war er viel zu arrogant. Unten im Restaurant hing das Goethe-Zitat ›Was du ererbt von deinen Vätern, erwirb es, um es zu besitzen‹. Da haben wir unter vorgehaltener Hand gesagt: Na, der erwirbt es ganz bestimmt nicht.«

Nein, man kann wirklich nicht sagen, daß Frau Hennings ihren Chef übermäßig geschätzt hat. Er da oben, die da unten, das ging ihr auf den Geist. Als ihr Mann sein 25. Firmenjubiläum feierte, da wurden die Räume im ersten Stock für Gäste geschlossen, aber das Geld für die Feier hatten die Angestellten gesammelt.

Herr Huth, sagt Frau Hennings, habe sich immer mit ihrem Mann und den anderen Geschäftsführern gestritten und behauptet, daß sie nichts weiter als Oberkellner wären, und so würden sie auch bezahlt. »Dabei haben sie die Arbeit von Geschäftsführern gemacht«, sagt Frau Hennings. »Stellen Sie sich vor, in der Firma gab es einen Tronc, eine Sammelkasse wie im Spielcasino, in den die Kellner einen Teil ihres Einkommens und der Trinkgelder geben mußten, und davon wurden dann die drei Geschäftsführer bezahlt. Das macht sie doch von ihren Kellnern abhängig! Wie konnte mein Mann einem Angestellten die Meinung sagen, wenn er sein Geld von ihm bekam?«

Auch die Feste in der Villa am Lützowplatz hat Frau Hennings noch in Erinnerung. Wenn das Personal bei den Huths servierte, hat ihr Mann für den Ablauf des Abends sorgen müssen, kam dann nach Hause und erzählte, Herr Huth habe vor seinen Gästen gesagt: »Ich ernähre hundert Familien«, weil es doch hun-

dert Angestellte waren. Richtig wütend sei ihr Mann gewesen — der Herr Huth wisse doch gar nicht, was wirkliche Arbeit sei.
»Aber bloß nicht beim Gehalt zulegen, da könnten ja auch die anderen kommen«, sagt Frau Hennings heute. »Der machte auch bei den Sozialabgaben nur das Nötigste. Krankenkasse notgedrungen, aber Rentenversicherung und alles andere hielt er für überflüssig.«
»Muttchen Huth«, damals schon in Kohlhasenbrück wohnhaft, kommt in einer Kutsche vorgefahren und trägt einen großen Hut, Willy Huths Ehefrau Dora möchte mit Gnädige Frau angeredet werden und ist überhaupt sehr von sich eingenommen. Tochter Ilse, damals achtzehn, kommt nach einem Jahr aus England zurück und hat nicht viel gelernt, nein, danke, sagt die Frau Hennings, das war kein Fall für mich.
Vielleicht wäre sie schon viel früher gegangen, wenn ihr Mann nicht gestorben wäre an seiner kaputten Lunge nach nur vier Jahren Ehe, der Geschäftsführer Hennings, dem der Kellner Alois Hitler immer erzählt hat, sein Stiefbruder Adolf bringe es noch mal zu was.
»Herr Hennings«, hat der Alois zu ihrem Mann gesagt, »der Adolf kommt ran, warten Sie's nur ab.« Und: »Er hat ja recht behalten«, sagt Frau Hennings. »Es kam ja dann auch allmählich so mit dem Hitler. Wegen der hohen Arbeitslosigkeit haben ihn viele gewählt, die gar nicht für ihn waren.«
Willy Huth zieht die Deutschnationalen des Herrn Hugenberg vor, die mit den Nazis gemeinsame Sache machen. Aber Herr Hugenberg hat sich verrechnet, so, wie sich der Herr von Papen verrechnet hat, der Hitler in die Ecke drängen wollte. Warum soll sich da nicht auch Willy Huth verrechnen? Schließlich hat sich auch der Sänger Rolf Biberti von den »Comedian Harmonists« vertan, der noch im Januar 1933 geglaubt hat, der Spuk würde höchstens zwei Monate dauern.
»Berlin bleibt rot«, so träumen auch Gewerkschaften und SPD

am 7. Februar auf einer ihrer letzten Kundgebungen im Berliner Lustgarten vor immerhin 200 000 Demonstranten. Aber da ist es nur noch knapp drei Wochen hin bis zum Reichstagsbrand und etwas mehr als vier Monate bis zum Verbot der SPD.

Verhaftungswellen folgen dem Brand des Parlamentsgebäudes, Notverordnungen sollen wieder einmal »die Sicherheit und öffentliche Ordnung wiederherstellen«.

Immer öfter ziehen die braunen Kolonnen der SA über den Potsdamer Platz, nun auch noch bewaffnet und als Hilfspolizisten vereidigt. Im Frühjahr 1933, noch vor der Verabschiedung des »Ermächtigungsgesetzes« in der Kroll-Oper, werden alle jüdischen Ärzte aus den Krankenhäusern entlassen, wird das KZ Oranienburg errichtet, weil die illegalen Lager von SA und SS die »Schutzhäftlinge« kaum noch fassen können. Dichter und Denker, Journalisten, Maler, Schauspieler, Autoren und Wissenschaftler verlassen das Dritte Reich, und die Schimpfworte des Herrn Goebbels begleiten sie.

Aus Berlin emigrieren Alfred Döblin, Bertolt Brecht, George Grosz, Max Reinhardt, Albert Einstein, Elisabeth Bergner, Fritz Lang, Alfred Kerr, Lion Feuchtwanger, Arnold Zweig, Walter Mehring, Heinrich Mann, es geht auch Erich Mendelsohn, der das Columbus-Haus am Potsdamer Platz gebaut hat. Viele Emigranten geraten den Nazis noch Jahre später in die Hände, wie Theodor Wolff, der Chefredakteur des »Berliner Tageblattes«.

Nach Wilhelm II., dem Halbgott der Deutschen, wird Adolf Hitler zu ihrem Abgott und der Nationalsozialismus neues Glaubensbekenntnis. Dazu passend bietet das Zigarrengeschäft Otto Regenberg die Sorte »Unser Führer« (Sumatra) für fünfzehn Pfennig an.

Am 1. April 1933 wird zu einem großen Judenboykott aufgerufen, Juda verrecke, so steht es auch auf den Schaufenstern, die

Willy Huths Schwiegervater Bodo Diede für das Kaufhaus Wertheim gesetzt hat.
»Dieser verbrecherische Wahnsinn«, so empört sich der Diplomat Graf Kessler an diesem Tag, »hat alles vernichtet, was in vierzehn Jahren an Vertrauen und Ansehen für Deutschland wiedergewonnen worden war. Ich weiß nicht, ob man mit diesen strohdummen, bösartigen Menschen mehr Ekel oder mehr Mitleid empfindet.«
Im Mai darf Erich Kästner zusehen, wie auf dem Opernplatz seine Bücher verbrannt werden, Polizei und SA machen nun gemeinsam Jagd auf Kommunisten und Sozialdemokraten und bringen im Juni während der »Köpenicker Blutwoche« 91 Menschen um.
Dem »Ermächtigungsgesetz« haben auch Theodor Heuss von der Deutschen Demokratischen Partei und Konrad Adenauer vom Zentrum zugestimmt.
Herr von Papen, der Hitler in eine Ecke drängen wollte, muß erkennen: »Wer von uns hätte es für möglich gehalten, daß die unwiderstehliche Angriffskraft des Nationalsozialismus dieses deutsche Reich für sich eroberte, daß keine der bürgerlichen Parteien mehr das Feld behauptete, daß die Institutionen des demokratischen Jahrhunderts wie mit einem Federstrich ausgelöscht wurden, daß der Reichskanzler eine Machtfülle in sich vereinigt, die kein deutscher Kaiser vor ihm besessen hat.«
Daß der neue Kaiser an den alten Kaiser in Doorn von dieser Machtfülle nichts abgeben will, wird nun wohl auch Wilhelm II. begreifen und der Kronprinz, der um Herrn Hitler scharwenzelt ist. Vielleicht begreifen es nun auch jene, die noch immer von einer Wiedereinführung der Monarchie geträumt haben.
Rings um die Reichskanzlei richten sich die neuen Herren ein. Goebbels bezieht eine Villa im Regierungsviertel, Himmler wird Chef der Gestapo in der Prinz-Albrecht-Straße, und Gö-

ring baut an der Leipziger Straße sein häßliches Luftfahrtministerium, das dort inmitten von Ruinen den Krieg überlebt.
Auch die Angestellten im Weinhaus Huth registrieren die Veränderungen. Hochbetrieb herrscht jetzt im Haus, »es kamen«, wie Mariechen Krause sagt, »immer mehr Hitler-Leute«.
Es kommen sogar ganz prominente Hitler-Leute, zum Beispiel der SA-Chef Ernst Röhm mit seinem Berliner Vertreter, dem Gruppenführer Karl Ernst, denn sie haben Grund zu feiern. Die Straße frei den braunen Bataillonen, hat Horst Wessel getextet. Nun ist die Straße frei, aber die braunen Bataillone haben ihre rauhen Sitten beibehalten. Entsetzt kommt Geschäftsführer Höhnemann aus dem ersten Stock und klagt indigniert vor den Angestellten, Röhm und Ernst hätten oben auf dem Tisch getanzt.
Es stört sich nicht nur das Personal im Weinhaus Huth an den Manieren der neuen Gäste, es stört sich auch Herr Hitler an der immer noch mächtigen, aber jetzt beschäftigungslosen SA, es stören sich Herr Göring und Herr Himmler an dem mächtigen Rivalen, und beim sogenannten Röhm-Putsch, der gar kein Putsch ist, wird die SA-Führung am 30. Juni und 1. Juli 1934 ausgerottet.
Gottfried Benn will nun nichts mehr von den Nazis wissen, nachdem er noch 1933 im Rundfunk gesagt hat: »Es handelt sich bei den Vorgängen in Deutschland um das Hervortreten eines neuen biologischen Typs, die Geschichte mutiert, und ein Volk will sich züchten. Es handelt sich hier gar nicht um Regierungsformen, sondern um eine neue Vision von der Geburt des Menschen, vielleicht um die letzte großartige Konzeption der weißen Rasse, wahrscheinlich um eine der großartigsten Realisationen des Weltgeistes überhaupt ...«
Besonders großartig realisiert sich der Weltgeist in der Prinz-Albrecht-Straße, wo im Hotel Prinz Albrecht nun die Reichsführung der SS residiert, und nebenan in der ehemaligen Kunst-

gewerbeschule die Geheime Staatspolizei, kurz Gestapo, weil der Post der Name für die Adressiermaschinen zu lang ist. Auch KPD-Chef Ernst Thälmann sitzt 1934 in den Gestapo-Kellern ein und ein Jahr später der kommunistische Widerstandskämpfer Erich Honecker, damals dreiundzwanzig Jahre alt. »Aufforderung an mich, sofort die Hose auszuziehen«, so beschreibt Thälmann später eine Vernehmung, »gleich darauf packten mich zwei Mann im Nacken und legten mich über einen Schemel. Ein uniformierter Gestapomann, mit einer Nilpferdpeitsche in der Hand, schlug dann in gewissen Abständen auf mein Gesäß ein. Von den Schmerzen getrieben, schrie ich aus Leibeskräften mehrmals ganz laut auf. Dann wurde mir der Mund vorübergehend zugehalten, und es gab Hiebe ins Gesicht und Peitschenschläge über Brust und Rücken.«

Elf Jahre ist die Adresse Prinz-Albrecht-Straße ein Synonym für Ausrottung, Terror und Folter. Die SPD-Politiker Fritz Erler und Kurt Schumacher werden hier mißhandelt, der Hitler-Attentäter Georg Elser, die Ehepaare Schulze-Boysen und Harnack von der Spionageorganisation »Rote Kapelle«, der Kommunist Robert Havemann, der Theologe Dietrich Bonhoeffer, die Verschwörer und Widerstandskämpfer Helmut Graf von Moltke, Hans Oster, Julius Leber, Eugen Gerstenmaier, Wilhelm Canaris und Carl Friedrich Goerdeler. Hunderte sterben in den Zellen, werden erschossen wie der frühere Gefolgsmann Hitlers, Gregor Strasser, oder stürzen sich im Treppenhaus in den Tod, wie der Kommunist John Sieg. Rund fünfzig Gefangene sitzen in den 38 Zellen des Gestapo-Hausgefängnisses, da haben die Herren mit der Nilpferdpeitsche Dienst rund um die Uhr.

Nach Dienstschluß aber möchten sie sich entspannen bei einem guten Essen und einem Schoppen Wein. Für die kleinen Schläger ist das Weinhaus Huth natürlich zu teuer, nicht aber für die Amtschefs, Referats- und Gruppenleiter. Ins Haus Huth führen

die SS-Offiziere ihre Frauen und Freundinnen aus, und einmal ist sogar der Reichsführer-SS persönlich gekommen, der stille Herr Himmler, für den die Angestellte Marie Krause »das besondere Besteck« rauslegt. Kein Vergleich mit den SA-Rabauken Röhm und Ernst, die längst der grüne Rasen deckt. Adolf Eichmann sitzt zu dieser Zeit noch als kleiner Scharführer in der SS-Zentrale und legt Karteien über Freimaurer an. Ein Jahr später wird er sich mit »Fragen des Weltjudentums« befassen.
1934 wird bei Huths gleich um die Ecke, in der Bellevuestraße 15 am Hotel Esplanade, der Volksgerichtshof eingerichtet. Er residiert im ehemaligen Königlichen Wilhelm-Gymnasium und ist als oberstes politisches NS-Gericht für »Hoch- und Landesverrat« zuständig. Unter dem meist brüllenden Freisler, der 1942 Präsident wird, sind bis 1945 rund 5200 Todesurteile verkündet worden, über Helden und kleine Wichte, Diebe und Denunzierte, auch über Elfriede Scholz, die Schwester des Schriftstellers Erich Maria Remarque, der schon 1931 das Land verlassen hat. Frau Scholz hat deutsche Soldaten als Schlachtvieh bezeichnet, das kostet sie wegen Wehrkraftzersetzung den Kopf. Gerichtskosten: 495,80 Reichsmark.
Weil heute kein Haus gegenüber mehr stört, kann man aus dem Haus Huth direkt auf das Gelände des Volksgerichtshofes blicken. Die Gebäude wurden im Krieg zerstört und später abgetragen. Über das Grundstück führt heute die neue Potsdamer Straße. Vor der Jahrhundertwende befand sich hier der Georgesche Garten, der für seine Wurst und während der Spargelzeit für seine Kalbskoteletts mit Spargel berühmt war.

Viele neue Herren gibt es rund um den Potsdamer Platz, viele neue Gäste auch im Weinhaus Huth. Am 2. August 1934 stirbt der greise Generalfeldmarschall von Hindenburg, und bei der einminütigen Verkehrsruhe grüßen Passanten am Potsdamer Platz mit dem gerade verordneten deutschen Gruß. Auch die

Verkehrspolizisten mit den weißen Ärmelstulpen heben auf der Kreuzung den rechten Arm, was aussieht, als wollten sie den Autos in Richtung Potsdamer Straße die Fahrt freigeben. Der Führer übernimmt das Amt des Reichspräsidenten.
Einen Monat später findet im Haus Huth, oben im Roten Saal, eine pompöse Hochzeit statt. Willy Huths Tochter Ilse heiratet den Juristen Dr. Kurt Hengsberger, da hat die Kaltmamsell Anni Rockstroh viel zu tun und auch ihr Mann, der Koch, mitsamt dem übrigen Personal. Die Huths haben sechzig Gäste eingeladen, und die posieren nun vor den eichenholzgetäfelten Wänden für den Fotografen. Die Braut, ganz in Weiß, lächelt still, und der zehn Jahre ältere Bräutigam blickt zärtlich auf die Braut.
Willy Huth trägt Frack, wie die meisten anderen Gäste. Dora, seine Frau, hat den Amtsgerichtsrat Hengsberger eingehakt, den Vater des Bräutigams. Auch Bodo Diede, der Glasermeister, nun schon sehr alt, ist auf dem Hochzeitsfoto.
Viele Orden sind zu sehen, Eiserne Kreuze an Frack und Smoking. Auch Hermann Köhl, der Atlantiküberquerer, ist unter den Gästen, Offiziere in Zivil, Ärzte, Geheim- und Landgerichtsräte. Die Hochzeit der Ilse Huth ist ein Fest des Berliner Großbürgertums, das so tut, als gäbe es die braunen Herren ringsum noch nicht. Nur auf dem Revers des Bräutigams schimmert ein heller Fleck — es könnte das Parteiabzeichen der NSDAP sein, aber genau kann man es nicht erkennen.
Schöne Zeiten im Haus Huth?
Der Verband der Berliner Weingroßhändler, zu denen auch die Firma Huth gehört, ist zwangsweise in den Reichsnährstand überführt worden. Aber die Weine des Franzmanns, den man nach wie vor nicht leiden kann, gibt es noch reichlich, und bei der Großen Automobil- und Motorradausstellung im März 1934 hat man sich vor Gästen nicht retten können.
Hochbetrieb war auch beim Verlag Delius und Klasing im vier-

Das Haus Huth, 1912 gebaut, hat als einziges am Potsdamer Platz Krieg und Zerstörung überlebt. Weinhandlung, Restaurant und Schoppenstuben sind längst verschwunden

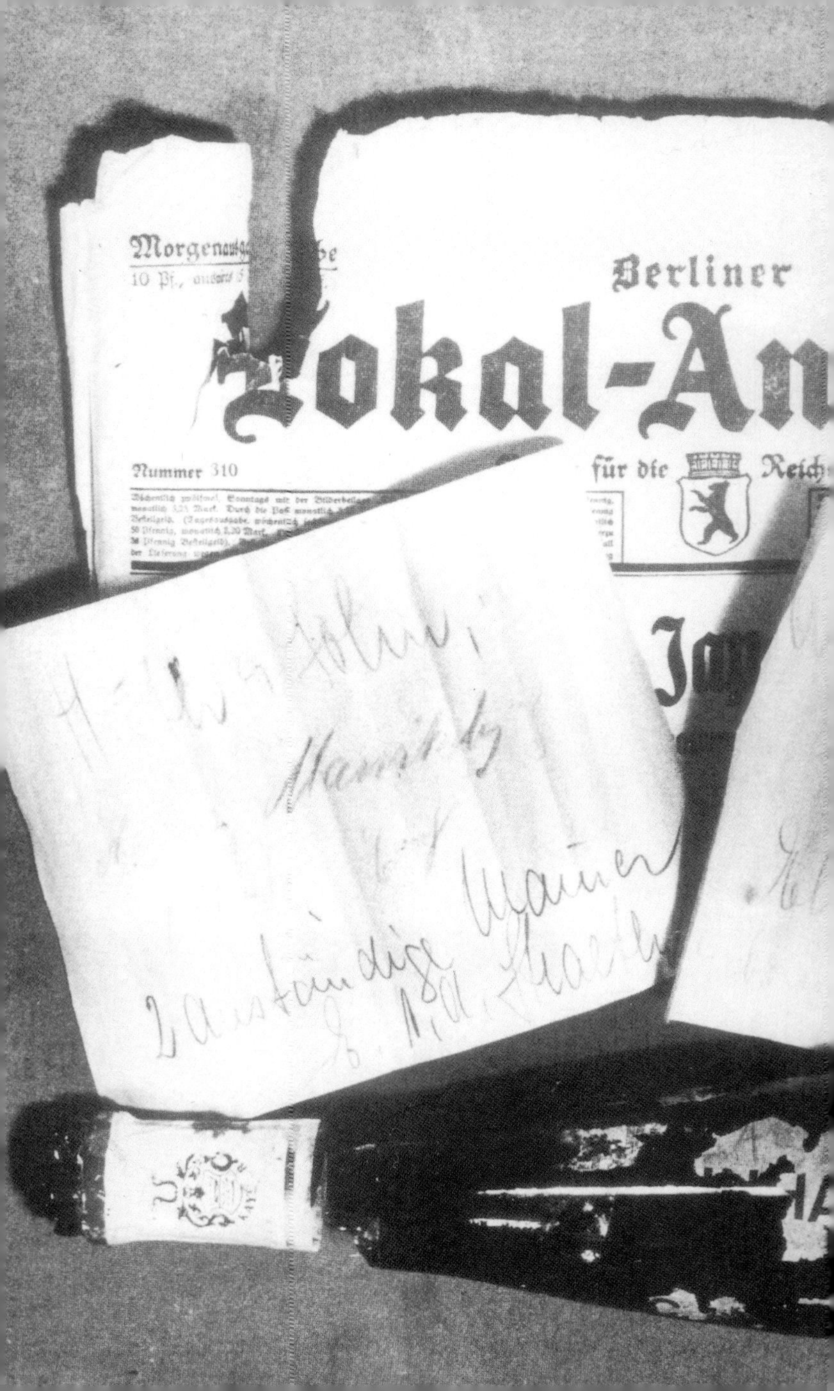
Berliner
Nummer 310
für die

Bei Aufräumungsarbeiten im Keller wurde 1983 eine Flaschenpost gefunden: »C. Huth & Sohn… Herr Manitzky… …2 anständige Männer… Anno des Heils 1938, am 30. Mai.« Eine Angestellte hatte sie versteckt. Ihr Name, Elsie van der Straeten, steht auf einem der Zettel

Unten: Die Lieferwagen der Firma Huth prägten in den zwanziger Jahren das Stadtbild von Berlin

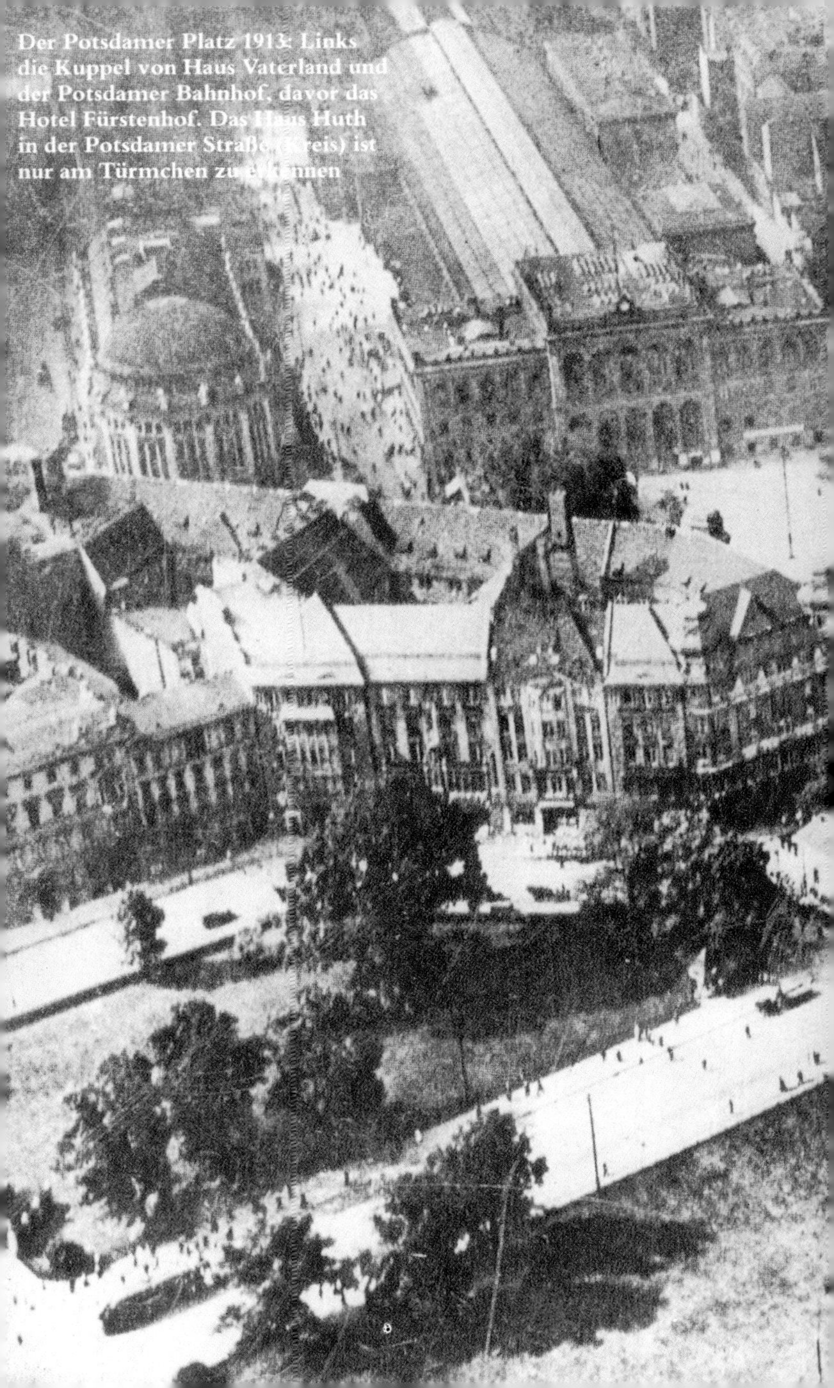

Der Potsdamer Platz 1913: Links die Kuppel von Haus Vaterland und der Potsdamer Bahnhof, davor das Hotel Fürstenhof. Das Haus Huth in der Potsdamer Straße (Kreis) ist nur am Türmchen zu erkennen

Wie ihre Mutter und Großmutter gehörte die blonde Frieda Kempfer zu Berlins berühmten Blumenfrauen am Potsdamer Platz

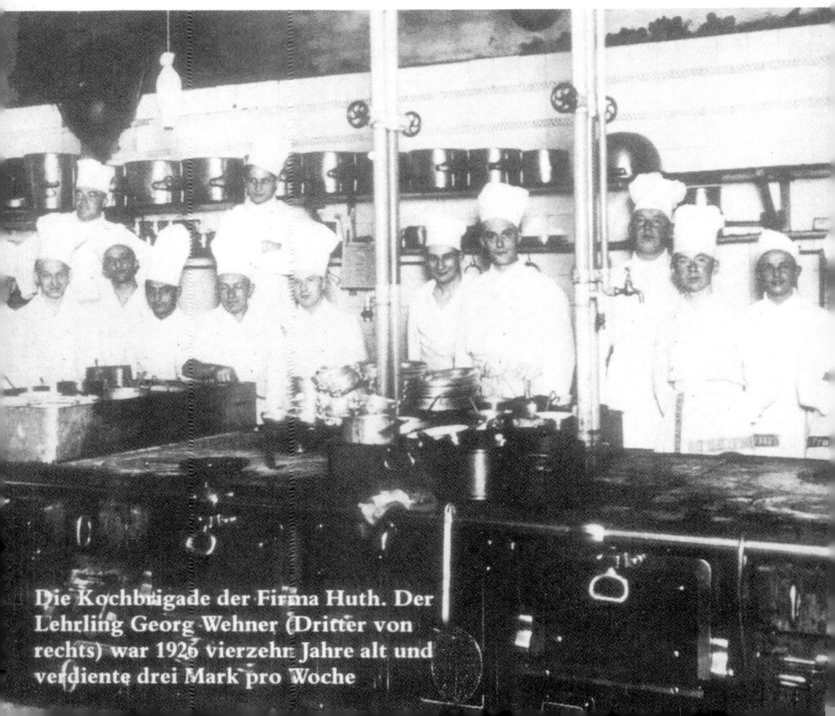

Die Kochbrigade der Firma Huth. Der Lehrling Georg Wehner (Dritter von rechts) war 1926 vierzehn Jahre alt und verdiente drei Mark pro Woche

ie Gesellschaftsräu-
e im ersten Stock
aren für Empfänge
nd Familienfeste re-
rviert. Bankette
onnten sich nur rei-
e Bürger leisten

Firmenchef Willy Huth (x) und Ehefrau Dorothee (x) richten ihrer einzigen Tochter Ilse 1934 eine glanzvolle Hochzeit aus. Die Ehe mit dem Juristen Dr. Kurt Hengsberger hält nur ein paar Jahre

Während der Olympischen Spiele von 1936 erstrahlt der Potsdamer Platz noch einmal im Lichterglanz. Der Terror des NS-Regimes versteckt sich hinter schönem Schein

LINK
STR 1
Animator
Bräu-Stübl
Pschorr

Der Potsdamer Platz zur Kaiserzeit. Noch steht das Weinhaus Huth mit seinem Türmchen im Hintergrund. Bierhaus Siechen – später Pschorr-Bier-Palast – und Josty's Conditorei flankieren die Einmündung der Potsdamer Straße

Bei Kriegsende ist der Pschorr-Bier-Palast eine Ruine und Josty's Conditorei verschwunden. Aber das Türmchen vom Haus Huth ist noch da

Jach der Währungsreform von 1948 blüht am Potsdamer Platz ein escheidenes Leben. Das Weinhaus ragt aus einer Trümmerlandschaft

n 17. Juni 1953 können die Mieter im Haus Huth zusehen, wie russische Panzer Potsdamer Platz den Aufstand Ostberliner Arbeiter niederwalzen

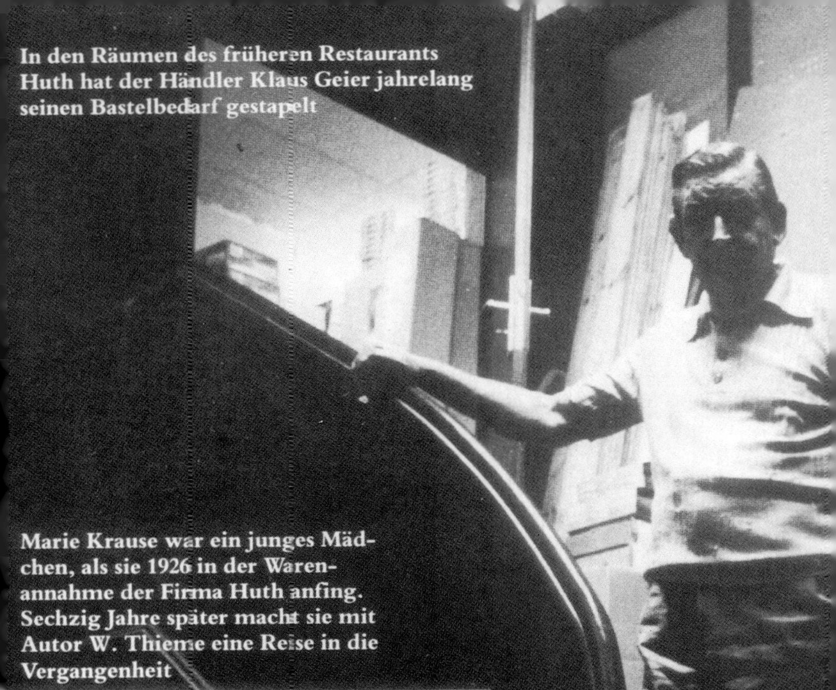

In den Räumen des früheren Restaurants Huth hat der Händler Klaus Geier jahrelang seinen Bastelbedarf gestapelt

Marie Krause war ein junges Mädchen, als sie 1926 in der Warenannahme der Firma Huth anfing. Sechzig Jahre später macht sie mit Autor W. Thieme eine Reise in die Vergangenheit

Emmy Bredenförder hat als Angestellte bei Huths die Berliner Bombennächte erlebt. Die Handtasche, die ihr Willy Huth einmal schenkte, hat sie heute noch

1935 fing Josef von Janta-Lipinski bei Huths als Hilfsarbeiter an. Er fuhr Weine in die Reichskanzlei, löschte 1943 einen Dachstuhlbrand und erlebte das Kriegsende im Weinkeller

Ein Teil der Potsdamer Straße gehört heute als Garten zum Haus Huth, und Mieterin Senta Manke kann es sich gemütlich machen. Hier war einmal der verkehrsreichste Platz des Kontinents

Willy Huth mit 83, ein Jahr vor dem Bau der Berliner Mauer im August 1961. Der Chef des Hauses Huth stirbt 1967 im Alter von 90 Jahren

ten Stock. Dort werden der Ausstellungskatalog hergestellt, die Zeitschriften »Startag«, »Yacht«, »Deutsche Erde« und sogar eine »Deutsche Schirmzeitung«. Da hat das Personal bis tief in die Nacht zu tun, und der Chef Konrad Delius, der für den deutschen Gruß nicht viel übrig hat, fährt anschließend mit der Wannseebahn nach Hause, anders als Willy Huth mit seinem Horch.

Der Chef geht mit der Zeit. Er hat eine zwanzig Meter lange Leuchtschrift an die Fassade montieren lassen, und in der Küche werden die lästigen Kohleherde gegen einen großen Elektroherd gewechselt.

Nur zweieinhalb Millionen Arbeitslose gibt es noch im Dritten Reich, und das Silvesterfest wird im Haus Huth bei Musik und Tanz gefeiert, Gesellschaftsanzug ist erbeten. Es gibt klare Ochsenschwanzsuppe, Krebssuppe, Karpfen blau mit frischer Butter und Haffzander mit Austerntunke, getrüffelten Mastputer und Rehrücken in Sahne mit Johannisbeergelee, zum Nachtisch eine Silvester-Bombe oder Käse. Das Menü kostet sechs Reichsmark, mit Hummer eine Mark fünfzig mehr.

1935 wird im Reich die allgemeine Wehrpflicht eingeführt, und das 100000-Mann-Heer wächst im Laufe der Jahre auf 700000 Soldaten. Die Saar kehrt heim ins Reich, und im April heiratet Hermann Göring, preußischer Ministerpräsident und Reichsluftfahrtminister, in einer Prunkhochzeit ohnegleichen die Schauspielerin Emmy Sonnemann.

Die Deutschen freuen sich über ein Jahr des inneren Friedens, mit kleinen Schönheitsfehlern. Die antisemitischen Nürnberger Gesetze werden verabschiedet, »zum Schutze des deutschen Blutes und der deutschen Ehre«. Juden sind vom Wehrdienst ausgeschlossen, jüdische Beamte werden entlassen.

Kurt Tucholsky begeht im schwedischen Exil Selbstmord. »Ich habe mit diesem Land, dessen Sprache ich so wenig wie möglich spreche, nichts mehr zu schaffen«, hat er wenige Tage vor sei-

nem Tod an Arnold Zweig geschrieben. Tucholsky hat, wie die Huths, im Bezirk Tiergarten gelebt.
Nach seiner Ausbürgerung 1933 bezeichnet ihn die »Berliner Nachtausgabe« als »den größten Schmierfink, den die an solch traurigen Talenten keineswegs arme Republik der Demokratie aufzuweisen hatte«.
Die Berliner sehen den Paraden zu und flanieren im Tiergarten. Schließlich ist ja alles halb so schlimm, haben die meisten wieder Arbeit gefunden, und die »Juden sind unser Unglück«, das können sie im »Stürmer« fast täglich lesen.
Auch bei den »Comedian Harmonists« singen Juden mit, daran hat bei der Gründung der Truppe niemand gedacht. Jetzt, im April 1935, muß eine neue Besetzung proben, Juden sind nun unerwünscht, das künden Schilder vor Läden, Restaurants und Ortseingängen.
Die »Comedian Harmonists« singen »Kannst du pfeifen, Johanna« und »Ich hab' für dich 'nen Blumentopf bestellt«, sie wechseln ihre jüdischen Sänger aus, aber auch mit der neuen »rassenreinen« Besetzung läßt sich kein Blumentopf mehr gewinnen. Den Nazis schmeckt die ganze Richtung nicht. Vielleicht erinnert sie der Schmelz der »Comedian Harmonists« zu sehr an die goldenen Jahre der verhaßten »Novemberrepublik«. »Wir waren«, sagt Rolf Biberti, »nicht geeignet, den Wehrgedanken im deutschen Volke zu fördern.« Schluß ist da mit der Truppe, und Rolf Biberti, der oft im Vox-Haus gesungen hat und dann schräg über die Straße ins Weinhaus Huth gegangen ist, muß sich eine neue Beschäftigung suchen.
Rolf Biberti ist 83 Jahre alt, als er mir von den schönen und schlechten Zeiten am Potsdamer Platz erzählt, vom Glanz der Kaiserzeit, den bitteren Kohlrüben-Wintern im Ersten Weltkrieg, den zwanziger Jahren. »Als die Nazis kamen«, sagt er, »war es mit dem bunten Treiben am Potsdamer Platz vorbei.«
Ein Jahr nach unserem Gespräch stirbt Rolf Biberti in Berlin.

»Es stimmt mich traurig«, sagt er bei meinem letzten Besuch, »wenn ich die Gegend dort heute sehe.«

250 Eil- und Fernzüge kommen 1935 täglich nach Berlin, und die Stadt quillt von Besuchern über. Das Geschäft im Weinhaus Huth floriert, aber noch immer drücken Willy Huth die Schulden. Allein die nichtgezahlten Hypothekenzinsen machen rund 100 000 Reichsmark aus, und Herr Huth bittet die Berliner Baubehörde, »die Gültigkeit des Bauscheines Nr. 929 vom 11. Januar 1930 um ein weiteres Jahr zu verlängern, die augenblicklichen wirtschaftlichen Verhältnisse der Eigentümer gestatten einen Umbau z. Zt. nicht« — mit deutschem Gruß, Heil Hitler, Willy Huth.

Ein paar Häuser weiter eröffnet die Firma Cyliax-Konfitüren eine Filiale, dreißig Pfennig kostet die Tafel Schokolade, und der Laden erweist sich als Goldgrube. Vier Jahre hat Hildegard Kirski, die ich in Berlin-Schöneberg ausfindig mache, wo sie immer noch Pralinen verkauft, hier gearbeitet.

»Potsdamer Bahnhof gleich um die Ecke, U- und S-Bahn praktisch vor der Tür, da war immer Hochbetrieb«, sagt Frau Kirski. »Damals endete ja die Wannseebahn noch am Potsdamer Platz, und die Leute stiegen dort in die Straßenbahnen und Busse um. Da nahmen sie dann unsere selbstgemachten Pralinen mit.«

Eine Mark fünfundzwanzig hat das Pfund damals gekostet, das weiß Frau Kirski noch genau. Auch die Herren von der SS aus der Prinz-Albrecht-Straße kaufen die Pralinen als Präsent, und drüben in der Mohrenstraße, wo Frau Kirski anschließend arbeitet, kommen Magda Goebbels und Emmy Göring und kaufen die beliebten Bonbonnieren für 25 Mark.

Im Krieg werden die Filialen auf zehn reduziert, die Verkäuferinnen dienstverpflichtet, und die schönen selbstgemachten Pralinen gibt es nur auf Punkte der Lebensmittelkarte, sofern es überhaupt Pralinen gibt.

Auch die Stammkunden in der schwarzen Uniform kommen im Krieg immer seltener. Von den 7000 Angestellten haben viele ihren Arbeitsplatz aus der Prinz-Albrecht-Straße in den Osten verlegt und schaffen dort durch Ausrottung Lebensraum fürs deutsche Volk.
1936 stirbt der Glasermeister Bodo Diede, Willy Huths Schwiegervater. Der »Führer« ruft die Jugend der Welt zu den Olympischen Spielen, ausländische Journalisten besichtigen die Reichshauptstadt und bestaunen die sauber gefegten Straßen. Die nordische Rasse der Deutschen — nach dem Reichsausschuß für Volksgesundheit »die für die Menschheit und ihre Entwicklung wertvollste Rasse« — beweist ihren Wert und erkämpft die meisten Goldmedaillen. 33 insgesamt.
Vier Goldmedaillen erkämpft auch der farbige Amerikaner Jesse Owens, nicht gerade ein nordischer Typ. Der Führer gibt ihm nicht die Hand.
Kurz vor den Spielen ist im Norden Berlins das KZ Sachsenhausen errichtet worden, darüber sehen die prominenten Gäste und Funktionäre des Olympischen Komitees hinweg. Nur der amerikanische Schriftsteller Thomas Wolfe erkennt, daß hinter der blanken Fassade »die giftigen Ausstrahlungen von Unterdrückung, Verfolgung und Angst die Luft verpesten«. Carl von Ossietzky erhält den Friedensnobelpreis, drei Jahre ist er in Konzentrationslagern mißhandelt worden, jetzt liegt er schwerkrank in einer Berliner Klinik und hat noch zwei Jahre zu leben.
Das Haus Vaterland bewirtet während der Olympischen Spiele über 138 000 Gäste.
Willy Huth, der Hitler als Parvenü betrachtet, lebt in einer anderen Welt. »Sehr geehrter Herr Huth«, schreibt am 25. September 1936 Adolf Friedrich Herzog zu Mecklenburg, »Sie hatten die Güte, der unter meinem Präsidium stehenden staatlich anerkannten Mildenstiftung ›Kolonialkriegerdank im Reichskolonialbund‹ für die Tombola der Wohlfahrtsveranstaltung eine

Spende zur Verfügung zu stellen...« Man sieht, Willy Huth hängt noch immer an Monarchie und Adel, als habe es die Weimarer Republik nicht gegeben und keine braunen Fackelträger am Potsdamer Platz.
Da bekommt sogar der Reichsbauernführer und Ernährungsminister Walter Darré bei einem Besuch einen Tobsuchtsanfall, verlangt den Inhaber zu sprechen und schreit »Was erlauben Sie sich!«, weil im ganzen Haus kein Hitler-Bild hängt, nur die Konterfeis von Bismarck und vom Kronprinzen.
Im April 1937 wird die NS-Ausstellung »Gebt mir vier Jahre Zeit« eröffnet, eine Bilanz seit 1933. Man werde Deutschland nicht wiedererkennen, hat der »Führer« schon bei der Machtübernahme versprochen. Die vier Jahre sind jetzt rum, aber er hat noch Großes vor. Albert Speer wird zum Berliner Generalbaumeister ernannt und soll die Stadt neu gestalten. Eine mächtige Nord-Süd-Achse wird sich, so plant es der Herr Speer, quer durch die Berliner Stadtmitte ziehen, sieben Kilometer lang, 156 Meter breit. Der rabiate Kahlschlag ist nicht neu, ähnlich, wenn auch nicht ganz so verwegen, hat vor Speer schon der Architekt Martin Mächler gedacht.
Albert Speer aber hat den »Führer« hinter sich, da kennt der Größenwahn keine Grenzen mehr. Am Reichstag soll eine Versammlungshalle für 150 000 Menschen erstehen, mit einer Kuppel, die 290 Meter hoch ist und einen Durchmesser von 250 Metern hat. Der Petersdom hätte mehrfach darin Platz. Speers Nord-Süd-Achse überquert die Potsdamer Straße kurz vor dem Landwehrkanal und trennt sie in zwei Teile.
Berlin wäre nach dem Umbau in der Tat nicht wiederzuerkennen, aber der »Führer« fängt den Weltkrieg an, und Speers schöne Pläne werden Makulatur. Den Abriß der alten Bausubstanz, mit dem in der Innenstadt schon begonnen wurde, besorgen dann Bomben und Granaten.
Im August 1937 ist 700-Jahr-Feier in Berlin, und der Potsda-

mer Platz erstrahlt im Lichterglanz. Als 1987, fünfzig Jahre später, wieder gefeiert wird, ist Berlin gleich doppelt vorhanden, und von Lichterglanz am Potsdamer Platz kann keine Rede sein. Die paar Straßenleuchten, die Lichter im Niemandsland hinter der Mauer und die im Haus Huth, kommen gegen die Dunkelheit am einstigen Nabel Berlins dann nicht mehr an.

1937 wird das Haus in der Potsdamer Straße 25 Jahre alt. Es hat nun schon eine Menge erlebt, mehr, als ihm lieb ist.

Zum Glück bleibt Speers Kahlschlag der Stadt und dem Weinhaus Huth erspart. An der Potsdamer Straße wird mit dem Haus des Fremdenverkehrs begonnen, aber das riesige Reichsmarschallamt gegenüber von Huths wird nicht mehr gebaut und der Abriß von Potsdamer und Anhalter Bahnhof verschoben. Die Kopfbahnhöfe aus der Kaiserzeit paßten nicht ins neue Germania.

»Der heutige Potsdamer Bahnhof«, hat das »Organ für Fortschritte des Eisenbahnwesens« 1938 orakelt, »wird in wenigen Jahren verschwunden sein.« Er verschwindet tatsächlich, wenn auch anders als gedacht, verschwindet wie alle Berliner Kopfbahnhöfe, ganz im Geiste des Herrn Speer.

Die »Volksgemeinschaft« sammelt nun Kraft durch Freude, und fast 800000 Berliner arbeiten in der Rüstungsindustrie. Kanonen sind jetzt wichtiger als Butter. Vor einem kleinen Kreis von Eingeweihten enthüllt der »Führer« erstmals seine Kriegspläne, die »Sicherung und Erhaltung der Volksmasse und ihrer Vermehrung« durch mehr Lebensraum im Osten.

Davon ahnt die »Volksgemeinschaft« nichts und will nichts ahnen. »Wer Hitler wählt, wählt den Krieg«, hieß es vor 1933, aber wer hat das damals schon geglaubt.

Im August 1937 macht die Firma Huth einen Betriebsausflug in den Grunewald, obwohl der Chef kein Freund von solchen

SILVESTER 1934/35

im WEINHAUS HUTH, BERLIN W. 9

Potsdamer Straße 139

MUSIK *TANZ*

Silvester-Menu Gedeck RM. 6.—

Klare Ochsenschwanz- oder Krebssuppe

Karpfen blau mit fr. Butter u. Sahnenmeerrettich oder polnisch

oder

Haffzander mit Austerntunke

Getrüffelter Mastputer mit gemischtem Salat

oder

Rehrücken in Sahne mit Johannisbeergelée

Silvester-Bombe oder Käse

Für Fischgericht: 1/2 Hummer RM. 1.50 mehr.

Neujahrs-Festessen

Gedeck RM. 2.—, mit zwei Hauptgerichten RM. 3.—

Geflügelcrêmesuppe oder Kraftbrühe mit Einlage

Hasenpastete Sauce Cumberland

oder

Zander mit zerlassener Butter

Schinken in Burgunder mit frischem Spinat

oder

Holsteiner Mastkalbsbraten mit gemischtem Salat

oder

1/2 Hähnchen auf Hausfrauen Art

Nougat-Halbgefrorenes oder Kompott oder Käse

Tischbestellungen werden Silvester nur für vorher gelöste Souperkarten angenommen / *Gesellschaftsanzug*

FERNSPRECHER: B 2 1643.

Berliner Großbürger feiern den Jahreswechsel bei Huths

Feiern ist. »So was gab's nur auf Druck«, sagt Anni Rockstroh, die damals den ersten Preis im Sackhüpfen gewonnen hat.
Ja, es gibt noch Fotos von dem Fest. Herta Thiel, die Kaltmamsell, hat ihr Album über die Jahrzehnte gerettet. Ich betrachte die kleinen Bilder mit den gezackten Rändern zwischen Blättern aus durchsichtigem Papier.
Ich sehe Mariechen Krause als junges Mädchen, Hildegard Hennings und Elsie van der Straeten, die ein Jahr nach dem Betriebsausflug im Huthschen Keller ihre Flaschenpost verstecken wird. Eine große, schlanke Frau im gestreiften Kleid steht da auf einer Wiese an der Havel, und da ist ja auch der Chef beim Eierlauf, im grauen Anzug mit Einstecktuch und ein bißchen steif. Umständlich hält er den Eßlöffel mit dem Ei, und die Angestellten laufen an ihm vorbei.
Ach, wie fröhlich sind sie da gewesen und was haben sie gelacht. Die Kollegen Chinnow, Balke, Kuchländer, Kröplin und Bobkowski: Frau Thiel weiß noch fast alle Namen.
Zwei Mann mit dem Schifferklavier voran, so ging es runter vom Schiff. Vor dem Dampfer posieren sie noch mal fürs Gruppenbild, die Damen lächeln ein bißchen verschämt, die Herren geben sich flott. Im Hintergrund strahlt der Kellnerlehrling Rudi Vogel, im grauen Anzug mit gestreifter Krawatte. Es sind noch zwei Jahre hin bis zum großen Krieg, nie wieder wird die Belegschaft so fröhlich zusammenkommen wie an diesem Augusttag des Jahres 1937. Hitler braucht mehr Platz im Osten, für dessen Eroberung der Kellnerlehrling Vogel als Soldat mit dem Leben zahlt.

1985, als ich im Rundfunksender Rias nach Angestellten und Gästen des Weinhauses Huth suche, meldet sich eine Frau Höpfner. 1937 hat sie bei Huths ihre Hochzeit feiern wollen, aber der Raum für die Festlichkeiten war schon besetzt. An diesem Tag, hat man ihr gesagt, sei der Professor Sauerbruch zu Gast, und seine Runde dürfe niemand stören.

Das sind sicher die »Jenaer Preußen« mit ihrem Stammtisch gewesen. Seit Jahrzehnten trifft sich die schlagende Verbindung sonntags im Haus Huth. Jetzt wird Abschied gefeiert. Die »Jenaer Preußen« ziehen an den Wittenbergplatz um. Der Kellner Alois Hitler hat dort sein eigenes Lokal eröffnet, mit angeschlossener Konditorei. Halbbruder Adolf ist »Führer« geworden, da soll Alois nicht darben.
Die Eröffnung seines Lokals feiert Alois Hitler mit einem kleinen Gedicht:

»Als neuer Wirt lad' ich Euch ein:
Kommt's liebe Leute, kommt's herein!
Gemütlich ist's in meinen Hallen,
also wird es euch gefallen!
Laßt bei mir den Tisch Euch decken,
was ich koche, wird Euch schmecken!
Eisbein, Haxen, Bärenschinken
und was Zünftiges zu trinken
als wie Münchner Bier vom Faß,
Wein in Flaschen oder Glas.
Jeder kann auf seine Weise
und zu recht bescheidnem Preise
bei mir haben, was er mag,
da gibt's nix, des is koa Frag!
Müßt halt bald mal einischaugn,
selber seht' mit eigne Augen
was sich tut bei mir herin,
was ich kann und wer ich bin —
Also kommt's, recht schöne Grüß
sendt Euch Euer Alois.«

Beim Halbbruder Adolf in der Reichskanzlei geht es nicht so gemütlich zu. Immer unerträglicher werden die Lebensbedingungen für die Juden im Reich. Jüdische Ärzte haben Berufsverbot, jüdische Pässe werden mit einem »J« gekennzeichnet, »Israel« und »Sara« als zusätzliche Vornamen eingeführt. Jüdische Kinder dürfen keine öffentliche Schule besuchen, jüdische Anwälte nicht mehr plädieren, Teile des Regierungsviertels werden mit einem »Judenbann« belegt.

Auch Österreich kehrt nun als Ostmark heim ins Reich, und in der Nacht vom 9. auf den 10. November 1938 klirren die Scheiben der jüdischen Geschäfte, brennen die Synagogen, werden 35 000 Juden ins KZ verschleppt.

Hildegard Hennings, die am Morgen des 10. November in ihr Büro will, tritt in der Potsdamer Straße auf Glas — die »Reichskristallnacht« ist vorüber, Deutschlands Ansehen im Ausland endgültig lädiert.

Die Besitzer der demolierten Geschäfte räumen die Scherben beiseite, Gitter in den Schaufenstern ersetzen die demolierten Scheiben, die Auslagen sind meist geplündert. Die Ladenbesitzer in der Potsdamer Straße müssen — wie überall im Reich — die angerichteten Schäden bezahlen. Einen Monat später werden die meisten gezwungen, ihre Betriebe unter Wert zu verkaufen.

Willy Huth bekommt einen neuen solventen Mieter: Im Erdgeschoß und im ersten Stock richtet die Deutsche Bank eine Filiale ein. Die Miete von 50 000 Mark im Jahr kann Willy Huth gut gebrauchen. Am 31. Mai hat die Bank bei der Städtischen Baubehörde den Einbau eines Aktenaufzuges und eines »einbruchsicheren Tresors mit den Maßen 4,50 mal 1,70 Meter« beantragt. Das Ungetüm kommt in den Keller und überlebt dort Krieg, Kriegsende und auch das Ende der Bankfiliale. Erst 1983 wird es bei Aufräumungsarbeiten unter dem Trümmerschutt entdeckt. Niemand weiß, wem das leere Monstrum gehört, und so kommt es nach Ost-Berlin auf den Müll, denn in West-Berlin ist Abraum knapp.

Georg Wehner, bis 1929 Kellner im Haus Huth, kommt einmal im Monat aus Beelitz zu Besuch und tratscht ein bißchen mit den Kollegen. Die schönen Räume im ersten Stock, so registriert er betrübt, existieren nun nicht mehr. Im Jagdzimmer und im Blauen Salon sind die Büros der Deutschen Bank. Auch die anderen Säle wurden umgebaut. Unten im Erdgeschoß gibt es nur noch eine Schoppenstube, die zweite ist auf Kosten der Küche zu einem kleinen Restaurant erweitert worden.

Ein Sonntag im Monat soll Eintopftag werden, und »Berlin ißt heute sein Eintopfgericht«, so verkündet es die NS-Propaganda. Das ist nicht gerade die Kost, die man im Weinhaus Huth servieren möchte. Nach Hummer und Kaviar wurde der Lehrling Rockstroh befragt, als er sich 1928 bewarb — und nun das.

Ein paarmal hat Herr Huth die Plakate zum Eintopfsonntag nicht pünktlich aufgehängt, da muß er fünftausend Mark Strafe zahlen.

Georg Wehner, der draußen in Beelitz Hotel und Gasthof führt, hat inzwischen prominentere Gäste als das Weinhaus Huth, wo er mal Lehrling war. Zu Wehner kommt der Reichsaußenminister Ribbentrop, dessen Yacht ganz in der Nähe liegt, und Generaloberst von Fritsch, Oberbefehlshaber des Heeres von 1934 bis 1938.

Das Weinhaus Huth kann mit Generälen und Nazi-Größen nicht dienen. Daß Heinrich Himmler mal da war, ist wohl eher ein Versehen gewesen. Die NS-Prominenz bevorzugt das Horcher in der Martin-Luther-Straße, und der Führer ißt ja sowieso nicht gern.

Zu sehr haftet den Huths das monarchistische Ambiente an, doch auch das kann hilfreich sein. Bald spricht sich herum, daß man bei Huths freier reden kann als anderswo, weil nicht an jedem Tisch ein Nazi sitzt, und diese »unterirdische Propaganda«, wie Rolf Biberti sie genannt hat, sichert dem Haus Huth Stammgäste bis in den Krieg hinein.

»Kleine Karte«
aus den dreißiger Jahren:

Austern pa. Holländer auf Eis, Stück	0,35 Mark
Krebsschwanzpastetchen	1,50 Mark
12 Krebsschwänze in Dill mit Reis	2,– Mark
12 Krebsschwänze auf Feinschmecker Art	2,50 Mark
12 Krebsschwänze mit Gemüsesalat	2,50 Mark
Krebsschwanzmayonnaise	2,50 Mark
½ frischer Hummer kalt mit Remoulade	3,75 Mark
½ frischer Hummer warm mit Trüffelbutter	dito
Mayonnaise von frischem Hummer	dito
Prima Malossol Kaviar auf Eis mit Butter und Röstbrot	5,– Mark
¼ Pfund mit Butter und Röstbrot	12,50 Mark

Frieda Kempfer zeigt mir ein Bild. Drei Generationen Berliner Blumenfrauen sind da zu sehen: Großmutter Klara, Tochter Martha und Frieda, die Enkelin. Das Foto ist fünfzig Jahre alt. Klara und Martha sind schon lange tot, und Frieda, damals ein junges Mädchen mit Bubikopf, ist inzwischen selbst Großmutter geworden.
Die Blumenfrauen am Potsdamer Platz waren berühmt und wegen ihrer großen Klappe auch gefürchtet. Wie war das damals? Lassen wir Frieda, die Blumenfrau, erzählen. »Unser Stand ist eine Goldgrube gewesen. Mitte der dreißiger Jahre war das Leben am Potsdamer Platz noch familiär und gemütlich. Viel Laufkundschaft und dann die offenen Kutschen, das kann man sich heute gar nicht mehr vorstellen. Von morgens halb fünf bis abends um sieben war viel zu tun. Dann machte das Kaufhaus Wertheim zu und wir auch. Ein großes Bund Schneeglöckchen hat fünfzehn Pfennig gekostet, das Dutzend Rosen dreißig Pfennig. Wir hatten viel jüdische Kundschaft aus den Läden in der

HUTH

Nach Tisch:
Schwarzw. Kirschwasser
Doppelglas 1/25 Ltr. 0.50

C. HUTH & SOHN
BERLIN W 9, POTSDAMER STR. 139

Nach Tisch:
Weinhuth Edelbrand
Doppelglas 1/25 Ltr. 0.55

AUSTERN pa. Holländer auf Eis
Stück 0.35

KREBSGERICHTE

Krebsschwanzpastetchen	1.50
12 Krebsschwänze in Dill mit Reis	2.—
12 Krebsschwänze auf Feinschmecker Art	2.50
12 Krebsschwänze mit Gemüsesalat	2.50
Krebsschwanzmayonnaise	2.50

HUMMER

1/2 frischer Hummer kalt mit Remoulade	3.75
1/2 frischer Hummer warm mit Trüffelbutter	
Mayonnaise von frischem Hummer	

KAVIAR

Prima Malossol Kaviar auf Eis mit Butter und Röstbrot	5.—
1/4 Pfund mit Butter und Röstbrot	12.50

1/4 Flasche Schaumwein mit Ananas 1,75

1/4 Ltr. [illegible] 1932er Nordheimer Vögelein 0,75

WOCHEN-SPEZIALGERICHTE

Sonntag:	Hasenkeule in Sahne mit Rotkohl und Purée	2.25
Montag:	Kasseler Rippespeer mit Teltower Rübchen	1.75
Dienstag:	Gefüllte Schweinsroulade mit Gewürzgurke	1.60
Mittwoch:	Glasierte Kalbsbrust mit Leipziger Allerlei	1.75
Donnerstag:	Bratwurst in Bier mit Purée	1.50
Freitag:	Gedämpfte Hammelkeule mit Kapernsoße und Purée	1.75
Sonnabend:	Pökelkamm mit Erbsenbrei und Sauerkohl	1.60

Da wir unsere Gäste in jeder Weise zufrieden stellen möchten, bitten wir, Beschwerden dem Oberkellner sofort zu melden. Wir sind um Abhilfe schnellstens besorgt.

Speisekarte aus den dreißiger Jahren

Leipziger und der Potsdamer Straße. Ja, das war noch ein Reichtum und Wohlstand damals. Gegessen haben wir bei Aschinger in der Küche, Kaffee für dreißig Pfennig und die Brötchen umsonst. Das Weinhaus Huth habe ich noch gekannt, aber ohne Geld war da nicht viel zu machen. Über vierzig Blumenfrauen sind wir damals gewesen, am Potsdamer und am Leipziger Platz. Der Hermann Göring hat auch bei uns gekauft, sein Ministerium war ja ganz in der Nähe. Er fuhr im offenen Wagen vor. Kunden wie ihn hatten wir reichlich, weil doch das Regierungsviertel gleich um die Ecke war.«
Aus Werder vor den Toren Berlins kamen die Freilandblumen in großen Kiepen, denn »irgend jemand hat ja immer Geburtstag, verlobt sich oder heiratet«, sagt Frau Kempfer. »Die Deutschen haben nun mal Blumen gern.«
Erinnert sich Frieda Kempfer auch an die »Reichskristallnacht« im November 1938? Sie erinnert sich. »Da wurde alles kurz und klein geschlagen«, sagt sie. »Die Juden verprügelt, sogar die Kinder. Es war furchtbar. Natürlich wurde auch geplündert. Ganze Wagenladungen haben die zusammengesucht. Der Lichthof im Wertheim, eine Augenweide, alles weg, kaputt, zerschlagen.«
Nach dem Krieg ist Frau Kempfer umgezogen. Zu armselig war da das Geschäft am Potsdamer Platz geworden. Nach dem Bau der Mauer fahren dort, wo einmal der Stand der Kempfers war, die Geländewagen der Nationalen Volksarmee. Leipziger und Potsdamer Platz liegen im Niemandsland, und Schmutzfahnen wirbeln über die leere Fläche. Erst verschwanden die Juden, dann Hermann Göring. Wertheim ist weg und Aschinger auch. »Eine Schande«, sagt Frieda Kempfer, »daß alles kaputtgehen mußte. Wäre doch nicht nötig gewesen.«

Am 9. Januar 1939 kann der »Führer« das Diplomatische Corps in seiner Neuen Reichskanzlei empfangen. Nur neun Monate hat Reichsbaumeister Albert Speer für die Befehlszentrale in der

Voßstraße benötigt, einschließlich Führerbalkon. Das seelenlose Gebäude läßt ahnen, wie »Germania«, das neue Berlin, nach dem Willen seiner Planer einmal aussehen soll. Doch Speers Bauvorhaben kommen mangels Endsieg nicht zustande.
Auch in der Voßstraße schreit die jubelnde Menge nun nach ihrem »Führer«, doch der kann nicht dauernd auf den Balkon. Er hat Saar und Rheinland wieder, Österreich kassiert und das Sudetenland. Nun fehlen ihm noch Danzig und der Korridor nach Ostpreußen, die »Rest-Tschechei« und der »Lebensraum im Osten«. Da gibt es viel zu planen.
Am Potsdamer Platz siedeln sich immer mehr NS-Behörden an. Im Haus Huth belegt die Staatliche Überwachungsstelle für die Deutsche Lederwirtschaft anderthalb Etagen. Immerhin, sie zahlt 13 000 Mark Jahresmiete, da kann Willy Huth nicht klagen.
Im April 1939 wird der unterirdische S-Bahnhof Potsdamer Platz eröffnet, mit neun Zugängen und 17 Fahrkartenschaltern. Die Anlage, von der Firma Diede verglast, ist weiträumig und bietet viel Platz für die Menschen, die im Zweiten Weltkrieg darin Zuflucht suchen werden.
Im Februar hat unterm Funkturm noch die Internationale Automobilausstellung stattgefunden, eine gewaltige Schau, zu der über 800 000 Besucher kommen. Die ersten Exemplare des neuen Volkswagens sind zu sehen, doch die 300 000 gläubigen VW-Sparer werden vergeblich auf ihre Zuteilung warten. Erst einmal müssen Räder rollen für den Krieg, und die Rüstungsproduktion läuft auf vollen Touren.
Immer erbarmungsloser wird der Umgang mit den Juden im Reich, es gibt Berufsverbote für jüdische Tier- und Zahnärzte, Dentisten, Apotheker, Krankenpfleger und Heilpraktiker. Schmuck und Edelmetalle müssen abgeliefert werden, die Einweisung von Juden in sogenannte »Judenhäuser« beginnt.
»1938«, so hat mir ein Stammgast aus dem Weinhaus Huth er-

zählt, »konnte man sich noch mit jüdischen Freunden treffen. 1939 war's aus.«

Bis zum Kriegsbeginn hat mehr als die Hälfte der rund 170000 Berliner Juden die Stadt verlassen. Die Berliner sehen dem Terror zu, ängstlich, apathisch, gleichgültig, mitleidig. Wenige, allzu wenige, helfen.

Am 20. April 1939 feiert der »Führer« in der Reichskanzlei seinen 50. Geburtstag. Beim 56. wird er schon unter der Erde sein, im Bunker, den er nicht mehr lebend verläßt.

Jetzt aber marschiert noch einmal die NS-Prominenz auf, die Parteibonzen, die Herren Generäle voller Stolz auf schimmernde Wehr und Waffen, das Diplomatische Corps. Vier Wochen zuvor hat der »Führer« auf den Trümmern der »Rest-Tschechei« das Protektorat Böhmen und Mähren errichtet und vom ängstlichen Litauen das Memelland zurückerhalten.

Das Maß ist nun voll, der »Führer« glaubt es nur noch nicht. Die Garantieerklärung Englands, Polen im Fall eines Angriffes zu helfen, nimmt er nicht ernst.

Kanonen statt Butter

An den Tag des Kriegsausbruches haben Huths ehemalige Angestellte keine besondere Erinnerung. Bedrückt ist man gewesen — was war noch? Die Erinnerung bleibt blaß. Es gab keine Begeisterungsstürme im Restaurant wie Anno 1914, und die patriotischen Gesänge auf dem Potsdamer Platz blieben aus. Die Menschen sitzen deprimiert vorm Radio, während der »Führer« erklärt, daß er seit 5.45 Uhr zurückschießen lasse und den Polen Bomben mit Bomben vergelten wolle.
Aber da sind ja noch gar keine Bomben aufs Reich gefallen. Die werden erst noch kommen, und zwar so zahlreich, daß der »Führer« sie nicht mehr Stück für Stück vergelten kann.
Die Stadt wird verdunkelt. Am 3. September trifft das britische Ultimatum ein, und der überraschte Hitler fragt seinen Außenminister Ribbentrop: »Was nun?«
Ja, was nun?
Es ist Krieg, die Berliner erhalten sieben Gramm Bohnenkaffee, 90 Gramm Butter, 150 Gramm Käse, 125 Gramm Fett, 700 Gramm Fleisch pro Woche, es ist alles rationiert. Seifenpulver, Toilettenseife, Scheuerlappen, Kleidung, Schuhe, Leder gibt es auf Extraschein. Die Überwachungsstelle für die Deutsche Lederwirtschaft im Haus Huth hat viel zu tun. Sie braucht mehr Büroraum und plant einen Durchbruch zum Nachbarhaus.
Der Koch Gerhard Rockstroh, der nur zu Huth kam, weil er so gut über Kaviar und Hummer Bescheid wußte, muß nach den Eintopfsonntagen die Speisekarte noch einmal zusammenstreichen. Die Küche stellt sich auf Tellergerichte um, gegen Marken. Trotzdem wird es abends voll im Restaurant, und nach der

Oper stehen die Menschen sogar Schlange. Aus dem »Volksempfänger« tönen die Siegesfanfaren. Polen wird in wenigen Wochen zerschlagen, England und Frankreich können nicht helfen und halten an der Westfront Ruhe. Hoffnung auf einen baldigen Frieden keimt, wie trügerisch. In der Prinz-Albrecht-Straße hat Himmler das Reichssicherheitshauptamt eingerichtet und Reinhard Heydrich zu dessen Leiter ernannt. Das Referat IV B4 für Judenangelegenheiten übernimmt Adolf Eichmann, nun schon Sturmbannführer. Im Februar 1940 beginnen die ersten Massendeportationen deutscher Juden.
Im Februar muß auch der Koch Rockstroh zur Großdeutschen Wehrmacht. Der »Führer« hat in den nächsten Monaten viel vor, er will Frankreich und England schlagen, da muß auch Herr Rockstroh helfen, obwohl er schon dreißig ist. Aber die Jüngeren sind schon eingezogen. Sechs Jahre wird es dauern, bis Gerd Rockstroh aus Krieg und Gefangenschaft heimkehrt. Zwei Jahre wird seine Frau Anni nicht wissen, ob er noch lebt.
Am 18. Juli läuten im ganzen Reich die Kirchenglocken, und durchs Brandenburger Tor ziehen die Truppen ein, die Frankreich in einem Blitzfeldzug geschlagen haben. Nun jubeln endlich die Berliner über die erfolgreichen Siege des größten Feldherrn aller Zeiten. Am 25. Juli gibt es eine Sonderzuteilung von 125 Gramm Butter. Daß im August zum erstenmal englische Bomber die Reichshauptstadt angreifen, wird eher als Kuriosität empfunden, obwohl es die ersten Toten gibt. Familien ziehen zum Trichtergucken.
Willy Huth aber schließt wieder einmal die obere Etage. Im Aufschwung der letzten Friedensjahre hat er ein paar Festräume für Hochzeiten, Geburtstage und andere Feiern geöffnet, damit ist nun Schluß. Die meisten Männer sind im Krieg, es gibt nur noch sechs ältere Köche in der Brigade und zwei Lehrlinge.
Nie wieder werden nun Jagd- und Feldherrnzimmer geöffnet sein, Blauer Salon und Langer Saal, werden Gäste in Frack und

Abendkleid über die Treppe nach oben schreiten. Restaurant und Schoppenstube im Erdgeschoß sind kein Ersatz. Die feinen Leute haben immer im ersten Stock gefeiert.

Auf dem Potsdamer Platz sind die Leuchtreklamen abgeschaltet. Die Scheinwerfer der Autos haben nur noch schmale Schlitze. Die Nonsens-Schlager »Mein Papagei frißt keine harten Eier« und »Ich wollt', ich wär' ein Huhn« der von Goebbels verteufelten »Asphalt-Literaten« passen nicht mehr in die Zeit. Jetzt wird »Nach jedem Abschied gibt's ein Wiedersehn« gesungen und »Einmal wirst du wieder bei mir sein«, darin zeigen sich die Hoffnungen und Sehnsüchte im Kriegsjahr 1940.

Willy Huth ist 63 und ein alter Herr. Seit 35 Jahren führt er nun die Firma, und zum zweitenmal ist Krieg. Da verstieben die Illusionen.

Wer soll das Haus nach ihm führen? Lutz, der Sohn seiner Tochter Ilse, ist erst vier Jahre alt. Teilhaber hat Willy Huth in seinen Familienbetrieb nie aufnehmen wollen. Nun ist es zu spät.

Willy Huth ist nie ein starker Mann gewesen. Stark waren immer nur die Frauen, erst »Muttchen Huth«, dann Dora, Willys Frau.

Willy Huth ist kein vorbildliches Mitglied der nationalsozialistischen »Volksgemeinschaft«.

»In seinem Lokal«, sagt der Rentner Arnold Bauer, ein Stammgast, »traf sich nach wie vor eine konservative Honoratiorengesellschaft, meist unter dem Tarnanstrich ›Familienfeier‹.« Für Stammgäste hielt der Chef immer eine Flasche in Reserve.

»Genußmittel waren ja schon vor dem Krieg knapp geworden«, sagt Arnold Bauer, »für Kaffee und Butter wurden bereits 1935 Kundenkarteien angelegt.« Hummer und Kaviar gibt es nun natürlich auch bei Huth nicht mehr, schon gar nicht auf Marken, aber Herr Bauer arbeitet in der Rüstungsindustrie und ist nicht wählerisch.

»Parteibonzen gingen kaum zu Huths«, sagt Herr Bauer, und

weil die Goldfasane nicht kamen, ist er gern hingegangen. Leider hat er im Restaurant einmal zu laut über die Siegesmeldungen gewitzelt und zu einem Bekannten gesagt: »Das glaubst du?« — da kam ihm ein Soldat auf die Straße nach und wollte ihn festnehmen lassen. Spitzel gibt es überall. Herr Bauer ist zur U-Bahn runter, dort hat ihn sein Verfolger aus den Augen verloren.

Das Denunziantentum blühte, und wer eine böse Bemerkung über den »Führer« machte, riskierte Kopf und Kragen. Das hat auch Anne Marie Kühnemann erfahren müssen. Frau Kühnemann, geborene Huth, meine älteste Augenzeugin, die sich noch an den Bau des Hauses im Jahre 1912 erinnert, muß nun um ihre Tochter bangen. Die hat eine Nachbarin mit Lebensmitteln versorgt und ist von ihr angezeigt worden. Der Hitler würde sie alle ins Unglück führen, hat Anne Marie Kühnemanns Tochter gesagt, dafür kommt sie vor den Volksgerichtshof, und ihr Vater, der eilig aus Frankreich anreist, muß sich von einem Richter sagen lassen, ein Offizierskind, da würde er sich doch sehr wundern. Das habe sie wohl in ihrem Elternhaus gehört?

»Da war ich um ein Haar auch mit dran«, sagt Frau Kühnemann, die so viel Gemeinheit heute noch nicht fassen kann. Zum Glück ist ihre Tochter mit einer Gefängnisstrafe davongekommen, vielleicht weil sie ein Offizierskind war.

Emmy Bredenförder ist heute eine alte Dame. Als sie im Weinhaus Huth anfing, war Krieg. Sie wohnt heute in Friedenau, das ist nicht weit vom Potsdamer Platz, aber sie kommt da kaum noch hin. Zuviel Schlimmes hat sie dort erlebt, den Krieg, die Bomben, daran möchte sie nicht gern erinnert werden.

Seit dem 15. November 1940 hat sie bei Huths gearbeitet, saß am Bon-Brett und gab im Magazin die Ware aus, Lebensmittel und frische Wäsche. Das Fleisch war knapp, und der Küchenchef schnitt es zentimeterweise. Ständig waren Preis- und Gewichtskontrolleure im Haus, da mußte für die Portionen sogar die Briefwaage her. »Anfangs wurde noch mit Butter gekocht«, sagt Frau Bredenförder, »und als es die nicht mehr gab, mußten wir ein Schild ins Fenster hängen: ›Hier werden noch andere Fette verbraucht.‹«

Bei Huths hat sich Frau Bredenförder mit der Kaltmamsell Grete Zieke angefreundet, die dort seit 1937 arbeitet. Die beiden treffen sich noch heute, denn die Bombennächte und die Angst im Luftschutzkeller verbinden sie ein Leben lang. Grete Zieke hat die letzten Friedensjahre am Potsdamer Platz noch genossen, ist nach Feierabend mit den Köchen ins Rheingold nebenan gezogen, weil da bis drei Uhr nachts geöffnet war, und mit den Schuhen in der Hand nach Hause gekommen, um den Vater nicht zu wecken. Sechzehn Jahre war sie damals alt.

Als der Krieg beginnt, darf sie ihre Lehre vorzeitig beenden, denn die Männer werden eingezogen, und das Personal bei Huth wird knapp.

Kurz vor dem Angriff auf die Sowjetunion im Juni 1941 ist Rudolf Heß noch zu den Briten geflogen. Der »Führer« tobt und läßt erklären, sein Stellvertreter sei nicht ganz richtig im Kopf. Da geht im Reich ein Spottvers um:

»In Deutschland ist ein Lied bekannt,
›Wir fahren gegen Engelland‹,
doch wenn dann wirklich einer fährt,
dann wird er für verrückt erklärt.«

Die deutschen Heere stürmen nach Rußland hinein, da ist der Sonderflug des Herrn Heß bald vergessen, und wieder tönen aus dem »Volksempfänger« die Siegesfanfaren. 1914, beim Tannenberg-Sieg über die Russen, klang das Huthsche Haus von »hellstem Jubel wider«, wie sich der Dichter Paul Lindenberg in seinen Memoiren erinnert. So hell ist der Jubel diesmal nicht. In der Küche arbeitet nur noch ein Koch, eine ältere Dame hilft als Beiköchin aus, und Gerhard Rockstrohs Kollege Herbert Rühl ist bereits für Führer, Volk und Vaterland gefallen. Der Nächste ist der Kellner Wenzel Mulz, dessen Arbeitsbuch ich noch habe.

Herr Huth beliefert das Militär mit Wein, er hat noch große Bestände im Keller, und mit Wein läßt sich vieles regeln, auch beim Einkauf fürs Restaurant. Davon profitieren Küche und Gäste in den ersten Jahren des Krieges.

Von September 1941 an müssen die Juden einen gelben Stern tragen, und im Oktober beginnen die Deportationen in Berlin. Reinhard Heydrich hat das Reichssicherheitshauptamt verlassen und ist Reichsprotektor von Böhmen und Mähren geworden. Er wird erst im Juni 1942 zurückkehren, auf einer Geschützlafette, mit einer Hakenkreuzfahne bedeckt. Tschechische Partisanen haben ihn in Prag getötet.

Passanten und die Belegschaft vom Prinz-Albrecht-Palais heben den rechten Arm zum letzten deutschen Gruß, und die Gefangenen in den Zellen der Gestapo dürfen sich ein heimliches Lächeln leisten.

Im Spätherbst 1941 bleibt die deutsche Offensive im Osten stecken. Hitlerjungen, Wehrmachtssoldaten und Parteifunktionäre betteln auf den Straßen für die Winterbekleidungssammlung.

Die bestausgerüstete Armee der Welt friert.

Juden dürfen — außer auf dem Weg zur Arbeit — keine öffentlichen Verkehrsmittel mehr benutzen. Die Berliner fahren auf den Kurfürstendamm zum Flanieren. In den Kinos läuft »Jud Süß«, aber auch »Trenck, der Pandur« mit Hans Albers und »Bal paré« mit Ilse Werner, denn Herr Goebbels hat »optimistische Sachen« befohlen, weil im Osten zu Optimismus wenig Anlaß ist.

Im Dezember beenden Minustemperaturen um 37 Grad den deutschen Vormarsch vor Moskau, bei Huths wird Silvester gefeiert, und die Gäste dürfen zum Bleigießen in die Küche. Treue Angestellte bekommen von Herrn Huth Handtaschen geschenkt. Emmy Bredenförder hat ihre heute noch.

Im Januar 1942 müssen die Berliner Gaststätten zweimal wöchentlich ein »Feldküchenessen« anbieten. Die Vorspeise entfällt.
Die Versorgungslage wird immer schlechter. Willy Huth macht jetzt sonntags zu und setzt überzählige Angestellte als Weinvertreter ein, da bringen sie manchmal »schwarz« auch für die Küche etwas mit.
Grete Zieke beschwert sich bei ihrem Chef über den niedrigen Lohn. Sie bekommt nur 15 Mark die Woche. Willy Huth sagt, zu mehr sei er nicht verpflichtet, aber Frau Zieke macht Krach, die »Arbeitsfront« vermittelt, und ihr Gehalt wird auf 45 Mark erhöht.
Zu Emmy Bredenförder, die eine Lungenentzündung hat, sagt Willy Huth vorwurfsvoll: »Wie können Sie sich eine so unheilvolle Krankheit zuziehen!« Das ärgert Frau Bredenförder heute noch.

Berlin trägt das Gesicht des Krieges. Die Schaufensterauslagen sind leer oder mit Attrappen dekoriert, die Schlangen vor den Geschäften werden immer länger, Kohle und Kartoffeln sind schon im ersten Kriegswinter knapp geworden. Das Kopftuch wird Mode.
Trist wird es auch am Potsdamer Platz, der einmal der Nabel war von Berlin. Die Autos kann man jetzt zählen. Neun von zehn Privatfahrzeugen sind beschlagnahmt worden.
»Die Potsdamer Straße«, schreibt der amerikanische Journalist Howard K. Smith in seinen Erinnerungen über die ersten Jahre

Das Weinhaus Huth wünscht seinen Gästen ein gutes Jahr 1935

des Krieges, »war einmal ein lebhaftes Einkaufszentrum. Heute besteht sie aus einer Reihe aufgegebener Geschäfte, auf deren verdreckten Schaufenstern die kleinen Jungen mit ihren Daumen rumgemalt haben. Viele Geschäfte sind leer, weil sie nichts mehr anzubieten haben. Einige sind angeblich wegen Reparaturarbeiten geschlossen, aber es wird nichts repariert. In manchen Fällen haben Frauen und Töchter der zur Armee eingezogenen Besitzer das Geschäft noch eine Weile weitergeführt, aber jetzt sind auch sie dienstverpflichtet und arbeiten in den Munitionsfabriken. Parallel zur Potsdamer Straße verlaufen linker Hand die Schienenstränge des Potsdamer Bahnhofes. Ich erwähne diesen Ort, weil auf den drei am weitesten östlich gelegenen Gleisen immer lange Züge abgestellt sind, deren Waggons deutlich mit einem roten Kreuz im weißen Kreis gekennzeichnet sind: Lazarettzüge, aus denen verstümmelte Deutsche von der Ostfront ausgeladen und in Berliner Krankenhäuser transportiert werden.«

Anfang 1942 wird auf der Wannsee-Konferenz die »Endlösung der Judenfrage« beschlossen, wird der Massenmord organisiert. In Berlin wie im Reich dürfen Juden keine Zeitungen mehr kaufen und müssen ihre Wohnungen mit dem Davidstern kennzeichnen.

Die Fleischration wird von 700 Gramm auf 300 Gramm pro Woche mehr als halbiert. Die Gestapo spürt die Spionageorganisation Rote Kapelle auf und verschleppt sie in die Keller der Prinz-Albrecht-Straße. Im Weinhaus Huth kostet das Gedeck jetzt neun Mark, bei Fleischgerichten sind 100 Gramm in Marken abzuliefern. Für eine Hochzeitsfeier berechnet Willy Huth den Gästen 295 Mark, darunter 5,25 Mark für die Flasche Mercier, fünfzig Pfennig für die Flasche Fachinger, Kriegssteuer 21 Mark. Für Hochzeiten gibt es Sondermarken.

Im Osten kommen die deutschen Heere wieder voran, Siegesfanfaren künden von Kesselschlachten, im September 1942 dringt

die Sechste Armee nach Stalingrad vor. Mariechen Krause besucht die Kollegen bei Huths, die noch nicht im Krieg sind, ganz alte oder ganz junge, und bekommt eine halbe Ente vorgesetzt. Willy Huth hat noch immer seine Quellen.
Er kennt einen prominenten Bonzen in der Reichskanzlei, deshalb darf er seine Weine sogar an den »Führer« liefern. Das Hausfaktotum, Josef von Janta-Lipinski, Heizer, Maschinist und Küfer im Haus Huth, fährt mit den Kartons in die Voßstraße, hat einen Spezialausweis und bekommt etwas zu essen, während er auf das Leergut wartet.
Im Radio wird der Schlager »Wann wirst du wieder bei mir sein?« von Peter Igelhoff gespielt. Das ist eine bange Frage, auf die es keine Antwort gibt. Zehn Tage vor Weihnachten trifft in Berlin ein Sonderzug mit Lebensmitteln aus der Ukraine ein, und der Gauleiter von Berlin, Joseph Goebbels, wendet sich mit einem Flugblatt an seine lieben »Berliner Mitbürger«. In Stalingrad ist die Sechste Armee mit 220000 Mann eingeschlossen. Berlin steht vor dem Katastrophenjahr 1943.
Das beginnt am 17. Januar mit einem unerwarteten Großangriff britischer Bomber auf die Reichshauptstadt. Über ein Jahr hat es kaum noch Alarm gegeben, und die Berliner haben geglaubt, sie würden vom Schicksal Hamburgs oder Kölns verschont. Jetzt aber beginnen die Bombennächte, kein schönes Jubiläum für den »Führer«, der doch am 30. Januar den zehnten Jahrestag der Machtübernahme feiern wollte. Das Drama im Kessel von Stalingrad neigt sich im Januar seinem Ende zu, im Radio wird von einem »großen und ergreifenden Heldenopfer« gesprochen.
Die Sechste Armee kapituliert am 2. Februar, und Joseph Goebbels ordnet für den Heldenkampf bis zur letzten Patrone drei Tage Staatstrauer an. Luxuslokale, in denen man noch ohne Marken essen kann, für ein Menü aber fünfzig bis hundert Mark zahlen muß, werden geschlossen. Huth trifft das nicht.

Das Weinhaus ist schon lange kein Luxuslokal mehr. Zum Jahresanfang 1943 hat Willy Huth ein Abgeltungsdarlehen über 178 500 Reichsmark aufnehmen müssen.
Am 18. Februar findet eine Großkundgebung im Sportpalast statt, fragt Joseph Goebbels die »Volksgemeinschaft«, ob sie den totalen Krieg wolle, und erntet orkanartigen Beifall. Der Gauleiter schickt die tobsüchtige Menge mit einem Aufruf des Dichters Theodor Körner aus den Befreiungskriegen nach Hause: »Nun, Volk, steh auf, und Sturm, brich los!«
Der bricht dann auch tatsächlich los, anders als gedacht. In der Nacht zum 2. März geht ein verheerender Bombenangriff auf die Reichshauptstadt nieder. Hunderte werden folgen. Huths Wirtschafterin Marie Krause hat kurz zuvor geheiratet, und Tante und Onkel aus Ostpreußen sind zu Besuch. »Die sind fluchtartig abgereist«, sagt Frau Krause. In Königsberg, hat der Onkel gesagt, gäbe es so etwas nicht.
Noch nicht.
Im Mai kapituliert in Tunis die Heeresgruppe »Afrika«, über 250 000 deutsche und italienische Soldaten gehen in Gefangenschaft. Berlin ist nach den pausenlosen Deportationen nun fast »judenfrei«. Auch die jüdischen Zwangsarbeiter sind festgenommen worden, und in den Berliner Bezirken macht die Gestapo Jagd auf untergetauchte Juden. Knapp siebentausend leben noch in Berlin, knapp tausend werden überleben. 170 000 sind es mal gewesen.
Am 1. August 1943 ruft Goebbels die Berliner Haushalte auf, Frauen, Kinder und Rentner in »weniger gefährdete Gebiete« zu evakuieren. Bereits am Tag darauf setzt ein Massenansturm auf Behörden und Fahrkartenschalter ein.
Bis November werden fast 700 000 Berliner die Stadt verlassen haben, darunter 260 000 Kinder.
Am 23. August wird Berlin wieder schwer bombardiert. Am Potsdamer Platz fallen die ersten Bomben. Bei Huths rennen die

Angestellten in den Keller, ringsum krachen die Einschläge, das Haus Vaterland brennt und der Potsdamer Bahnhof.
Die Angestellte Hildegard Hennings stellt bei Huths ihre Koffer ab, weil das Haus wegen des Stahlskelettbaus als sicher gilt. Das stimmt, und die Koffer überleben Bomben und Granaten, aber bei Kriegsende werden sie Frau Hennings aus dem Keller der Huths gestohlen.

Fremde überschwemmen Berlin. Franzosen, Rumänen, Ungarn, Italiener, Serben sind als Facharbeiter in die Reichshauptstadt zwangsverpflichtet worden, und manchmal hört man auf den Straßen kaum noch ein deutsches Wort. Schon sorgt sich der Sicherheitsdienst in der Prinz-Albrecht-Straße um die Moral der Heimatfront. Undenkbares geschieht: Die deutsche Frau gibt sich den Fremdvölkischen hin, für Brot, Zigaretten oder Bares. Zwölf Millionen Fremdarbeiter leben im Reich, 250 000 in Berlin, und in den Bierlokalen können die Fremden ihre Freude über den Kriegsverlauf kaum verbergen.
Am 18. November 1943 beginnt die Luftschlacht um Berlin. Schwere Angriffe, wie sie die Berliner bisher noch nicht erlebt haben, gehen nun auf die Reichshauptstadt nieder. Berlin wird zu einer Ruinenlandschaft. Tausende sterben in den Kellern, unter Trümmerbergen, und eine halbe Million wird obdachlos. Obdachlos wird auch Herr Huth, und obdachlos wird Frau Hennings, die ihre Koffer rechtzeitig in Sicherheit gebracht hat, zumindest bis zum Ende des Krieges.
In den Bombennächten vom 22., 23. und 26. November trifft es besonders den Berliner Westen, das Tiergartenviertel und die Stadtmitte. Die Gedächtniskirche brennt, und im Zoo sterben Elefanten, Giraffen, Antilopen. Im Aquarium birst die Krokodilhalle durch eine Luftmine, platzen die Bassins in der Meeres- und Süßwasserabteilung. Flammen schlagen aus Nationalbibliothek, Stadtschloß und Universität.

In der Leipziger Straße stirbt das Kaufhaus Wertheim, am Potsdamer Platz verglühen Fürstenhof und Palast-Hotel. Dort, wo sich früher das Café Josty befand, steht eine Flammenwand, und der Pschorr-Palast ist eine rauchgeschwärzte Ruine.

Der Bombenkrieg hat nun endgültig den Potsdamer Platz erreicht, der bisher verschont geblieben ist. Er erreicht auch die Villa der Huths am Lützowplatz, die am 22. November in Trümmer fällt. Schutt und Asche sind Palmengarten und Speisesaal, verschwunden Küche, Speiseaufzug und Gegensprechanlage, die Dorothea Kahnert als Kind so fasziniert haben, pulverisiert ist der gesamte Lützowplatz.

Keine Feste mehr bei Huths, keine Menüs mit acht und zwölf Gängen, kein Hummer, kein Kaviar, kein Personal mit vorgekochten Speisen. Das Haus, Geschenk des Brautvaters Bodo Diede an seine Tochter bei der Hochzeit im Oktober 1910, ist eine ausgeglühte Ruine. Die Huths haben überlebt, ob im Keller, in einem Bunker, in der Sommervilla draußen an der Havel, ich weiß es nicht.

Abends um sieben war Alarm. Im Weinhaus Huth stürzt die Spätschicht in den Keller, auch Emmy Bredenförder, Grete Zieke und der Geschäftsführer Höhnemann. Sie setzen sich zwischen die großen Stück- und die Halbstückfässer, es riecht nach Wein, und draußen brummen die Bomber, dröhnen die Flakgeschütze. Immer lauter werden die Einschläge, und sie kommen immer näher.

Diesmal ist am Potsdamer Platz die Hölle los. Es schlägt ein in die Häuser ringsum, und das Haus bebt in seinen Fundamenten. »Das Gebäude wird als zusammenhängende Eisenkonstruktion errichtet«, hat das Ingenieurbüro Leitholf 1911 in den Bauantrag geschrieben, jetzt wird sich das Stahlskelett rentieren. Während in der Potsdamer Straße die Häuser einstürzen und die Menschen unter sich begraben, bebt der Stahlbau von Huth in den Fundamenten. Es ist wie ein Wunder, daß er in dieser Nacht, in der 2000 Tonnen Sprengbomben auf die Berliner Stadtmitte regnen, keinen einzigen Treffer abbekommt. Aber der Luftdruck

bläst die Ziegel weg, und Stabbrandbomben fallen auf den Dachboden.
Der Potsdamer Platz brennt. Weil es im Keller nach Rauch riecht, quetschen sich die Angestellten durch eine Öffnung in der Mauer ins Reichseisenbahnamt nebenan.
Erst nach der Entwarnung können sie wieder nach oben, und ringsum ist ein Flammenmeer. »Die ganze Straße hat gebrannt«, sagt Grete Zieke, »lichterloh, und der Phosphor lief von den Wänden.«
Erst jetzt sehen sie entsetzt das Feuer im Dachstuhl des eigenen Hauses. Helfen wollen sie, löschen, »aber die Etagentüren waren abgeschlossen, und wir hatten keine Schlüssel«. Eisentüren sind überall, da ist kein Weiterkommen.
Frau Bredenförder tränkt ein paar Tischtücher mit Wasser, dann brechen sie aus der Potsdamer Straße aus, rennen an den Häuserwänden entlang, weichen stürzenden Balken aus, stolpern über Äste, Geröll und Straßenbahndrähte. Der Potsdamer Bahnhof brennt und das Columbus-Haus, sie laufen durch den Funkenregen, laufen um ihr Leben unter den nassen Tüchern. Die Hitze ist kaum zu ertragen.
Am Alexanderplatz kommt Grete Zieke nicht mehr weiter. Sie weicht dem Flammenmeer über Jannowitzbrücke und den Bezirk Friedrichshain aus und ist morgens um halb vier endlich zu Hause. Schon von weitem sieht sie die brennende Gasanstalt, aber ihr Elternhaus ist heil. Die Eltern erwarten sie schon. Grete Zieke bricht zusammen. 22 Jahre alt ist sie da.
Der Küfer Josef von Janta-Lipinski hat den Angriff im S-Bahn-Tunnel am Potsdamer Platz überlebt. Als er sich endlich nach oben traut, sind die anderen schon weg. Lipinski hat die Schlüssel für die Eisentüren, und er weiß auch, was jetzt zu tun ist. Auf dem Dach steht ein großer Wassertank, der Niederdruckbehälter für die Dampfheizung. Herr Lipinski rafft an Eimern zusammen, was er finden kann, und fängt an zu löschen.

Auf die Feuerwehr kann er in dieser Katastrophennacht nicht hoffen.
So hat der Küfer Josef von Janta-Lipinski am 22. November 1943 das Weinhaus Huth gerettet.
Er liegt in seiner Wohnung in Mariendorf auf einer Couch und sucht nach Worten. Es geht ihm nicht gut, und er hat eigentlich keinen Besuch empfangen wollen, vor allem niemanden, der ihn an die Brandnacht von damals erinnert, als er mit vollen Eimern durch die Etagen raste.
Das Feuer fraß sich bis zum zweiten Stock durch, das Tafelsilber schmolz, die Dachbalken verkohlten, und das Fensterglas der oberen Stockwerke platzte in der Hitze. Aber der Küfer Lipinski ist gerannt wie nie in seinem Leben, zum Tank und zurück, immer wieder, bis der Brand erlosch. Erst dann sah er, daß ringsum die Häuser brannten und die Autos auf der Straße.
»Es ist ein Wunder«, sagt er, »daß wir in dieser Nacht davongekommen sind.« Seit 1934 hat er bei Huths gearbeitet, ist immer nur das Hausfaktotum gewesen, im blauen Anton und mit Baskenmütze. Die Angestellten haben ihn kaum wahrgenommen.
»Ja«, sagt Josef von Janta-Lipinski voller Stolz, »danach hat mich der Herr Huth sehr geachtet.«
Am Morgen nach dem Angriff kommen die Angestellten zum Aufräumen, fegen die Glassplitter weg, räumen die verbrannten Möbel aus den Büros und werfen die Dachbalken in den Hof. Auch Frau Bredenförder und Frau Zieke sind wieder da.
Die Schreckensnacht steckt ihnen noch in den Knochen, aber es treibt sie wieder zur Arbeit.
Willy Huth steht apathisch herum. Die Villa am Lützowplatz ist weg, aber seine Familie lebt, und das Haus in der Potsdamer Straße ist ihm geblieben, dafür kann er sich bei Herrn von Lipinski bedanken.
Noch einmal pflügen am 23. und am 26. November Luftminen und Bomben die Trümmerlandschaft um, aber das Haus wird

nicht getroffen. Sogar in den Schären vor Stockholm riecht man das brennende Berlin.
4000 Menschen sterben in diesen Novembernächten, aber der Rüstungsproduktion tut das keinen Abbruch. Pünktlich kehren die Arbeiter in die Maschinenhallen zurück, in die Panzer- und Munitionsfabriken, jetzt erst recht. Bald läuft die Produktion wieder auf vollen Touren. Die Angriffe sollen die Bevölkerung demoralisieren, aber das gemeinsam ertragene Schicksal schließt die »Volksgemeinschaft« nur noch enger zusammen, so schrecklich die Angriffe auch sind. »Wir wollten lieber hungern«, sagt Grete Zieke, »wenn dafür nur die Bomben aufhören würden.« Doch der Bombenkrieg wird noch zwei Jahre dauern.
Joseph Goebbels spricht von »Terrorangriffen«, und die Berliner merken, daß Luftwaffe und Flak gegen die vielen Bomber machtlos sind. 670 Maschinen haben Berlin am 22. November angegriffen, und die Abschußzahlen erreichten nicht einmal fünf Prozent. Ein Jahr hat sich die englische Luftwaffe auf diese Offensive gegen die Reichshauptstadt vorbereitet. Niemand hat damit gerechnet. Viel zuwenig Bunker wurden in Berlin gebaut.
Sonderzuteilungen sollen den überstandenen Schrecken lindern. Am 29. November gibt es 1 Dose Fischkonserven, 1 Dose Kondensmilch, 1 Pfund Frischgemüse, je 50 Gramm Bohnenkaffee und Tabak für jeden.
Kinos und Varietés sind geöffnet. An den Ruinen steht »Wir leben noch«. Manchmal auch nicht. Drei Tage nach den Angriffen fahren die meisten Straßenbahnen wieder.
Anni Rockstroh, seit 1941 bei Oetker dienstverpflichtet, schaut bei den Huths rein und entdeckt Löcher in Decken und Wänden. »Der Dachstuhl war zerstört, die Balken wurden, soweit verwendbar, als Brennholz benutzt.«
Oben in den Büros sieht es chaotisch aus. Die Möbel sind verbrannt, und die Überwachungsstelle für die Deutsche Lederwirtschaft existiert nicht mehr.

Am Potsdamer Platz gähnen Ruinen. Traurigkeit über die verschwundene Pracht stellt sich nicht ein. Ruinen sieht man jetzt überall, ganze Stadtbezirke liegen in Trümmern. Ende 1943 sind in Berlin 68 000 Wohnungen zerstört.
Anni Rockstroh, die frühere Kaltmamsell, hilft in der Potsdamer Straße 5 bei den Aufräumungsarbeiten und bekommt von Willy Huth zum Dank eine Vase.

In den nächsten vier Monaten gehen zwölf Flächenbombardierungen über die Reichshauptstadt nieder. 270 000 Wohnungen werden vernichtet. Die Stadtmitte wird Brachlandschaft, zwischen Wittenbergplatz und Tiergarten sind ganze Straßenviertel gesperrt.
Nach den Angriffen werden in den Schulen Wurstbrote verteilt, es gibt Notspeisungen und Sonderzuteilungen für die »Volksgemeinschaft«, die sich bald nicht mehr solidarisch fühlt. Sie zerfällt in Tote und Überlebende, Ausgebombte und Noch-nicht-Ausgebombte, Hungrige und Satte, die Führerpakete bekommen und Beutegut von Fronturlaubern.
Berlins Stadtmitte geht unter, und sie wird nie mehr auferstehen. Das Regierungsviertel ist verglüht, dahin sind die Bier- und Tanzpaläste, Kaufhäuser und Bahnhöfe, da wollen auch die Menschen nicht mehr zum Potsdamer Platz.
Das Weinhaus Huth hat überlebt, aber wozu?

Die Berliner ziehen mit Gasmasken durch die Straßen, den Bollerwagen hinter sich, schleppen Kinder oder Säcke und sind immer auf der Flucht, kommen irgendwoher, wollen irgendwohin. Die Reichshauptstadt lebt von einem Alarm zum anderen. Die Siegesfanfaren werden spärlicher. In Italien wird gekämpft, im Osten rücken die Russen an.
Kurz vor Weihnachten erhalten die Huths einen Brief von ihrem Freund, dem Weinlieferanten Julius Kayser aus Traben-

Trarbach an der Mosel. Dort hatten sie früher oft Urlaub gemacht.
»Meine liebe Dora«, schreibt Herr Kayser, »in banger Sorge, wie es Euch ergehen mag, richte ich diese Zeilen an die Firma, da ich annehme, daß sie Dich dann eventuell erreichen werden. Lotte war nämlich in den Tagen der Bombenangriffe in Berlin und erzählte mir nach ihrer Rückkehr, daß sowohl Euer Geschäft sowie die Wohnung total zertrümmert seien. Sie hat die Stätte der Verwüstung sofort aufgesucht. Dort erfuhr sie von einer Frau, daß Du und Willy aufs Land gefahren wäret, was uns eine große Beruhigung ist. Ich hoffe von Herzen, daß diese Angaben gestimmt haben und Ihr wohlbehalten seid. Sehr nehmen wir Anteil an Eurem Geschick. Ihr werdet schmerzliche Festtage dieses Jahr verleben, und unsere Gedanken werden in alter Freundschaft bei Euch sein.«
Es wird in der Tat ein trauriges Weihnachtsfest, nicht nur für die Huths. Zum Glück ist das Haus in der Potsdamer Straße nicht so zerstört, wie die Kaysers vermuten. Die Huths sind in ihre Sommervilla nach Hohengatow gezogen.
Immer wieder fallen Bomben. Am 30. Januar 1944, dem Jahrestag der Machtergreifung, wird die Philharmonie in der Bernburger Straße zerstört, in der Furtwängler dirigiert und Rolf Biberti mit den »Comedian Harmonists« gesungen hat. In der Linkstraße nebenan wird ein Ehepaar von der Gestapo abgeholt, das Lebensmittel an Juden verkauft hat. Anni Rockstroh, ins Erzgebirge evakuiert, schaut noch einmal vorbei und staubt bei dem Koch Erich Thiemen etwas Margarine ab. Es ist ihr letzter Besuch vor dem Zusammenbruch.
Die Post hat einen »Eilnachrichtendienst« eingerichtet. Auf rot und grün markierten Karten können Überlebende der Bombennächte ein Lebenszeichen an Verwandte und Bekannte geben.
Auch Willy Huth schreibt Briefe.
»Sehr geehrter Herr Huth«, antwortet am 24. Januar 1944 Kar-

sten Henkell von der Sektkellerei Henkell in Wiesbaden, »Sie haben freundlicherweise an meine Firma sehr interessante Ausführungen über Ihre Erfahrungen bei der Ausstattung von Schaumwein gerichtet. Daß wir im großen gesehen die jetzige, mehr als bescheidene Art der Ausstattung unserer Schaumweine sehr bedauern, ist ja selbstverständlich. Sekt war, ist und wird auch in Zukunft immer ein Getränk für die festliche Stunde sein, das nicht nur die Zunge und das Herz, sondern auch das Auge erfreuen soll. Ein ganz großer Schritt in der Verbilligung von Schaumwein wird zweifellos auf dem Gebiete der Kronenkork-Verwendung kommen. Selbstverständlich werden nach unserer Ansicht Kronenkorken nur für die einfachsten, zum schnellen Konsum bestimmten Schaumweine in Frage kommen, während alle besseren Marken, auch schon mit Rücksicht auf die längere Lagerdauer, mit Korken verschlossen werden, wenn sie wieder einmal aus dem zur Zeit recht wenig lieferfreudigen Spanien eingeführt werden können.«

Am 1. März 1944 beginnen die Amerikaner mit Tagesangriffen auf die Reichshauptstadt. Nun muß bei Huths auch die Frühschicht in den Keller, und Grete Zieke packt die Lebensmittelmarken, Ordnung muß sein, in eine Eisenkassette. Die sind ihr wichtigster Besitz, »mein Heiligtum«, weil sie doch abrechnen muß, auch nach einem Angriff.

Noch immer ist großer Andrang im Restaurant, auch wenn nur Einfachgerichte auf der Speisekarte stehen. »Wenn Fischtag war«, sagt Frau Zieke, »haben die Leute Schlange gestanden, und schon vor zwölf war jeder Tisch besetzt.«

Das tausendjährige Reich schwindet dahin. Am 6. Juni landen die Alliierten in der Normandie, und am 20. Juli wimmelt es auf dem Potsdamer Platz von Soldaten des Berliner Wachbataillons »Groß-Deutschland«. Auf den »Führer« ist ein Attentat verübt worden, und nun warten im Hotel Esplanade drüben in der

Bellevuestraße Offiziere des Widerstands auf das Stichwort »Walküre« — Startsignal für den Versuch, mit den Truppen des Ersatzheeres Schlüsselpositionen in der Reichshauptstadt zu besetzen.

Doch der chaotisch organisierte Putsch mißglückt, der »Führer« hat den Bombenanschlag überlebt, und hitlertreue Soldaten schlagen den Staatsstreich nieder. Das Regierungsviertel wird abgeriegelt, und Huths Angestellte müssen weite Umwege machen.

Wieder einmal füllt sich das Hausgefängnis der Gestapo in der Prinz-Albrecht-Straße nebenan. Wilhelm Canaris, Eugen Gerstenmaier, Ulrich von Hassell, bald sind es so viele, daß ein Teil der Gefangenen umquartiert werden muß.

Fast täglich ist nun in Berlin Alarm, im August werden »alle Veranstaltungen nicht kriegsmäßigen Charakters« verboten, die Theater schließen, die Varietés, die Tanzlokale.

Es gibt Dünnbier und ein markenfreies Stammgericht, und selbst das ist oft am frühen Abend ausverkauft. Zwischen sieben und acht hasten die Berliner nach Hause, sie verschwinden in den S- und U-Bahn-Schächten, und die Stadt versinkt im Dunkeln. Das Warten auf die Luftlagemeldung beginnt, und still ist es auf den Straßen. Wie ausgestorben ist der Potsdamer Platz.

Am 1. September 1944 macht ein Goebbels-Erlaß die meisten Berliner Gaststätten dicht. Beim Weinhaus Huth ist nicht mehr viel zu schließen. Die eichenholzgetäfelten Säle im ersten Stock stehen leer, das Restaurant im Erdgeschoß ist wieder in eine Schoppenstube umgewandelt worden.

Georg Wehner, der bis 1929 Kellner im Haus Huth gewesen ist und nun in Beelitz sein eigenes Hotel leitet, fernab von den Luftangriffen auf die Reichshauptstadt, obwohl es doch nur fünfzig Kilometer sind, bahnt sich einen Weg zum Potsdamer Platz und ist entsetzt. »Rundherum war alles weg.« Nur das Haus Huth steht einsam zwischen den Trümmern, leer sind die oberen Eta-

gen, in Küche und Schoppenstuben arbeiten Frauen und Lehrlinge.
Im September müssen sich alle Männer zwischen 16 und 60 Jahren, die noch nicht in der Wehrmacht sind, zum Volkssturm melden. Sie sollen den kostbaren »Heimatboden« verteidigen, der in Gefahr ist, denn die Russen stehen an der Weichsel und in Ungarn. Im Oktober greifen sie Ostpreußen an, und die Amerikaner nehmen Aachen ein.
Die Durchhalteparolen im Rundfunk werden immer ernster, die Schlager immer trauriger. Ralph Benatzky komponiert das Lied »Einmal kommt der Tag«. »Nach jedem Abschied gibt's ein Wiedersehen«, das mag er nun nicht mehr behaupten.
Auch bei Gestapo und SS in der Prinz-Albrecht-Straße blättert der Lack. Die Angriffe im Sommer 1944 haben den Gebäuden schwer zugesetzt. Die Fenster sind notdürftig verschalt, die Mauern haben Risse. Aber noch funktioniert der Folterbetrieb, wird der Transport von Juden in die Vernichtungslager organisiert.
Und womit beschäftigt sich der Heinrich Himmler als Reichsführer der SS? Gesprächsnotiz vom 15. November 1944: »Bei den Ausführungen über die biologische Bekämpfung der Stubenfliege stellte der Reichsführer-SS die Frage, ob nicht an eine Züchtung von Schlupfwespen oder einer ähnlichen Insektenart herangegangen werden könne, die Mücken oder Fliegen vertilge.«
Italienische Kriegsgefangene helfen im Haus Huth bei der Beseitigung des Bombenschadens. In der Küche müssen russische Hilfsköchinnen an den Herd, so knapp ist jetzt schon das Personal.
Elfriede Köhl, die früher im Abendkleid zu den Festessen der Huths gegangen ist, serviert zu Hause gehackte Kartoffeln in der Schale. Von den vier Zimmern ihrer Wohnung in Tempelhof ist nur noch eins bewohnbar, und auch da scheint

schon der Himmel durch. Frau Köhl zieht nach Süddeutschland um.
Auch die Huths kommen immer seltener in die Potsdamer Straße. Immer häufiger werden die Bombenangriffe, trifft es die Häuser ringsum, fegt es im Haus Huth die letzten Ziegel vom Dach, bersten die Scheiben vom Luftdruck der Explosionen. Von Hohengatow aus sehen die Huths schwarze Rauchwolken über Berlin.
Wenn die Betriebe schließen, beginnt in der Reichshauptstadt die Völkerwanderung zum Luftschutzbunker. Die U- und S-Bahn-Schächte am Potsdamer Platz sind jetzt auch tagsüber umlagert. Verwahrloste Kinder streifen durch die Straßen. Berlin geht unter.
Ende Januar erreichen die Russen die Oder, Berlin wird zur Festung erklärt und soll bis zur letzten Patrone verteidigt werden. Den Endkampf organisiert Gauleiter Joseph Goebbels. Am Potsdamer Platz werden wie überall in der Stadt Barrikaden gebaut. Volkssturmmänner mit alten Karabinern besetzen den Potsdamer Bahnhof. Aberglaube an neue Wunder- und Vergeltungswaffen geht um, die Realität zeigt sich am Himmel.
Am 3. Februar folgt wieder einmal ein verheerender Bombenangriff auf die Berliner Stadtmitte. 4600 Menschen sterben. Diesmal werden auch die Gestapo-Zentrale in der Prinz-Albrecht-Straße schwer getroffen, das Luxushotel Esplanade und der Volksgerichtshof dahinter.
Nur das Haus Huth steht unversehrt im Bombenhagel.

An diesem 3. Februar 1945 ist auch der Oberstabsarzt Dr. Rolf Schleicher von der Front nach Berlin gekommen. Er hat Angst um seinen Bruder Rüdiger, der zusammen mit dem Juristen Klaus Bonhoeffer am 2. Februar vom Volksgerichtshof zum Tode verurteilt worden ist.
Rolf Schleicher will mit Justizminister Thierack sprechen, aber

am Potsdamer Platz darf niemand mehr nach oben ans Tageslicht. Der bisher schwerste Tagesangriff der Amerikaner hat begonnen, zwei Stunden muß Rolf Schleicher im S-Bahnhof auf Entwarnung warten.

Da wird plötzlich nach einem Arzt gerufen, Rolf Schleicher meldet sich und wird in den Hof des NS-Gerichtes geführt. Dort liegt ein Toter, der einen Splitter im Rücken hat: Roland Freisler, der am Tag zuvor Rolf Schleichers Bruder verurteilt hat. Rolf Schleicher kommt nach Hause und sagt zu Ursel, seiner Frau: »Stell dir vor, der Lump ist tot...«

Zwischen dem 3. Februar und dem 21. April gehen 83 Bombenangriffe über Berlin nieder. Ziegelstaub hängt in der Luft. Vor dem Torso des Hauses Vaterland wartet eine Menschenschlange auf die tägliche Notspeisung.

»Es ist unglaublich, daß in dieser Wüstenei noch Menschen lebten«, schreibt Cornelius Ryan in seinem Buch »Der letzte Kampf«. »Zwölftausend Polizisten taten noch immer ihren Dienst. Briefträger stellten die Post zu, der Telefon- und Telegrafenverkehr funktionierte; die Mülltonnen wurden geleert. Einige Kinos und Theater und sogar ein Teil des schwer mitgenommenen Zoos hatten geöffnet. Die Berliner Philharmoniker gaben die letzten Konzerte der Saison. Die Kaufhäuser öffneten jeden Morgen, Wäschereien, Reinigungsanstalten und Kosmetiksalons machten gute Geschäfte. U-Bahn und S-Bahn waren in Betrieb, die wenigen noch existierenden Bars und Restaurants waren überfüllt, und auf dem Potsdamer Platz priesen die berühmten Berliner Blumenfrauen scheinbar ungerührt ihre Blumen an.«

Es ist der 21. März 1945, Frühlingsanfang in Berlin. In den Straßen wüten Standgerichte, Hitlerjungen üben mit Panzerfäusten. In der Stadt leben noch zweieinhalb Millionen Menschen, darunter 180 000 Zwangsarbeiter und eine unbekannte Zahl von Flüchtlingen.

95 000 Mann sollen Berlin verteidigen — Hitlerjungen, Volkssturm, erschöpfte Einheiten der Wehrmacht und 5000 Kämpfer der SS.

Am 9. März gibt Generalleutnant Hellmuth Reymann, Befehlshaber des Verteidigungsbereiches Berlin, bekannt:
»Mit den zur unmittelbaren Verteidigung der Reichshauptstadt zur Verfügung stehenden Kräften wird der Kampf um Berlin nicht in offener Feldschlacht ausgetragen, sondern im wesentlichen als Straßen- und Häuserkampf. Er muß mit Fanatismus, Phantasie, mit allen Mitteln der Täuschung, der List und Hinterlist, mit vorbereiteten und aus der Not des Augenblicks geborenen Aushilfen aller Art auf, über und unter der Erde geführt werden. Voraussetzung für eine erfolgreiche Verteidigung Berlins ist jedoch, daß jeder Häuserblock, jedes Haus, jedes Stockwerk, jede Hecke, jeder Granattrichter bis zum äußersten verteidigt wird.«
Tausende von Zivilisten, Männer, Frauen, Kinder, werden aufgrund von Irrsinnsbefehlen sterben. Berlin ist nicht zu retten, das weiß auch der General Reymann.
»Am Potsdamer Platz mache ich Rast«, schreibt Heinrich Goertz in seinem Buch »Lachen und Heulen« über die ersten Apriltage in Berlin, »und setze mich auf einen Stein. Die Waren-und Bürohäuser, Bahnhöfe, Hotels, Restaurants und Banken sind auf den Platz gestürzt. Nirgends ein Mensch.«
Es beginnt das Leben in Kellern, Bunkern und U-Bahn-Schächten.
Mitte April, vor dem Fall Berlins, schließt Willy Huth die Schoppenstube, weil — so der Küfer Josef von Janta-Lipinski — »die Kellner zuviel geklaut haben«.
Seit dem 10. April fährt keine Straßenbahn mehr. Ein letzter Judentransport verläßt Berlin in Richtung Sachsenhausen. Sechs Tage später treten die Russen an der Oder zum erwarteten

Großangriff an. Immer näher kommt das Grollen des Artilleriefeuers. Brot kostet auf dem schwarzen Markt hundert Mark pro Kilo, und in der Reichshauptstadt gehen die Särge aus.
Hildegard Hennings hat es nicht weit nach Hause. Deshalb sieht sie täglich in der Potsdamer Straße nach dem Rechten. Im Haus sind nur noch das Faktotum Lipinski und die russische Hilfsköchin Nina. Frau Hennings hat Angst, daß sie eines Tages nicht mehr wegkommt, denn bald sollen die letzten Lücken in den Barrikaden geschlossen werden. Am 21. April fallen die ersten russischen Granaten in der Innenstadt, die Zeitungen stellen am 24. ihr Erscheinen ein, nur das Blättchen »Panzerbär« erscheint sechs weitere Tage. Berlin erlebt seinen 389. und letzten Luftangriff.
Als die Granaten auch auf dem Potsdamer Platz einschlagen, flüchtet Hildegard Hennings in ihre Wohnung. Die Barrikaden werden geschlossen, die Gas- und Stromversorgung bricht zusammen, und im Radio wird die letzte Sonderzuteilung angekündigt.
»Nach ›Führers Geburtstag‹«, erinnert sich Willy Huths Nichte Dorothea Kahnert, die das Kriegsende in Dahlem erlebt hat, »wurden die Vorratslager aufgelöst, und bei uns in der Schloßstraße standen lange Schlangen vor den Läden, weil es Fleischkonserven, Mehl und Nährmittel in größeren Mengen geben sollte. Tiefflieger kamen die Straße entlang und schossen, aber die Leute haben sich kaum zur Seite bewegt. Ein paar der Wartenden wurden getroffen und an den Straßenrand gelegt, aber die anderen standen weiter an. Das hat mich damals ungeheuer erschüttert.«
Dorothea Kahnert kocht Fliederspitzen und tauscht gefundene Brühwürfel gegen einen Teelöffel Mehl. Wasser gibt es nur noch von der nächsten Pumpe. Am 22. April tauchen russische Panzerspitzen am Berliner Stadtrand auf. Vier Tage später ist die Stadt umzingelt. Im Osten nähern sich die Russen der Innenstadt.

Die Huths vergraben ihr Silber im Garten, der Schmuck ist in die Potsdamer Straße gebracht worden und wurde im Weinkeller eingemauert. Ein paar Kisten sind bei Emmy Bredenförder eingelagert, Teppiche und Schmuck, der Willy Huths Schwester Else gehört. »Das waren ja reiche Leute«, sagt Frau Bredenförder, »die hatten wunderschöne Sachen.«
Frau Bredenförder, ganz brave Angestellte, nimmt die Sachen in Verwahrung. Den Huths hilft das nicht viel. Russische Soldaten werden alles finden und Freudentänze machen.
Am 26. April richtet die Division »Müncheberg« im S-Bahnhof Potsdamer Platz ihren Gefechtsstand ein. Das ist einer jener Geisterverbände, mit denen der »Führer« im »Führerbunker«, nur ein paar hundert Meter vom Potsdamer Platz entfernt, auf der Karte operiert. Schon bei der Aufstellung im Januar 1945 hat »Müncheberg« nur aus einer Panzer- und einer Artillerieabteilung bestanden. Nach den schweren Straßenkämpfen in Tempelhof, am Alexanderplatz und am Halleschen Tor ist nur noch ein kläglicher Rest vorhanden. Der soll jetzt den Potsdamer Platz verteidigen.
Die untere Etage des S-Bahnhofes steht unter Wasser. Pioniere haben eine Schottenkammer des Landwehrkanals gesprengt, S-Bahn- und U-Bahn-Tunnel wurden überflutet, und wer sich nicht in Sicherheit bringen konnte, ist ertrunken.
Das Artilleriefeuer wird immer dichter. Der Leutnant Albert Fitz von der Division »Müncheberg« notiert unten in sein Tagebuch: »Einschläge durch die Fahrbahndecke. Schwere Verluste unter Verwundeten und Zivilisten. Qualm dringt durch die Einschlaglöcher. Draußen explodieren Stapel von Panzerfäusten. Der Potsdamer Platz ist ein Trümmerfeld. Die Menge der zerschlagenen Fahrzeuge ist nicht zu übersehen. Die Verwundeten liegen noch in den zusammengeschossenen Sankas. Tote überall. Zum großen Teil von Panzern und Lastwagen überfahren und gräßlich verstümmelt.«

Auch der frühere Unteroffizier Otto Zoll, der sich auf meine Suchanzeige gemeldet hat, gehört zu den Überlebenden der Kämpfe am Potsdamer Platz. Er erinnert sich noch an die Schächte voller Frauen und Kinder und an einen seltsamen Typ in Luftschutzuniform, der plötzlich unter die Soldaten sprang und rief, er sei Staatssekretär im Innenministerium und habe eine gute Nachricht: Der »Führer« sei und bleibe in Berlin.
Das kann den Unteroffizier Zoll nicht fröhlich stimmen. Er hat nichts zu essen, nur Gurken im Glas gibt es massenweise. Kameraden weinen, sie können vor Erschöpfung nicht weiter. »Machen Sie mal zehn Tage Häuserkämpfe mit«, hat der Herr Zoll gesagt.
Am 28. April ziehen die Reste der Division durch den Tunnel zum Nollendorfplatz ab. Die Zivilisten bleiben im S-Bahnhof Potsdamer Platz zurück, was sollen sie machen. Sie können nur hoffen, daß die Kämpfe bald zu Ende sind. Aber noch gibt es genug Helden, die sich für den »Führer« schlagen, während Berlin darüber in Trümmer fällt. Statt der Russen kommt die SS zum Potsdamer Platz, und der Krieg geht weiter. Granaten hageln in die Ruinen. Nur das Weinhaus Huth bekommt nichts ab.
Verlassen liegen Küche und Schoppenstube. Splitter pfeifen durch die Fenster, Kugeln stieben ins Mauerwerk. Draußen huschen Soldaten vorüber oder Hitlerjungen mit Panzerfäusten, dicht an die Häuserwände gepreßt. In den Kampfpausen kommen ein paar verängstigte Gestalten aus den S- und U-Bahn-Schächten nach oben und suchen nach Lebensmitteln oder Wasser. Die Hotels und Gaststätten am Potsdamer Platz liegen verlassen, aber in den Vorratsräumen läßt sich noch manches holen.
Verlassen wirkt auch das Weinhaus Huth. Aber Josef von Janta-Lipinski ist immer noch da und Nina, die Hilfsköchin. Er ist vor wenigen Tagen im Osten der Stadt ausgebombt worden, und sie weiß nicht, wohin. Als Strandgut des Krieges wohnen sie in

Huths Büro im ersten Stock, »wo Herr Huth immer mit seinen Freundinnen geschmust hat«, wie Herr Lipinski sagt. Als die Lage brenzlig wird, ziehen sie nach unten in den Keller. Lebensmittel sind in den Kühlräumen, und Wein haben sie genug.
»Ich konnte doch nicht weg«, sagt der letzte Mann im Weinhaus Huth. »Ich hatte doch die Schlüssel.« Herr von Janta-Lipinski ist kurz vorher zum Sanitäter ausgebildet worden, da läuft er manchmal rüber in die U- und S-Bahnhöfe und hilft den Verletzten. Zum Schluß geht auch das nicht mehr.
Die Soldaten von »Müncheberg« sind abgerückt, nun muß die Waffen-SS am Potsdamer Platz das Reich verteidigen, das in der Stadtmitte noch zwölf mal zwölf Straßen mißt.
In der Nacht vom 28. auf den 29. April rückt der Unterscharführer Diers von der SS-Division »Nordland« mit seinem Tiger-Panzer an. Der Panzer des Herrn Diers ist vielgefragt, denn es ist einer der letzten in Berlin — von den russischen mal abgesehen.
Als fliegende Feuerwehr eilt der Unterscharführer Diers von Kampfstatt zu Kampfstatt — am 23. April ist er in Britz, Siemensstadt und Marienfelde, am 24. in Köpenick und Neukölln, am 26. am U-Bahnhof Stadtmitte, am 29. am Potsdamer Platz.
Am Anhalter Bahnhof stehen die Russen. »Wir schießen einen JS 122 ab, der hinter dem Haus Vaterland vorkommt«, hat Georg Diers an diesem Tag notiert. »Das Wrack blockiert nun als natürliche Panzersperre die Saarlandstraße.«
Während sich Diers für seinen »Führer« schlägt, heiratet der im Bunker Eva Braun. Am selben Tag macht er sein Testament, ernennt Goebbels zum Reichskanzler und Großadmiral Dönitz zum Reichspräsidenten.
Das bekommt der Unterscharführer Diers natürlich nicht mit, er rückt am 30. April zum Reichstag ab, weil auch dort die Russen im Vormarsch sind. Seine Stellung nimmt am Potsdamer Platz der Oberscharführer T. mit seinem Panzer ein.

Karl Heinz T. aus Lüdenscheid hat mich gebeten, seinen vollen Namen nicht zu nennen. »Auch über vierzig Jahre nach Kriegsende«, schreibt er mir später, »ist eine Rehabilitierung der Waffen-SS noch nicht erfolgt. Es hat (einschließlich der Politiker) keiner den Mut, diese Sache einmal gründlich darzustellen, die Tapferkeit, den Mut und die Kameradschaft dieser Truppe (ich meine die Fronttruppen) richtig zu würdigen. Das Schuldgefühl der Deutschen scheint eine solche Klarstellung (noch) nicht zuzulassen. Die Einstellung der Waffen-SS hatte mit Nationalsozialismus doch wenig zu tun.« Es erscheint mir sinnlos, mit Herrn T. über die Weltanschauung der Waffen-SS zu diskutieren.

Wir sitzen in einem Lokal in der Lüneburger Heide, wo Herr T. mit seiner Frau Urlaub macht, und betrachten Fotos vom Potsdamer Platz. Herr T. zeigt mir, wo sein Panzer damals gestanden hat. »Hier, kurz vorm Haus Vaterland, war ein U-Bahn-Eingang, davor ein Erdwall. Dahinter stand mein Panzer.«

Sein Vorgesetzter, hat mir Herr T. erzählt, habe ihm keinen Einsatzbefehl mehr geben können. »Er sagte: Suchen Sie sich einen Platz, von dem Sie schießen können.«

Der Oberscharführer T. rollte mit seinem »Tiger« zum Potsdamer Platz und richtete sich auf Rundumverteidigung ein. »Die Russen kamen aus allen Ecken, so daß wir laufend schwenken mußten. Irgend jemand schrie ›Da kommt ein Panzer‹ und ›Da, noch einer‹, und dann wurde eben geschossen.«

Auch Hitlerjugend, Volkssturm und ein Zug Pioniere sollten den Potsdamer Platz verteidigen, »aber Infanteriekämpfe haben kaum noch stattgefunden«, sagt Herr T. »Wir hatten freies Schußfeld nach allen Seiten.«

Er hat sich Sekt aus dem zerstörten Haus Vaterland geholt, dann kommen wieder russische Panzer vom Anhalter Bahnhof her, und Herr T. schießt die Panzer ab. 24 Jahre ist er alt.

Vom Potsdamer Platz hat er nicht viel in Erinnerung, »da stand ja nichts mehr«. Was da noch steht, fällt jetzt zusammen. Die

U-und S-Bahn-Tunnel sind voller Zivilisten. In den Kampfpausen geht der Panzerkommandant manchmal nach unten und verteilt Schokolade.

Der Krieg ist noch nicht aus, obwohl der »Führer« am 30. April Selbstmord begeht. Aus dem Bunker am Anhalter Bahnhof flüchten Tausende vor den Russen durch den S-Bahn-Tunnel Richtung Potsdamer Platz, stolpern durch die Dunkelheit, waten durch Wasser, Frauen, Kinder, alte Männer. Wer stürzt, ist verloren.

Oben verteidigt ein einziger Panzer das Großdeutsche Reich gegen die Rote Armee.

Ich habe den Oberscharführer gefragt, ob er am Potsdamer Platz noch an den Endsieg glaubte. »Natürlich wußten wir, daß der Krieg verloren war«, sagt er. »Aber was sollten wir denn machen? Wir standen mit dem Rücken zur Wand und hatten mit dem Leben abgeschlossen. Sollten wir von der Waffen-SS etwa zu den Russen überlaufen? In ganz Berlin waren Standgerichte unterwegs, und dann gab es ja auch noch so etwas wie Kameradschaft. Ich war damals 24, da denkt man anders als heute.«

Josef von Janta-Lipinski und die Köchin Nina wagen sich wegen der Kämpfe nicht mehr aus dem Keller. Seit drei Tagen warten sie da unten auf das Ende, haben Angst. Im nahen »Führerbunker« hat nach Hitlers Selbstmord nun Goebbels das Kommando. Groß-Deutschland ist klein geworden, aber er will noch nicht kapitulieren.

Dennoch soll verhandelt werden. Da muß der Oberst Theodor von Dufving ran, der beim Stadtkommandanten Weidling in der Bendlerstraße sitzt. Am Potsdamer Platz überquert der Offizier das Niemandsland, springt von Deckung zu Deckung — »Ich war ja damals noch sportlich und gut in Form« — und von Häusernische zu Häusernische. Vom Potsdamer Platz hat er noch »ein großes graues Gebäude« in Erinnerung, das muß der Potsdamer Bahnhof gewesen sein, denn so viele Gebäude standen da nicht mehr.

Von Dufving wird den Weg zwischen Reichskanzlei und dem Befehlsstand des Generals Tschuikow in Tempelhof noch öfter machen, denn die Verhandlungen kommen nur zäh voran. Einmal hat er auch den General Krebs aus der Reichskanzlei dabei. Menschen sieht er nicht am Potsdamer Platz, nicht einmal den Panzer des Herrn T., was kein Wunder ist, denn es wird pausenlos geschossen, und der Oberst Dufving muß immer wieder Deckung suchen.

Er verhandelt im »Führerbunker« mit Bormann und Goebbels, dann wieder mit den Russen — vergeblich, eine Kapitulation kommt nicht zustande. Am meisten Angst hat der Oberst Dufving damals vor seinen eigenen Kameraden gehabt, denn einmal hat er von irgendwoher den Ruf »Verräter!« gehört und »Ein deutscher Soldat ergibt sich nicht«. Das fehlte noch, daß ihn in den letzten Tagen des Krieges die eigenen Leute erschießen.

Am 1. Mai sitzt er noch einmal im Bunker unter der Reichskanzlei, ißt Erbsensuppe, und die Familie Goebbels bereitet ihren Selbstmord vor. Draußen im Garten liegt die verkohlte Leiche des »Führers«.

Es ist ein strahlendschöner Tag, und Herr T. behauptet noch immer den Potsdamer Platz. Eine Granate hat die rechte Kette seines Panzers getroffen, und der »Tiger« läßt sich kaum noch manövrieren. Aber er kann schießen, obwohl, so sagt Herr T., »die Russen nun schon aus den Kanaldeckeln kamen«.

Gegen Abend wird es verdächtig still am Potsdamer Platz, der Oberscharführer geht zum S-Bahnhof hinunter und hält einen Mann an, den er wegen der Schulterstücke auf dem Mantel für einen Hauptmann hält. Doch der Hauptmann zieht den Mantel aus und entpuppt sich als Gefreiter, so genau nimmt man es in den letzten Stunden des Krieges wohl nicht mehr.

Von ihm hört Karl Heinz T., seit vielen Stunden ohne Kontakt mit seinem Gefechtsstand, daß der »Führer« Selbstmord begangen hat und die Kapitulation der deutschen Truppen in Berlin bevorsteht, auch wenn SS- und abgeschnittene Armee-Einheiten noch überall Widerstand leisten. In der Nacht zum 2. Mai wollen die Verteidiger der Reichskanzlei den sowjetischen Ring im Norden durchbrechen. Bei den SS-Trupps sind Hitlers »Sekretär« Martin Bormann und der Reichsjugendführer Artur Axmann.

Da weiß auch Karl Heinz T., daß der Kampf um Berlin zu Ende geht. Er läuft zu seinem Panzer zurück, fordert die Besatzung zum Aussteigen auf und schiebt eine Sprengladung in die Kanone. Zu HJ und Volkssturm sagt er, sie sollten nach Hause gehen.

Auch Karl Heinz T. möchte heim. Von Soldaten hat er gehört, daß im Hof der Reichskanzlei zwei Spähwagen stehen. Die Panzerbesatzung macht ein Fahrzeug wieder flott und verläßt den gespenstisch leeren Innenhof. Unten in den Bunkern sitzen noch die letzten Verteidiger und bereiten ihren Ausbruch vor, Goebbels verabschiedet sich und geht abends um neun mit seiner Familie in den Tod.

Karl Heinz T. kommt mit seinem Spähwagen nicht sehr weit. Er fährt sich in einem Granattrichter fest, und die Truppe macht sich zu Fuß auf den Weg nach Hause.

Am Potsdamer Platz wird nun nicht mehr geschossen. Jetzt kommen die Russen, und mit ihnen kommt die Angst.

Am Morgen des 2. Mai dringen sie ins Haus Huth ein und dann auch in den Keller, in dem Herr von Lipinski sitzt. Sie suchen nach Waffen und versteckten deutschen Soldaten, aber da ist zum Glück die Russin Nina, die den Soldaten sagen kann, daß die Suche sinnlos ist. Auch Herr von Lipinski, der aus Graudenz in Westpreußen stammt, kann ein bißchen russisch, und die Russen gehen wieder nach oben. Dort plündern sie die Schnaps- und Likörvorräte in der Schoppenstube. Dann kommen sie wieder in den Keller und machen sich über die Weinfässer her. Herr von Lipinski befürchtet das Schlimmste.

Zum Glück sind Schnaps und Wein bald alle. Die großen Stückfässer mit je tausend Litern Inhalt lagern im Zollkeller ein paar Häuser weiter, sie liegen unter dem Schuttberg des eingestürzten Gebäudes, und Herr von Lipinski wird sich hüten, das zu verraten. Die Russen brechen bei der Deutschen Bank die Wände auf und schließlich auch den Tresor im Keller. Es ist so gut wie kein Schmuck mehr darin, nur Papiergeld, das weht jetzt durch die Luft, ein hübsches kleines Vermögen, wem hat das wohl gehört?

Auch der hastig eingemauerte Schmuck der Huths wird entdeckt, da freuen sich die zuvor enttäuschten Soldaten wieder. Auf der Suche nach versteckten Safes zertrümmern sie mit Kolbenschlägen ein paar Bilder.

Gegen Mittag ziehen die Russen ab. Stadtkommandant Weidling hat kapituliert, und die Berliner kommen aus den Kellern ans Tageslicht. Im Westen und Norden der Stadt wird immer noch geschossen, Ausbruchsversuche scheitern, mit Tausenden von Toten.

Überall liegt zerschossenes Kriegsgerät. Durch die Stadtmitte marschieren lange Kolonnen von Kriegsgefangenen. Vor dem Hotel Esplanade ist einer der Sammelplätze. Herr von Lipinski klettert aufs Dach und betrachtet den Potsdamer Platz. Russische Streifen durchsuchen die Häuser und die S- und U-Bahn-Schächte.

Dort halten sich in den Mittagsstunden des 2. Mai noch Soldaten von der französischen SS-Division »Charlemagne« versteckt. Sie haben zuletzt in der Prinz-Albrecht-Straße gegen die Russen gekämpft und flüchten nun vor der Gefangennahme.

Einer von ihnen ist Henri Fenet, heute der letzte lebende französische Ritterkreuzträger. Holländer, Dänen, Spanier, Belgier und Franzosen haben in Berlin den »Führer« bis zur letzten Minute verteidigt. »Charlemagne« war eine Kampfgruppe von dreihundert Soldaten, die sich in der Stadtmitte noch verteidigt

hat, als ringsum schon weiße Fahnen wehten. Die Soldaten von »Charlemagne« waren von allen Verbindungen abgeschnitten und haben erst von einem deutschen Major erfahren, der Krieg sei aus und sie müßten sich ergeben. Das glaubt der Hauptsturmführer Fenet natürlich nicht. Er läuft zur Reichskanzlei und sieht dort amerikanische Lastwagen mit russischen Soldaten. Die Fahrer hupen, und die Soldaten jubeln — da begreift Fenet, daß die Schlacht verloren ist.
Mit sechs Kameraden verbirgt er sich im S-Bahn-Tunnel unter Weidenkörben. Bei Anbruch der Dunkelheit wollen sie weiter, aber dann entdeckt sie eine russische Streife und führt die Gruppe in die Gefangenschaft ab. Da hört Henri Fenet zum erstenmal von Hitlers Tod.
Ich habe den Ritterkreuzträger a. D. in Paris getroffen, wo er heute lebt und wieder laut sagen kann, daß er SS-Soldat gewesen ist. Zu zwanzig Jahren Zwangsarbeit haben ihn seine Landsleute nach dem Krieg verurteilt, aber schon 1949 wieder freigelassen.
Weil er »für Europa und gegen die Bolschewisten« kämpfen wollte und Hitler den Krieg im Osten nicht allein gewinnen konnte, hat er sich 1943 zur SS gemeldet, so wie Tausende anderer Franzosen auch.
Henri Fenet ist noch immer Nationalsozialist, da spielt die Staatsangehörigkeit keine Rolle, und daß die Sowjets heute mitten in Europa stehen, ist für ihn eine Bestätigung der Politik Adolf Hitlers, der genau das habe verhindern wollen.
Das Problem des Bolschewismus sei aktueller denn je, sagt er mir zum Abschied, und die Notwendigkeit, ein vereintes Europa zu schaffen, so wichtig wie damals.
Ausgerechnet im Reichssicherheitshauptamt an der Prinz-Albrecht-Straße haben sich die Franzosen zuletzt verteidigt, da waren die Folterknechte der Gestapo natürlich längst verschwunden, und Himmler irrte in Norddeutschland herum.

Marie Krause, die seinerzeit bei Huths den Reichsführer bedienen mußte, bekommt in den letzten Tagen des Krieges noch einmal Angst, weil Himmler in Mecklenburg auftaucht, wohin auch sie geflüchtet ist, und für seinen Sonderzug »Steiermark« bei Radensleben sogar noch Schienen verlegen läßt, aber dann verschwindet der Reichsführer wieder, zum Glück.
Am 2. Mai, als an der Prinz-Albrecht-Straße auch die letzten SS-Soldaten verschwunden sind, werden aus den Zellen im Keller sechs Überlebende befreit.

Das Leben geht weiter

Berlin ist verwüstet und rund ein Drittel der 1,5 Millionen Wohnungen nicht mehr bewohnbar. Fast die Hälfte der Bevölkerung ist obdachlos, und noch immer kommen Flüchtlinge auf der Suche nach einer Bleibe in die Stadt.

Es gibt kein Trinkwasser, kein Gas, keinen Strom, keine Zeitungen, kein Radio. In einem Rechenschaftsbericht des Berliner Magistrats heißt es später: Von den 100 000 elektrischen und Gaslaternen brannte nicht eine. 2000 Schäden am Rohrnetz haben die Wasserversorgung lahmgelegt. 122 von 166 Straßenbrücken sind zerstört, und von den einst 153 000 Kraftfahrzeugen in Berlin sind noch 115 fahrbereit. Die Berliner Verkehrsbetriebe verfügen über 18 Omnibusse — 667 sind es mal gewesen. Die Feuerwehr hat noch ein einziges Fahrzeug.

Josef von Janta-Lipinski inspiziert das Weinhaus Huth. »Die Räume unten und im ersten Stock waren noch einigermaßen in Ordnung«, erzählt er. »Im Restaurant lagen Tische und Stühle wild durcheinander, viele waren beschädigt, aber man konnte sie reparieren. Vom Geschirr und von den Töpfen war noch das meiste da. Mit so was hatten sich die Russen nicht abgegeben.«

Nur im Erdgeschoß sind die letzten heilen Fensterscheiben zerschlagen worden. Die oberen Stockwerke sind unbenutzbar. Herr von Lipinski hat Wände und Fußböden mit Löschwasser aus dem Heizungstank begossen, um neue Brände zu verhüten.

Mittags geht er manchmal in die Reichskanzlei und bestaunt die Reste von Speers NS-Architektur, die Bombentrichter im Garten und die Betonschächte des Führerbunkers. Jetzt kann er auch ohne Spezialausweis überallhin.

Dann räumt er den Schutt vor dem Zollkeller in der Potsdamer Straße weg und birgt dreißig Fässer Wein. Das ist ein guter Anfang, und Herr Huth wird ihm wieder einmal dankbar sein.

Der Krieg ist erst ein paar Tage aus, da wagt sich Frau Hennings wieder an den Potsdamer Platz. Überall liegen Tote, deutsche und russische Soldaten, das macht jetzt keinen Unterschied.
In der Potsdamer Straße reiht sich Ruine an Ruine. Die meisten Gebäude haben in den letzten Tagen des Krieges schwere Treffer abbekommen. Ausgebrannte Militärfahrzeuge und zerstörte Flakgeschütze säumen den Potsdamer Platz.
Vor dem Potsdamer Bahnhof steht ein verlassener Panzer, das ist der »Tiger« des Herrn T. Kriegsgefangene SS-Soldaten haben ihn noch Wochen nach der Kapitulation neben dem U-Bahn-Eingang gesehen.
Frau Hennings macht sich mit Herrn Lipinski ans Aufräumen. »Das Erdgeschoß war unglaublich verschmutzt«, sagt sie. »Wer weiß, wer da bei Kriegsende alles rumgelaufen ist. Und die Leute von der Post auf der anderen Straßenseite haben bei uns Möbel geklaut. Die hatten ja selbst nichts mehr.«
Ratten gibt es, viele Ratten. Hildegard Hennings ekelt sich, Herr von Lipinski hält sie an den Schwänzen hoch und sagt: »Na, Frau Hennings, sind doch ganz schöne Tierchen.«
Hildegard Hennings macht einen Zettel an die Tür: »Kollegen, bitte melden!« Sie schickt auch eine Nachricht an Herrn Huth, draußen in Hohengatow.
Herr Huth antwortet, daß er erst mal abwarten wolle. Es sei ja alles hin. Er komme aber so bald wie möglich vorbei. »Der hatte die Firma aufgegeben«, sagt Frau Hennings. Die Angestellten aber klammern sich an ihre Arbeit. Sie haben ja sonst nichts anderes.
Es erscheint Emmy Bredenförder, die bei den Bombenangriffen zusammen mit Grete Zieke die Lebensmittelmarken gerettet

hat. Sie war bei der Reichsbahn dienstverpflichtet und trägt noch ihre Uniform.
Den Einmarsch der Russen hat sie in ihrer Wohnung in Friedenau erlebt und sich im Keller versteckt, als betrunkene Soldaten nach Beute und nach Frauen suchten. Nach ein paar Tagen wagt sie sich wieder nach draußen und macht sich zusammen mit ihrer Kollegin Friedel Tönnies auf den Weg zu Huths.
Unterwegs sieht sie, wie tote Soldaten auf Leiterwagen geladen werden, und kurz vor dem Potsdamer Platz sind die Straßen menschenleer. Die beiden Frauen sind froh, als sie das Haus Huth erreichen. »Die Kellertüren standen weit offen«, erinnert sich Emmy Bredenförder. »Das sah wüst aus, aber wir haben noch manches retten können, ein paar Lebensmittel und ein großes Faß mit Salz. Das war damals Gold wert.« Sie fürchten sich vor der Dunkelheit im Keller und gehen bald wieder. »Da hätte sich ja sonst jemand verstecken können.«
Josef von Janta-Lipinski schaut im Osten der Stadt nach seiner zerbombten Wohnung, und Hildegard Hennings ist nach Hause gegangen. In der Zwischenzeit haben Unbekannte im Haus Huth geplündert. Die Kühlschranktüren stehen offen, eine fällt Frau Bredenförder auf den Fuß, davon hat sie noch heute einen schlimmen Nagel.
Emmy Bredenförder hat gehört, daß es irgendwo Kartoffeln geben soll, sie läuft bis nach Tempelhof, klettert über Trümmer, windet sich durch die zerstörten Barrikaden. Überall liegen Tote, einzeln und in größeren Gruppen.
Am nächsten Tag geht sie wieder zu Huths, »was sollten wir sonst machen, wir waren ja aufgeschmissen«, und fängt an, mit aufzuräumen. Auch Frau Hennings ist wieder da, sie säubern die Tische, die Stühle, kehren die Scherben weg und fegen den Putz von der Auslegeware.
Der große Elektroherd ist noch da, auf der Platte steht sogar ein Kochtopf. Aber sie haben keinen Strom, kaum Lebensmittel

und keinen Koch. Josef von Janta-Lipinski ist der einzige Mann im Haus. Der Angestellte Ernst Chinnow, der noch im April bei Huths gearbeitet hat, ist in den letzten Tagen des Krieges spurlos verschwunden.

Auf den Straßen werden tote Pferde ausgeweidet. Am 14. Mai rollt die erste U-Bahn wieder, und einen Tag später werden neue Lebensmittelkarten ausgegeben. Auch die Kinos machen wieder auf.

Schwerarbeiter haben Anspruch auf täglich 600 Gramm Brot, 100 Gramm Fleisch, 30 Gramm Fett. Für die übrige Bevölkerung sind die Portionen kleiner. Für Kinder und Nichtberufstätige gibt es 300 Gramm Brot, 20 Gramm Fleisch und sieben Gramm Fett pro Tag, zum Sterben zuviel, zum Leben zuwenig. Rings um das Haus Huth blüht der schwarze Markt: Tausche Kartoffeln gegen Tafelsilber.

Langsam normalisiert sich das Leben in Berlin, ein Leben zwischen Trümmern. Vielen Frauen stecken noch die Schreckenstage nach der Eroberung der Stadt in den Knochen, das »Frau, komm« und die Vergewaltigungen.

Am 17. Mai setzt die sowjetische Stadtkommandantur den ersten Berliner Magistrat ein. Der Architekt Hans Scharoun wird Stadtrat für Bau- und Wohnungswesen, Professor Sauerbruch, Stammgast bei Huths, ist für die Gesundheit zuständig — da hat er viel zu tun. Ärzte, Medikamente und Verbandszeug fehlen, es gibt keine Krankenwagen und nur 8500 Krankenbetten für die fast zweieinhalb Millionen Menschen, die noch in der Stadt leben. 50 000 sind bei den Luftangriffen getötet worden.

Ende Mai kommt Willy Huth in die Potsdamer Straße. Er ist mutlos und sagt: »Es ist doch nichts da.« Und Frau Hennings erklärt er, es sei schön, daß sie hier aufräumen würden, aber er könne nichts dafür bezahlen.

Frau Hennings sieht das ein. »Eine Bezahlung hatten wir ja auch gar nicht erwartet.« Später bekommt sie dann achtzig Pfennig die Stunde.

Die Frauen und Herr von Lipinski richten das Erdgeschoß wieder her, putzen und stellen die Möbel auf. Die Weinfässer aus dem Zollkeller liegen unten im Gewölbe.

Vier Wochen nach Kriegsende ist es soweit: Am 1. Juni wird das Weinhaus Huth wieder eröffnet, ein trauriges Weinhaus jetzt, aber das einzige, das am Potsdamer Platz den Krieg überlebt hat. In der Schoppenstube wackeln die Möbel, sind die meisten Fenster mit Pappe vernagelt. Überall sind Einschußlöcher.

Es gibt nichts zu essen und nur Heißgetränke und Ersatzlimonaden, denn der Wein bleibt unter Verschluß, damit er nicht beschlagnahmt wird.

Willy Huth steht hilflos in der neuen Zeit. »Der konnte ja nicht einmal eine Zahlkarte ausschreiben«, sagt Hildegard Hennings heute.

Es war sein Lokal, das sie in der Stunde Null wiederhergerichtet habe, nicht das ihre. Frau Hennings würde das nicht noch einmal machen. »Der hat gar nicht verdient, was die Angestellten damals für ihn getan haben.«

Der Rundfunk ist wieder in Betrieb, »Tägliche Rundschau« und »Berliner Zeitung« erscheinen, und am 26. Mai geben die Berliner Philharmoniker ihr erstes Konzert. Es dirigiert Leo Borchard, der wenige Monate später versehentlich von einem amerikanischen Wachtposten erschossen wird.

Viele Straßenschilder in der Stadtmitte sind jetzt zweisprachig, deutsch und russisch. Auf dem schwarzen Markt kostet ein Kilo Butter tausend Mark, ein Kilo Kaffee fünftausend. Trümmerfrauen räumen die Straßen auf.

Am 1. Juli ziehen Amerikaner und Engländer in die Stadt ein, einen Monat später auch die Franzosen. Berlin wird in Sektoren eingeteilt. Die Stadtmitte wird russisch, der Tiergarten britisch,

Kreuzberg amerikanisch. Am Potsdamer Platz stoßen die drei Grenzen zusammen.
Alliierte Offiziere und Soldaten kommen jetzt zu Huths, Herr von Lipinski füllt Wein im Keller ab und tauscht ihn gegen Lebensmittel oder Schokolade.
Anni Rockstroh meldet sich — endlich, eine Köchin.
Hunderttausende von Flüchtlingen strömen durch Berlin. Sie werden in 59 Durchgangslagern untergebracht und dann auf die Besatzungszonen verteilt.
Ruhr und Typhus brechen aus, es gibt nicht genügend Lebensmittel, nicht einmal auf Karten.
Am Potsdamer Platz wird das Gerümpel des Krieges weggeräumt, auch der Panzer des Herrn T. Zerstört ist der Pschorr-Bierpalast, wo Frau Thiel nach Feierabend ihre Rostbratwürste aß, zerbombt das Rheingold und der Fürstenhof. Nur im Esplanade sind noch ein paar Räume erhalten.
Im ersten Stock vom Haus Vaterland macht eine provisorische Gaststätte auf, mitten im Vox-Haus etablieren sich Läden. Vom Potsdamer Bahnhof stehen nur noch Außenmauern.
Im Tiergarten werden Schrebergärten angelegt, zwischen Baumstümpfen und Bombentrichtern. Am Potsdamer Platz gibt es wieder Blumen zu kaufen, aber nur Margeriten. Die Blumenfrau Frieda Kempfer hat sich nach Steglitz verzogen.
Illegale Nachtclubs machen auf, meist in Wohnungen, und auf den Straßen blüht die Prostitution. Die Polizei greift Kinder auf, die ihre Eltern auf der Flucht verloren haben und manchmal nicht wissen, wie sie heißen und woher sie kommen.
Anni Rockstroh ist mal wieder froh über die Stelle bei Huths. Als die Nachricht aus der Potsdamer Straße kam, hat sie sich sofort auf den Weg gemacht, teils mit der U-Bahn, teils zu Fuß.
Schoppenstube und Küche sind aufgeräumt, und Herr von Lipinski hat die großen Siebzig-Liter-Töpfe gelötet. Er ist jetzt Mädchen für alles, was würden sie ohne ihn machen. Er hat

auch einen großen Kohleherd besorgt, und wenn Stromsperre ist, hebt Anni Rockstroh die schweren Töpfe vom Elektroherd auf den Kohleofen. Die Ratten tanzen auf dem Hof und quietschen in den Fallen. Ein Kammerjäger kümmert sich um das Ungeziefer.

Anni Rockstroh putzt das Silber, schlägt Kartoffelpüree und kocht Eintopf. Die Gäste bringen Kerzen mit.

Am 1. Oktober kann auch das Restaurant wieder geöffnet werden. Essen gibt es nur auf Marken. Neun Leute sind sie jetzt, sieben Frauen und zwei Männer. Ein Lehrling ist da, Manfred Finke, die Sekretärin Erna Witt, die Zuträgerin Helene Skotz, Emmy Bredenförder, Friedel Tönnies, Hildegard Hennings und eine Abwaschfrau.

Zur Feier des Tages lassen sie sich im Hof fotografieren, Anni Rockstroh mit dem kessen Käppchen in der Mitte. Man sieht ihnen die schweren Zeiten und die harte Arbeit an, aber auch den Stolz auf das wiedereröffnete Lokal.

Berlins Frauen schneidern sich Kleider aus Uniformen oder Fallschirmseide. Zu Optimismus ist wenig Anlaß. Die Versorgungslage verschlechtert sich wieder. 1200 bis 1600 Kalorien täglich soll es laut Lebensmittelkarte geben, und oft ist nicht einmal das vorhanden.

Die Engländer evakuieren 50 000 Kinder nach Westdeutschland und sperren die Stadt für Flüchtlinge. Doch das hilft nicht viel. Mit dem Kartoffelexpreß fahren die Berliner zum Hamstern aufs Land, sie stürmen die wenigen Züge, sitzen auf dem Dach und stehen in Trauben auf den Trittbrettern. Es gibt kaum Briketts, kaum Koks. In den Straßen und draußen im Grunewald werden Bäume abgeholzt. Holz wird auch aus den Trümmern geholt, oft unter Lebensgefahr, und im Notfall werden sogar Bahnschwellen oder Möbel verheizt.

Hunderte erfrieren in diesem eisigen Berliner Nachkriegswin-

ter. Anni Rockstroh zieht lange Unterhosen an und darüber die Kochhosen ihres Vaters. Trotzdem holt sie sich ein schweres Rheuma. In der Küche kleben die Kochdeckel an den Wänden fest, und Friedel Tönnies erfriert die Nase.
Viele, die in diesen Tagen nicht mehr leben können oder nicht mehr leben wollen, begehen Selbstmord. Baumrinde wird abgekratzt und gegessen. Amerikanische Zigaretten sind die einzige anerkannte Währung.
Die Frauen bei Huths feiern ein Weihnachten ohne ihre Männer. Sie singen ein selbstverfaßtes Weihnachtslied und trinken Alkolat, ein aromatisiertes Ersatzgetränk aus Früchten und Kräutern mit fünfzehn Prozent Alkoholgehalt.
Bis 1947 wird Anni Rockstroh von ihrem Mann ohne Nachricht sein. Da hat sie akutes Gelenkrheuma und kann nicht mehr. »Gedankt worden«, sagt sie über die Nachkriegsjahre bei Huths, »ist dir das nicht.«

1946 werden die in Nürnberg zu Haftstrafen verurteilten Kriegsverbrecher nach Berlin gebracht, darunter auch der Reichsbaumeister Albert Speer. Er hat zwanzig Jahre Gefängnis erhalten. Viel sieht er auf dem Weg nach Spandau nicht von der Stadt, die nach dem Willen des »Führers« einmal »Germania« heißen sollte und jetzt verwüstet ist wie einst Karthago.
Anni Rockstroh wird mit zwei Kolleginnen zu Huths nach Hohengatow eingeladen, welche Ehre. Das Abendessen haben die Angestellten im Restaurant abgezweigt, und Frau Rockstroh hat auf dem Hinweg vorsichtshalber ein paar Stullen gegessen. Die Huths haben keine Scheibe Brot im Haus.
Sie sitzen zu acht am Tisch, Willy Huth teilt Gulasch aus und schimpft mit Enkel Lutz, der die Messer auf die falsche Seite des Tellers gelegt hat. Dann falten sie die Hände zum Gebet und wünschen sich »Gesegnete Mahlzeit«.
Nein, das ist nicht mehr die feine Villa am Lützowplatz mit den

Gästen in Frack und Abendkleid und den Angestellten in der Küche. Stammgast Sauerbruch hat jetzt andere Sorgen, und Fliegergeneral Ernst Udet hat schon 1941 Selbstmord begangen. Der Lützowplatz ist ein Trümmerfeld.

Willy Huth fängt Tauben im Garten, in einer primitiven Falle. Er ist jetzt fast siebzig Jahre alt, hat keine Kraft mehr und keine Lust, und wenn er sich umsieht am Potsdamer Platz, vergeht ihm der Mut.

Nichts erinnert mehr daran, daß hier einmal Adolph von Menzel spazierenging und Theodor Fontane, verschwunden sind die kaiserlichen Offiziere und die Regierungsräte aus der Wilhelmstraße.

Schwarzhändler sind am Potsdamer Platz und Prostituierte, Kriegskrüppel, Bettler und alliierte Soldaten. Dort, wo einmal das Café Telschow war, ist jetzt eine Imbißstube, und auf der Terrasse des Josty steht eine Zigarettenbude.

Anni Rockstroh kauft Pfannkuchen auf dem schwarzen Markt. Ein Kollege muß aufpassen, denn ständig ist Razzia. Die Pfannkuchen sind voller Sägespäne, die putzt Frau Rockstroh in der Küche wieder ab. 150 Mark verdient sie jetzt, als Chefköchin.

Hundert Angestellte sind sie einst gewesen, aber nun kann Willy Huth nicht mal die einstellen, die sich noch melden. Für die Räume im Erdgeschoß braucht er kaum Personal. Abends um sieben wird das Restaurant geschlossen, die Schwarzhändler verschwinden, die alliierten Soldaten. Dunkelheit senkt sich über den Potsdamer Platz. 1928, bei der Ausstellung »Berlin im Licht«, ist es hier taghell gewesen.

Dorothea Kahnert, die als Kind so oft in der Villa am Lützowplatz gewesen ist, besucht die Huths in der Potsdamer Straße, erhält ein markenfreies Stammgericht — »Wasser mit Geschmack war das« — und unterhält sich mit Willy Huths Schwester Else. Mit ihrem spröden Onkel hat sie nach wie vor nicht viel im Sinn. Draußen ist sie in eine Razzia geraten, die Polizisten haben nach Gold, Silber, Zigaretten gefragt, aber Frau Kahnert hat nur zwei trockene Brötchen dabei.

»Onkel Willy war noch genauso knorrig wie früher«, sagt Frau Kahnert. »Warum ich mich denn nicht mal gemeldet hätte und ob ich ihnen nicht dies und das besorgen könne. Also, meine Hungerödeme hatte ich gerade hinter mir — mit besorgen war da nicht viel.«

Frau Kahnert hat den Krieg in Dahlem überlebt, sie hat kein Geld, »nichts außer einem Dach über dem Kopf«. Zum Glück bekommt sie eine Anstellung bei der Alliierten Militärkommandantur, und schon meldet sich Dora Huth aus Hohengatow, ob sie nicht mal vorbeischauen könne. »Folgsame Nichte, die ich war, habe ich mir einen Tag Urlaub genommen und bin unter tausend Mühen nach draußen gefahren, um mir sagen zu lassen, ich solle ihnen einen Lastwagen und Benzin verschaffen. Da war mir nach dem Anschiß mit dem Stammgericht der Goethe doch sehr nahe.«

Im Oktober 1946 leben schon wieder über drei Millionen Menschen in Berlin. Der Wiederaufbau der Stadt wird geplant, da tut sich auch der Architekt Hans Scharoun hervor. Er will Berlin neu gestalten, Straßen und Häuser in eine Garten- und Autolandschaft versetzen — am Kulturforum und an der Potsdamer Straße kann man sehen, was daraus geworden ist.

Bei den Wahlen zur Stadtverordnetenversammlung, den ersten freien Wahlen seit 1929, erhält die SPD mit 48,7 Prozent nahezu die absolute Mehrheit. Die CDU kommt auf 22,2 und die SED auf 19,8 Prozent. Selbst im Ostteil der Stadt erreicht sie trotz massiver Unterstützung durch die russische Besatzungsmacht nicht mehr als ein knappes Drittel aller Stimmen.

Frau Bredenförder besorgt für Frau Huth zwei Hühner, Frau Rockstroh schält grüne Walnüsse für Herrn Huth und reibt sich dabei die Hände wund, Frau Hennings sagt vor der Entnazifizierungskommission aus und findet nur gute Worte für Willy Huth. So haben sich die Angestellten um ihren Chef gesorgt.

Wieder bricht ein bitterer Winter über die Stadt herein. 200 Berliner sterben an den Folgen des Kälteeinbruches, und über 40 000 erleiden Erfrierungen. Die Versorgung mit Lebensmitteln ist katastrophal. Über 1000 Betriebe müssen schließen. Wie schon im »totalen Krieg« des Herrn Goebbels werden Tanzveranstaltungen verboten. Es gibt Wärmehallen und Notspeisungen für Alte und Hilfsbedürftige. Die Ruhr geht um. Auf dem schwarzen Markt kostet ein Pfund Butter vierhundert Mark.

Die Firma Henkell, mit der Willy Huth im Krieg wegen der Kronenkorken korrespondiert hat, schickt die ersten fünfzig Flaschen Sekt. Die sind so schnell weg, wie sie gekommen sind.

Unter dem Potsdamer Platz fahren S- und U-Bahn wieder, das Wasser ist abgepumpt, die Strecke repariert. Emmy Bredenförder kehrt zur Reichsbahn zurück, und der Chef schreibt ihr ein Zeugnis. »Frl. Bredenförder war stets fleißig, ehrlich und zuverlässig und hat uns mit ihren Leistungen in jeder Weise zufriedengestellt. Nach ihrer Dienstverpflichtung zur Reichsbahn während des letzten Kriegsjahres stellte sich nach dem Zusammenbruch Frl. Bredenförder wieder zu unseren Diensten zur Verfügung. Auch hier hat sich Frl. Bredenförder in jeder Weise bewährt.«

Dürre Worte für Frau Bredenförder, die in den Bombennächten die Lebensmittelmarken gerettet hat und nur wenige Tage nach Kriegsende zu Huths gekommen ist, um aufzuräumen. Der Chef wünscht ihr »für die Zukunft alles Gute«.

Im Juni 1947 wird Ernst Reuter zum Berliner Oberbürgermeister gewählt, aber die Russen erheben Einspruch gegen die Ernennung. Mit allen Mitteln behindern sie die Arbeit des frei gewählten Gesamtberliner Magistrates. Das Klima zwischen den Alliierten wird kälter.

Am 6. August 1947 wird Willy Huth siebzig, und eine Berliner Zeitung schreibt: »Heute ist Geburtstagsfeier im Weinhaus Huth. Nicht eine Flasche ist mehr zu entdecken. Wenn jetzt die berühmten Gäste von ehedem, wenn Menzel, Fontane oder der Maler Reinhold Begas das Haus beträten, würden sie wohl enttäuscht wieder von dannen gehen. Willy Huth schaltet und waltet über Selters und Brause. Die Zonengrenzen versperren eisern und erbarmungslos den Weg zum guten Tropfen. Der Besitzer eines der angesehensten Weinhäuser Berlins kann an seinem Geburtstag nicht einmal mit einem Glas Wein anstoßen.«

Das ist natürlich übertrieben, denn für den eigenen Bedarf und für gute Gäste hat Willy Huth noch immer eine Flasche im Keller. Schließlich hat Josef von Lipinski die Stückfässer nicht umsonst aus dem Zollgewölbe geborgen. Aber das muß der Reporter natürlich nicht wissen, sonst rennt die Kundschaft Herrn Huth die Türe ein. Offiziell gibt es nur Heißgetränke, darunter »Bouilli«, eine Kraftbrühe aus Eiweiß und dünner Bouillon.

1947 zieht im Weinhaus Huth der erste Mieter ein. Der Verband Berliner Weingroßhändler ist dankbar für die Bleibe. Zwar fehlt noch immer das Dach, die meisten Fenster sind vernagelt, und Regenwasser läuft in die oberen Geschosse. Aber Willy Huth hat ein paar Zimmer im zweiten Stock herrichten lassen und bietet sie seiner Innung an.

Mit dem Restaurant ließe sich nichts verdienen, hat Willy Huth dem Geschäftsführer, Dr. Rudolf Neumann, erzählt, aber die Mieteinnahmen könne er gut gebrauchen.

Dr. Neumann unterteilt einen großen Raum und läßt ein langes Ofenrohr durch beide Räume legen, denn für die Zentralheizung ist kein Koks da.

In einem der beiden Zimmer sitzt Dr. Neumann, im anderen seine Sekretärin. Das Ofenrohr ragt durchs Fenster nach draußen, und die Büros sind mehr als dürftig ausgestattet, aber Willy Huth stellt zur Begrüßung eine Flasche Wein auf den Tisch und

bietet sogar Zigarren an. Der Geschäftsführer Dr. Neumann arbeitet zunächst ohne Gehalt; der Verband hat noch 110 Mitglieder, aber keinen Wein zum Handeln.
Dem Weinhaus Huth gibt Dr. Neumann schon damals keine Chance mehr. »Der alte Huth war siebzig und allein. Um rentabel zu arbeiten, hätte er modernisieren müssen, soweit das damals möglich war, aber dazu hatte er nicht mehr die Kraft.«
Das einzige, was Willy Huth jetzt noch retten kann, sind weitere Mieter. Aber die oberen Geschosse sind noch nicht bewohnbar.
Schon im Juni 1946 hat Willy Huth für das Haus eine Baugenehmigung beantragt, aber nicht bekommen. Am 26. August 1947 stellt er den Antrag noch einmal, und das Baupolizeiamt stellt fest, »daß die Zwischenwände infolge Kriegseinwirkung stark zerstört sind, während die Decke zur IV. Etage nur geringfügige Beschädigungen aufweist«.
Die Genehmigung wird erteilt, und die Baufirma Erwin Müller aus der Stargarder Straße macht einen Kostenvoranschlag in deutscher und englischer Sprache. Sie will 24 000 Mark haben. Willy Huth läßt die dritte Etage ausbauen, aber schon im September hat er kein Geld mehr für die anderen Geschosse. Der Grund, so schreibt er an die Baubehörde, sind »Währungsschwierigkeiten«. Die Mark ist nichts mehr wert, noch neun Monate sind es bis zur Währungsreform.
Das Dentaldepot Poppenberg zieht ins Haus, und Hildegard Hennings verläßt die Firma Huth. Fast zwanzig Jahre ist sie da gewesen, nun ist es genug. Sie weiß, daß Willy Huth in Schwierigkeiten steckt, »aber geredet hat er darüber natürlich nicht. Er war ja nicht sehr aufgeschlossen und hat immer strenge Grenzen gehalten. Den Krieg und seine Folgen hat er eben nicht verkraftet. Sein Haus zerstört — das durfte einem Huth doch nicht passieren.«
Frau Hennings wandert zu Poppenberg ab, und es geht auch

Grete Zieke. Der Chef schenkt ihr zum Abschied eine Flasche Kognak und eine Flasche Wein.
Die Weinhändler-Innung wird noch bis 1963 am Potsdamer Platz bleiben und dort den Aufstand des 17. Juni 1953 und den Mauerbau erleben. Anfang der achtziger Jahre zählt der Verband nur noch knapp zwanzig Mitglieder, und der Wein wird schon lange nicht mehr aus Fässern abgefüllt. Die Flaschen bringt der Lkw aus Westdeutschland.

Am 21. Juni 1948 kommt die langerwartete Währungsreform, zunächst nur in Westdeutschland. West-Berlin wird mit Rücksicht auf den Viermächtestatus von den Westalliierten zunächst ausgeklammert. Die verärgerten Russen reagieren am 23. Juni mit dem Umtausch von Reichsmark in Mark der Deutschen Notenbank (Ost) für ihren gesamten Machtbereich. Und der schließt — angeblich aus »wirtschaftlichen Gründen« — auch West-Berlin mit ein.
Schon einen Tag später ordnen die amerikanischen, englischen und französischen Behörden für ihre Sektoren die Einführung der Westmark an. In Berlin gibt es nun zwei Währungen, und die Spaltung der Stadt beginnt.
Die Antwort aus dem Osten läßt nicht lange auf sich warten. Die sowjetische Militärverwaltung verhängt eine Blockade gegen West-Berlin. Autobahnen, Schiffahrtswege und Bahnlinien werden unterbrochen, die Lieferung von Lebensmitteln aus der Sowjetzone und aus Ost-Berlin stockt, die Stromzufuhr wird eingestellt. Während in den Westzonen der wirtschaftliche Aufschwung beginnt, versinkt Berlin im Dunkeln.
Willy Huth hat noch 839 081,05 Mark Schulden. Die werden nun im Verhältnis eins zu zehn umgerechnet, und so lasten nach der Währungsreform noch 83 908,11 Mark auf dem Gebäude. Das ist auch jetzt viel Geld — jeder Deutsche hat nur vierzig Mark bekommen.

Amerikaner und Engländer fliegen Lebensmittel in die blockierte Stadt, es gibt Mashed Potato Powder und Swanson-Eipulver. Die Berliner halten ihr bißchen Geld zusammen, und wieder einmal bleiben im Weinhaus Huth die Gäste aus. Strom gibt es nur vier Stunden am Tag.
Im September 1948 wird der Gesamtberliner Magistrat, der im Ostberliner Stadthaus tagt, von kommunistischen Demonstranten gesprengt. Die Mehrheit der Abgeordneten zieht nach West-Berlin um.
Immer tiefer wird die Spaltung. An den Sektorengrenzen kontrollieren Volkspolizisten die Grenzgänger, und zum Jahresende hat Berlin zwei Oberbürgermeister: Ernst Reuter im Westen und Friedrich Ebert, Sohn des früheren Reichspräsidenten, im Osten. Im Westteil der Stadt wird die Freie Universität gegründet.
Willy Huth kommt nur noch selten in die Potsdamer Straße. Über der Stadt brummen die »Rosinenbomber«, fast jede Minute landet eine Maschine auf den Berliner Flughäfen und draußen auf dem Wannsee die Flugboote. Willy Huth fehlen Mieter für die ausgebauten Räume im dritten Stock. Die Zeitung »Der Tagesspiegel« bringt im November 1948 eine Reklametafel an der Fassade an, und Willy Huth kassiert dafür eine bescheidene Miete. Jeder Berliner Haushalt erhält für den Winter 25 Pfund Kohle. Im Grunewald ist mal wieder Holzauktion, und Berlin, die zerstörte Reichshauptstadt, wird zum Symbol des kalten Krieges. »Völker der Welt«, ruft Oberbürgermeister Reuter vor dem Reichstagsgebäude, »schaut auf diese Stadt!« 350 000 Menschen jubeln ihm zu.

Elf Monate dauert die Blockade, und kaum ist sie zu Ende, melden sich neue Mieter bei Willy Huth. Im Mai 1949 besichtigt das Baupolizeiamt noch einmal das Gebäude. In den Grundbuchakten steht: »Dach fehlt, die oberen Geschosse sind unbe-

wohnt. Die Decken weisen noch keine Gefahr aus, müssen jedoch laufend überprüft werden.« Daneben hat jemand gekritzelt: »Das Fehlen des Daches hat unerträgliche Formen angenommen.«
Seit vier Jahren steht das Haus schutzlos im Regen. Das Wasser dringt bis ins dritte Geschoß. Willy Huth hat kein Geld, die Eisenträger rosten. Der Putz bröckelt, überall sind Einschußlöcher.
Das Weinhaus Huth erstickt an der Trostlosigkeit ringsum. Seine Existenz ist sinnlos geworden, das fühlt auch Willy Huth. Da trifft es sich, daß der Inhaber eines anderen Berliner Traditionslokales nach einer neuen Bleibe sucht. Heinz Klaussner, in der Ostberliner Krausenstraße ausgebombt, arrangiert sich mit dem müden Herrn Huth.
Am 7. Juni 1949 beantragt er die Konzession für sein neues Lokal in der Potsdamer Straße 5, das wie früher »Zum Klaussner« heißt. Das Weinhaus Huth verschwindet, zum erstenmal nach siebenunddreißig Jahren steht ein anderer Name an der Fassade.
Achtzehnhundert Mark Pacht im Monat muß der Herr Klaussner an Willy Huth bezahlen, zwei Drittel in Ostmark, ein Drittel in Westmark. Frau Hennings hat den neuen Inhaber noch in guter Erinnerung — »der sauste in einem flotten Ledermantel rum«. Gute Geschäfte hat sich der Herr Klaussner am Potsdamer Platz versprochen, noch blüht ja das Leben in den Ruinen. Im Haus Huth hat die Berliner Börse ein paar Räume gemietet, und unten ist ein Wettbüro.
Nach der Blockade füllen sich auch in Berlin die Schaufenster, und am Potsdamer Platz verschwinden die letzten Reste des schwarzen Marktes. Es wird immer stiller, und Herr Klaussner erzählt, er habe sich wohl damals Illusionen über den Verkehr zwischen den beiden Stadthälften gemacht. »Zum Klaussner«, »Deutschlands ältester Pilsner-Ausschank«, wie Herr Klaussner sagt, kann am Potsdamer Platz nicht leben und nicht sterben.

Nach ein paar Monaten möchte Willy Huth die gesamte Miete in Westmark haben, Heinz Klaussner droht die Pleite, und da streitet er sich mit seinem Hausherrn vor Gericht. »Das war ein Hagestolz mit überhohem Vatermörder und verschlucktem Stock«, erzählt Herr Klaussner, »der stand dem Leben im Wege.«
Im September 1949 wird unterm Funkturm die erste Automobilausstellung nach dem Krieg eröffnet. Es gibt den VW-Käfer, der schon vor elf Jahren die Deutschen beglücken sollte, nun endlich für jeden zu kaufen, sogar als Cabrio. Im Oktober wird die DDR gegründet, und die Westberliner singen:

»Der Insulaner verliert die Ruhe nich.
Der Insulaner liebt keen Jetue nich.
Der Insulaner hofft unbeirrt,
daß seine Insel wieder 'n schönet Festland wird.«

Das wird noch ein Weilchen dauern, aber es geht aufwärts in Berlin, aufwärts auch bei Willy Huth, der Ende Oktober die Firma Hermann Pfotenhauer in der Fasanenstraße mit der Fertigstellung der oberen Stockwerke beauftragt.
Neue Zwischenwände werden eingezogen, Küchen und Toiletten eingebaut, und unterm Dach kommt noch ein Geschoß hinzu. Die Renovierung dauert fast ein halbes Jahr und kostet 125 000 Mark.
Willy Huth, der sich mit seinem Weinhandel gerade so am Leben hält, könnte das nie bezahlen. Aber die Baubehörde hat ihm fürs Haus 21 Mietwohnungen genehmigt, und dafür gibt es, aus ERP-Mitteln, einen Kredit von 260 000 Mark.
Anderthalb Millionen Goldmark hat das Haus 1912 gekostet, jetzt ist es nur noch ein Drittel wert. Die Baubehörde taxiert es auf 478 700 Mark und stuft es als zu zwanzig Prozent beschädigt ein — das ist der Preis für die Bombennacht von 1943 und die jahrelange Verwahrlosung danach.

Das Haus in der Potsdamer Straße ist kein Prachtstück mehr. Die eichenholzgetäfelten Wände im ersten Stock sind zum größten Teil verschwunden. Das Holz wurde in den ersten Nachkriegswintern verheizt. Verschwunden sind auch die Bilder von Bismarck und vom Kronprinzen, und nur im Treppenhaus haben die altdeutschen Buntglasfenster von Willy Huths Schwiegervater, dem Glaser Bodo Diede, Krieg und Nachkriegszeit überlebt.

In Berlin gibt es 300000 Arbeitslose. Die Demontagen nach dem Krieg, die Insellage der Stadt und die Kontrollen auf den Interzonenautobahnen machen die ehemalige Reichshauptstadt zum Stiefkind des Wirtschaftswunders. Die Westdeutschen müssen für zwei Pfennig Notopfer-Marken auf Postsendungen kleben — die Berliner kommen sich wie Bettler vor.

Am Potsdamer Platz werden die Ruinen abgerissen. Haus Rheingold und Volksgerichtshof sind schon kurz nach dem Krieg verschwunden, jetzt folgen Speers Neue Reichskanzlei und das Prinz-Albrecht-Palais in der Wilhelmstraße, einstmals SS-Hochburg.

Über den Potsdamer Platz fahren Lastkraftwagen mit Jugendlichen, die rote Fahnen schwingen. Im Mai 1950 findet in Ost-Berlin das »Deutschlandtreffen« der Freien Deutschen Jugend statt. Die 700000 Teilnehmer wollen im Westteil der Stadt demonstrieren. Die Westberliner haben Angst vor einer kalten Annexion, nicht zum ersten- und nicht zum letztenmal, aber dann bleiben die Demonstrationen aus.

Die Sektorengrenze am Potsdamer Platz wird scharf kontrolliert, es kommen kaum noch Besucher von drüben, und Herr Klaussner kann überlegen, wovon er seine Miete zahlt. Im Schöneberger Rathaus läutet die Freiheitsglocke, Herr Adenauer — einst Stammgast bei Huth — kommt zum erstenmal als Bundeskanzler in die Stadt, die er nicht leiden kann, und immer mehr Menschen flüchten aus den sowjetisch besetzten Gebieten nach West-Berlin, 8000 in jedem Monat.

Georg Wehner, der von 1926 bis 1929 Lehrling war im Haus Huth, ist aus der Gefangenschaft zurückgekehrt und besucht am Potsdamer Platz seine alte Arbeitsstelle. Das ist ein trauriges Wiedersehen, denn es gibt ja kein Weinhaus Huth mehr und keine Festsäle im ersten Stock. Die Küche ist verkleinert, für Herrn Klaussner arbeitet nur wenig Personal, und Herr Wehner muß an die Kochbrigade in den zwanziger Jahren denken, wo sie sechzehn Köche waren und fünf Lehrlinge obendrein.
Herr Wehner spricht auch mit seinem alten Chef, aber der ist unnahbar wie immer.
Unten im Haus ziehen neue Mieter ein, eine Wechselstube, ein Tabakwarenladen und ein Reisebüro von drüben aus dem Columbus-Haus. Für den Inhaber ist es ein Umzug von Ost nach West, von einer Welt in die andere, aber hier am Potsdamer Platz keine weite Reise, nicht mal hundert Meter.
In Berlin wird das Luftbrückendenkmal eingeweiht, und 1951 findet zum erstenmal wieder eine Grüne Woche statt. Im Haus Huth vergeht Herrn Klaussner die Lust. Zwei Jahre hat er sich in der Potsdamer Straße geplagt, nun ist es genug.
Willy Huth sucht einen Nachmieter und findet keinen. Da muß er das Restaurant wieder selbst übernehmen, noch einmal ersteht das Weinhaus Huth.
Am Potsdamer Platz tobt der kalte Krieg, die Westberliner Zeitungsverleger haben ein über zwanzig Meter hohes Gerüst errichten lassen und strahlen die Nachrichten der »freien Welt« nach drüben.
Am 2. Juli 1951 stirbt Professor Ferdinand Sauerbruch, der so oft bei Huths in der Potsdamer Straße gesessen und in der Villa am Lützowplatz gefeiert hat. Willy Huth verliert seine Freunde. Wie ein Fossil ragt er in die neue Zeit.
Zum Jahresende werden die Schulden der Firma Huth neu geordnet. Noch liegen ja Hypotheken aus den zwanziger Jahren und von 1943 auf dem Haus. Hinzu kommen die Aufbaukredite

nach dem Krieg, das sind zusammen mehr als eine Million Mark. So hoch sind die Schulden auch bei Baubeginn gewesen, damals im Jahre 1911. Vier Jahrzehnte sind seitdem vergangen, und nichts hat sich geändert.

Die Familie drängt Willy Huth, den Bau in der Potsdamer Straße zu verkaufen, aber das bringt er nicht über sich. Das alte Weinhaus Huth ist nur noch ein Schatten, aber Willy Huth hängt nun mal an dem Besitz. Soll denn alles umsonst gewesen sein?

Noch träumt Willy Huth, am Potsdamer Platz würde alles wieder so wie einst. Noch träumen auch die Westberliner von einer Wiedervereinigung der Stadt, die Behörden planen Straßen, als sei Berlin keine geteilte Stadt und die Stadtmitte so lebendig wie in den zwanziger Jahren.

Auch in Ost-Berlin gibt es seit 1949 einen »Generalaufbauplan«, und drüben wie hüben werden die historischen Gebäude geschleift. Es verschwinden — trotz aller Proteste — das Hohenzollern-Schloß und die Ruine der Kroll-Oper, in der das »Ermächtigungsgesetz« beschlossen wurde. Noch 1945 sind in einer Karte der Gebäudeschäden Haus Vaterland, Fürstenhof, Columbus-Haus, Esplanade und sogar die Neue Reichskanzlei als »wieder aufbaufähige Gebäude« bezeichnet worden. Nur vom Esplanade steht heute ein kläglicher Rest, die anderen Bauten gibt es längst nicht mehr.

Sogar der Ruine der »Gedächtniskirche«, heute ein Symbol der Stadt, drohte die Abrißbirne, und erst die Proteste der Berliner Bevölkerung verhinderten die endgültige Zerstörung. Am Potsdamer Platz aber blieb kein Stein auf dem anderen, und vom »Abscheugerüst« geht der Blick bis zum Brandenburger Tor.

Im Tiergarten blühen wieder die Bäume, kümmerliche Bäume noch. Am 18. Mai 1952 wird der Anhalter Bahnhof stillgelegt, und die Fernzüge fahren jetzt über Bahnhof Zoo nach Ost-Berlin.

Im März 1952 füllt sich das Haus Huth mit Mietern. Die 21 Wohnungen sind fertig, und die Familie Huth zieht in den vierten Stock. Von Hohengatow ist es einfach zu weit in die Stadt, endlos die Fahrt zum Potsdamer Platz, wo Willy Huth neben den Schoppenstuben seinen kleinen Weinhandel betreibt. Der Küfer Josef von Janta-Lipinski hat nicht mehr viel zu tun, weil der Wein nun nicht mehr abgefüllt wird wie einst, es verschwinden die Fässer im Keller und die Etikettiermaschine.

Berlin wird immer mehr zur Insel. Die Straßen ins Umland werden von den Ostberliner Behörden mit Eisenschienen und Erdwällen abgesperrt.

Willy Huth kauft sich wieder einen Wagen, nein, keinen schwarzen Horch diesmal, sondern einen Volkswagen, Kennzeichen KB 038-283, und er hat sogar wieder einen Fahrer, Karl, den alle »Onkel Karlchen« rufen.

Dora, für die Mieter immer noch die »gnädige Frau«, muß nun selbst ihre Einkaufstaschen in die vierte Etage schleppen. Ein Fahrstuhl wird erst später eingebaut.

Auch Anna Hoop, die 1911 als Dienstmädchen nach Berlin gekommen ist und das feine Weinhaus Huth damals nur von außen sah, gehört jetzt zu den Hausbewohnern und wird vom Herrn Huth gegrüßt, wer hätte das gedacht.

Fahrräder im Flur, das gibt es bei Willy Huth natürlich nicht. Mülleimer müssen über die Hintertreppe nach unten gebracht werden, und als eines Tages der neue Fahrstuhl kommt, da verbittet sich Herr Huth, daß Mieter damit ihre Möbel transportieren.

Willy Huth geht täglich im Tiergarten spazieren, »ein hagerer, dünner Kerl, stets mit Stock«, so hat ihn ein Mieter beschrieben, »der an die Karikatur eines pensionierten Gardeoffiziers erinnerte«.

»Der alte Huth«, sagt der Herr Liedtke, siebenundneunzig Jahre alt und 1952 als einer der ersten Mieter ins Haus gezogen, »war eben sehr konservativ. Der hat früher mal was vorgestellt, und

man mußte verstehen, mit ihm umzugehen. Wer ihn als Chef anerkannte, kam gut mit ihm zurecht.«
Für Herrn Liedtke ist das kein Problem, er ist ja selbst noch in des Kaisers herrlichen Zeiten groß geworden und hat mit seinem Vater »Hurra!« geschrien, wenn der Hohenzoller hoch zu Roß Unter den Linden ritt.
Die meisten Mieter sind froh über ihre Wohnung am Potsdamer Platz, auch wenn man aus den Fenstern nur auf Ruinen blickt. Es ist 1952, da darf man nicht wählerisch sein. Es gibt genügend Läden in den Ruinen ringsum und sogar einen Wochenmarkt.
Vorm Haus fährt die Straßenbahn, auch wenn es nicht mehr vierzig Linien sind wie vor dem Krieg. Aber da sind ja auch U-und S-Bahn, wo man mit billigem Ostgeld zahlen kann, die Stationen liegen im sowjetischen Sektor.
Ostberliner bringen Blutwurst über die Sektorengrenze und verkaufen sie auf dem Markt gegen Westgeld. Eine kümmerliche Idylle macht sich breit, und die Mieter im Haus Huth leben mit ihren Sozialwohnungen mittendrin.

Am 17. Juni 1953 sind mehr Menschen als sonst am Potsdamer Platz. Schon am Tag zuvor hat es in Ost-Berlin wegen einer drastischen Erhöhung der Arbeitsnormen Unruhen, Demonstrationen und spontane Arbeitsniederlegungen gegeben. Bauarbeiter aus der Stalin-Allee sind zum Haus der Ministerien — früher Görings Luftfahrtministerium — in der Leipziger Straße marschiert und haben Walter Ulbricht und Otto Grotewohl sprechen wollen, ohne Erfolg.
Am nächsten Morgen ziehen erneut über 25 000 Demonstranten in die Stadtmitte Berlins. Schon morgens um sieben wird es unruhig am Potsdamer Platz. Die Demonstranten kommen aus allen Richtungen. Im Haus Huth hängen die Bewohner aus den Fenstern. Die Menge schreit »Weg mit den Normen!« und »Weg mit Ulbricht!«. Willy Huth und ein paar Mieter fahren mit

dem Fahrstuhl in den sechsten Stock und gehen aufs Dach. Von dort aus haben sie einen weiten Blick bis hinein in die Leipziger Straße.

Auch Herbert Schierstedt, der später einmal im Haus Huth wohnen wird, ist an diesem Tag zum Potsdamer Platz gefahren. Hier war er schon als Kind, hat Berlins erste Verkehrsampel bestaunt und ist im Kaufhaus Wertheim so lange Fahrstuhl und Rolltreppe gefahren, bis man ihn rausgeworfen hat. Auch das Weinhaus Huth kennt er noch aus dieser Zeit, »da gingen lauter reichbetuchte Leute rein, mit Pelzkragen und im Ledermantel, man hat geguckt und hat gestaunt, denn unsere Mutter hatte für solche Lokale kein Geld«.

Und nun steht Herr Schierstedt auf dem Dach der Esplanade-Ruine und sieht in der Leipziger Straße die russischen Panzer kommen. Die Volkspolizei gibt Warnschüsse ab, und die Menschen rennen, hasten über den Potsdamer Platz und suchen hinter den U- und S-Bahn-Schächten Deckung wie einst der SS-Oberscharführer Karl Heinz T. mit seinem Panzer.

In der Bellevue-Straße brennt ein Ostberliner Zeitungskiosk, im Columbus-Haus hat die Volkspolizei-Wache ihre Uniformen aus dem Fenster geworfen und ist getürmt. Radioreporter von westlichen Sendern rufen »Nicht schießen!« durch ihre Lautsprecher, aber es wird doch geschossen, und auf dem Dach suchen die Mieter hinter dem Schornstein Deckung. »Gegen Mittag«, sagt der Herr Schierstedt, »wurde die Knallerei immer schlimmer.«

Das Columbus-Haus, wo die Wache der Volkspolizei ist, und das Haus Vaterland werden von der aufständischen Menge angezündet, es wird nach Waffen gerufen, aber die westlichen Alliierten stehen abseits. Ein Eingreifen hätte Krieg bedeutet.

Vom Brandenburger Tor wird die rote Fahne geholt, überall kommt es zu blutigen Zusammenstößen mit der Volkspolizei. Am Potsdamer Platz fahren die russischen Panzer durch die

Menge, junge Leute aus Ost- und West-Berlin schlagen mit Knüppeln auf die Tanks ein, werfen mit Steinen, es nützt nichts, die Demonstranten werden auseinandergetrieben, der Ausnahmezustand wird verhängt.
»Gegen zwei Uhr mittags«, erzählt der Herr Schierstedt, »wurde es brenzlig.« Tausende flüchten jetzt über die Sektorengrenze in den Westen, ohnmächtig schauen sie den Panzern zu und der Kasernierten Volkspolizei. »Die Unruhen«, so erklärt der DDR-Ministerpräsident Otto Grotewohl am nächsten Tag, »sind das Werk von Provokateuren und faschistischen Agenten ausländischer Mächte und ihrer Helfershelfer aus deutschen kapitalistischen Monopolen.«
Abends um sieben wird es still auf dem Potsdamer Platz. Willy Huth hat vor seinem Haus zum zweitenmal eine deutsche Revolution erlebt.
Es gibt einen Augenzeugen, der an diesem Tag als Volkspolizist gegen den Aufstand vorging. Wilfried Pilz war damals achtzehn Jahre alt und Soldat im Wachregiment Adlershof der Kasernierten Volkspolizei.
Das Wachregiment war eine Elitetruppe des Ministeriums für Staatssicherheit und bewachte in Ost-Berlin alle wichtigen Gebäude. Am 17. Juni stand Wilfried Pilz in seiner olivgrünen Uniform mit dem roten Mützenband vor dem Haus der Ministerien in der Leipziger Straße und hatte Angst.
Volkspolizist ist er nur geworden, weil man da sein Auskommen hatte mit dreihundert Mark im Monat, freiem Essen und Unterkunft. So ist er über die Bereitschaftspolizei zum Wachregiment Adlershof gekommen und zum Objektschutz in die Leipziger Straße.
Dort steht er am Morgen des 17. Juni und wartet, in den Händen eine russische Maschinenpistole mit Trommelmagazin, die erst am Abend zuvor gegen den alten Wehrmachtskarabiner 98 k ausgewechselt worden ist. Wilfried Pilz hat noch nie

mit einer Maschinenpistole geschossen. Die Waffen sind unbenutzt.
Lassen wir Wilfried Pilz erzählen.
»Wir sind neunzig Mann gewesen. Für ein so riesiges Objekt wie das Haus der Ministerien war das gar nichts. Dreißig meiner Kameraden bewachten das Gebäude drinnen, wir anderen standen draußen auf der Straße. Es war noch früh am Morgen, es hatte stark geregnet, und wir warteten auf die Demonstranten. Ohne Stahlhelm, nur mit Käppi. Wir wußten überhaupt nicht, worum es ging. Proteste gegen die Arbeitsnormen sollte es gegeben haben, aber auf Demonstrationen waren wir nicht vorbereitet. Auch für die Regierung war das ein Schock.
Gegen zwölf marschierten die ersten Demonstranten auf. Am Anfang ging es noch recht friedlich zu. Wir haben nur die roten Fahnen und die Spruchbänder vermißt. Etwa fünfzig Meter vor unserer Schützenkette machten die Leute halt, da haben wir zum erstenmal gemerkt, daß es ernst wird. Das war ein Gefühl im Magen, als ob man Luftschaukel fährt. Die Menschen waren wahnsinnig aufgeregt, haben geschrien und fingen an, mit Steinen zu werfen. Dann rückten sie immer näher. Unsere Zugführer, Feldwebel und Oberfeldwebel, haben gerufen: ›Nicht schießen, abwarten. Erst wenn's gar nicht mehr geht, ein paar Salven in die Luft.‹
Der Ring ums Haus wurde immer enger. Die Leute drängten nach vorn, und dann kam der Schießbefehl. Wir schossen in die Luft, und die Menge wich einen Moment zurück. Getroffen haben wir niemand, nur bei uns waren mehrere Leute durch Steinwürfe verletzt. Die Demonstranten waren durch die Schüsse derart erregt, daß wir uns keine zehn Minuten länger hätten halten können. Die hätten uns wahrscheinlich erschlagen. Aber was sollten wir denn machen? Wir mußten uns doch gegen die Übermacht wehren, das waren ja Tausende von Leuten.
Plötzlich hörten wir ein lautes Rasseln. Die ersten russischen

Panzer kamen, fuhren mitten durch die Menge und trieben sie so auseinander. Wir haben weiter wie die Wahnsinnigen in die Luft geballert, dann eine Schützenkette gebildet und die Leute in Richtung Potsdamer Platz abgedrängt. Dort war die Grenze mit einem weißen Strich markiert. Ein paar von uns sind im Eifer auf westliches Gebiet geraten, wurden aber sofort zurückgepfiffen.
Aus dem Columbus-Haus, wo sich die Wache der Volkspolizei befand, flogen Akten und Möbel. Ich kann das verstehen, die Menschen mußten ihrer Wut irgendwie Luft machen, obwohl darunter sicher Leute aus dem Westen waren, die einfach nur Randale machen wollten.«
Am Nachmittag ist der Aufstand niedergeschlagen, und der Staatssicherheitsdienst verhaftet sogenannte »Rädelsführer« aus der Menge heraus. Über hundert werden ins Haus der Ministerien gebracht und dort im Innenhof zusammengetrieben.
Herr Pilz hat damals geglaubt, er hätte an diesem Tag das Vaterland vorm Volk gerettet. Er und seine Kameraden werden von den Offizieren für ihre Tapferkeit gelobt. Sie waren nicht tapfer, sie hatten nur Angst.

Nur langsam verschwinden in Berlin die Spuren des Krieges. Das Brandenburger Tor ist mit Einschußlöchern übersät. Am Potsdamer Platz stehen die traurigen Reste einer glanzvollen Vergangenheit – Columbus-Haus, Potsdamer Bahnhof, Haus Vaterland. Verbrannte Fassaden mit leeren Fensterhöhlen.
Ein neues Berlin entsteht, Gedenkbibliothek, Urania, Freie Universität, eine andere Architektur, eine andere Welt. Der Potsdamer Platz gehört nicht dazu. Er rückt an den Rand der neuen Stadt, ins Niemandsland. Weit weg ist der Kurfürstendamm, die neue Stadtmitte im Westen der geteilten Stadt.
Ein Niemand im Niemandsland ist nun auch Willy Huth, von

dessen Weinhaus nur die Schoppenstube blieb. Hier an der Grenze entstehen keine neuen Häuser. Die Zeit steht still.
Unten im Haus Huth vermittelt ein fliegendes »schwarzes« Arbeitsamt Grenzgänger von drüben an Westberliner Firmen, und in der Kneipe gegenüber bieten sich Frauen aus Ost-Berlin für Westmark als Prostituierte an. Immer wieder ist Razzia am Potsdamer Platz.
In der baufälligen Ruine des Hotels Bayernhof haben sich ein paar Werkstätten provisorisch eingerichtet, wohnen Mieter, bis eines Tages das eiserne Eingangstor einen Mann erschlägt. Da wird der Bayernhof abgerissen.
Im Januar 1954 treffen sich in Berlin die alliierten Außenminister, Herr Molotow fährt in einer schwarzen Limousine über den Potsdamer Platz zur Konferenz in den Westen, und Herr Pilz, noch immer bei der Kasernierten Volkspolizei, steht Wache an der Grenze. Es sind fast dreißig Grad minus, die Vopos haben keine Winterkleidung, und Herr Pilz schmiert sich eine Schutzsalbe ins Gesicht.
Willy Huth ist 77. Er geht im Tiergarten spazieren, mit Stehkragen und schwarzem Homburg, achtet auf Zucht und Ordnung in seinem Haus. Mieter, die nicht hören wollen, müssen sich auch mal als »Lausejungs« beschimpfen lassen. Er hat keine hundert Angestellten mehr, sondern nur noch ein knappes Dutzend unten in der Schoppenstube, aber er ist noch immer eine Respektsperson. Der Verband Berliner Weinhändler ernennt ihn zu seinem Ehrenmitglied.
»Das waren noch richtig vornehme Leute«, sagt die Mieterin Elisabeth Rossmeisl verklärt, »wie aus der Kaiserzeit.« Als junges Mädchen von siebzehn hat sie sich vor dem Krieg mit ihren Freundinnen bei Huths unten in der Schoppenstube getroffen, »denn oben war ja ein Prominentenrestaurant, da kam unsereins nicht rein«. Sie erinnert sich noch an die Schilder »Huth's Weinstuben« entlang der Bahnstrecke nach Berlin, weit draußen vor der Stadt.

Die alten Zeiten schwinden dahin, die großen Namen. Wilhelm Furtwängler stirbt, Max Pechstein, Gottfried Benn, Bertolt Brecht. 1956 wird am Potsdamer Platz die Ruine des Fürstenhofs abgerissen, im Februar 1957 der Potsdamer Bahnhof, der schon lange stillgelegt ist. 83000 Reisende täglich, das war einmal.

Margarete Marx, Mieterin im Haus Huth, kennt den Fürstenhof noch aus dem Krieg, als man bei leiser Musik vor Kaffee und Kuchen saß, obwohl die meisten Fenster schon vermauert waren. Sie denkt an die Tanztees. »Wenn das aus der Asche erstehen würde...«

Bernhard Etté, der Orchesterkönig, hat hier früher einmal gespielt, die Menschen tanzten Tango und Shimmy — vorbei. Bei Huths im Hausflur wird illegaler Schnaps verkauft.

Willy Huth träumt von vergangenen Zeiten. Der Tochter einer Mieterin sucht er alte Weinetiketten mit dem Aufdruck Weinhaus Huth aus dem Keller. Dort unten ist es still geworden. Kein Fräulein van der Straeten sitzt mehr an der Etikettiermaschine, die großen Stückfässer sind verschwunden, Regale und Weinkühler liegen unter Trümmerschutt.

Der Lützowplatz, auf dem einmal die Huthsche Villa stand, wird neu bebaut. Dahin ist die Idylle aus der Bürgerzeit, und auf der abgeräumten Fläche wird 1956 das Hotel Berlin errichtet. Willy Huth hat kein Geld für ein neues Haus, und so verkauft er das Grundstück an die Hotelgesellschaft. Die Feste am Lützowplatz sind nur noch Erinnerung.

Senat und Bundesregierung aber träumen von einem glanzvollen Neubeginn. 1957 wird der »Wettbewerb Hauptstadt Berlin« ausgeschrieben, als stünde die Wiedervereinigung unmittelbar bevor. Vier Jahre vor dem Mauerbau werden Parlament und Kanzleramt geplant, ein Palais für den Staatspräsidenten, über fünfzig Botschaften und Konsulate.

Zur Weltstadt gehören natürlich auch Weltstadtstraßen, und so

entsteht auf dem Schlachtfeld der Stadtplanung ein gewaltiges Schnellstraßennetz, werden Schneisen durch Wohnviertel geschlagen, verschwinden historische Straßenzüge. Durch die Innenstadt sollen siebenspurige Autobahnen verlaufen, in Tunneln und auf Stelzen — Los Angeles läßt grüßen.
Der Potsdamer Platz soll einer gigantischen Straßenkreuzung weichen und die alte Potsdamer Straße so rabiat verbreitert werden, daß für das Weinhaus Huth kein Platz mehr ist.
Obwohl die meisten Pläne mangels Wiedervereinigung nicht Wirklichkeit werden, kommt es in der Stadtmitte zur systematischen Abräumung des ruinösen Baubestandes. 1959 werden von den 529 Gebäuden, die hier 1940 standen, noch 49 vorhanden sein, davon 22 als Ruinen.
Im Bebauungsplan ist eine Reduzierung auf 16 vorgesehen. Steppenlandschaft macht sich breit, Berlins Stadtmitte wird von den Ellenbogenhelden des Wirtschaftswunders planiert. Unrettbar verschwinden die historischen Ruinen.

Für den »Wettbewerb Hauptstadt Berlin« haben die Stadtplaner und Architekten auch Ost-Berlin vereinnahmt, als hätten sie dort etwas zu sagen. Aber die DDR-Behörden haben von einer Hauptstadt andere Vorstellungen und für die Neugestaltung der verwüsteten Stadtmitte den eigenen sozialistischen Kopf.
An der Wilhelmstraße stehen noch die Ruinen der Hohenzollernherrschaft und des NS-Regimes. So geht der Diplom-Gärtner Walter Hinkefuß an eine Arbeit, die ihm später viel Ärger machen wird.
Herr Hinkefuß, der heute im Westen lebt, hat damals für den Ostberliner Magistrat gearbeitet. Er sollte die verwüstete Innenstadt verschönern.
»Der Herr Ulbricht«, erzählt er, »wollte Ordnung in der Stadt. Er hat angeordnet, die Ruinen abzuräumen. Die Neue Reichskanzlei war bis zur Fußbodenoberkante abgetragen worden, die Kel-

ler waren verfüllt und planiert. Solche freien Flächen werden schnell mit Abfall belegt, und dann wirbeln bei jedem Wind und Wetter riesige Staubfahnen auf. Deshalb sollten in einer ›Aktion Zwischenbegrünung‹ die alten Ministergärten in der Wilhelmstraße wiedererstehen, und der Tiergarten sollte so näher an die Stadt gezogen werden. Häuser wollte man damals aus politischen Gründen nicht so dicht an der Sektorengrenze.«

Viel zu tun für Herrn Hinkefuß: Die Goebbels-Villa und das alte Reichskanzler-Palais werden abgerissen, die Flächen mit dreißig Zentimeter Mutterboden bedeckt, und Gras wird ausgesät. Von einem Erholungspark hat der Gärtner damals geträumt, Dauergrünflächen wollte er »aus dem steinernen Berlin herausschneiden« — wäre bloß in siebenundzwanzig Metern Tiefe der Führerbunker nicht gewesen, der mit einem spitzen Türmchen, Ausgang und Luftschacht, acht Meter hoch in die Gartenlandschaft ragt.

Hier sind am 30. April Hitlers und Eva Brauns Leichen nach oben geschafft und verbrannt worden. Die Alliierten haben den Turm nach Kriegsende gesprengt, aber der Klotz ist nur umgestürzt, »und die Abbruchfirma sah sich außerstande, die tonnenschweren Reste zu entfernen«, sagt der Gärtner Hinkefuß.

Was nun? Er hat eine Idee. Man könnte den Betonbrocken unter einer Erdschicht verbergen und nach dem Vorbild japanischer Gärten eine Hügellandschaft anlegen. Das gefällt auch dem Ostberliner Stadtplanungsamt, und so werden die Bunkerreste mit Wänden umzogen, Erde wird aufgeschüttet. Bald erhebt sich über dem Betonklotz ein Hügel, der den Grenztruppen als Beobachtungsposten dient.

Es war kein guter Einfall. Drüben an der Grenze stehen nun die Westtouristen und zeigen mit den Fingern auf die Erhebung. Der Gärtner muß sich von seiner Behörde sagen lassen, er habe für Hitler eine Art »altgermanisches Hünengrab« errichtet.

Eine Insel im Nirgendwo

In Ost-Berlin werden 1958 die Lebensmittelkarten abgeschafft, und im Westteil der Stadt regiert Willy Brandt. In Moskau kündigt Nikita Chruschtschow das Vier-Mächte-Statut für Berlin auf und fordert, West-Berlin in eine »freie entmilitarisierte Stadt« umzuwandeln, notfalls werde er dabei nachhelfen. Angst geht um in der Stadt, obwohl die Frist des Ultimatums verstreicht, ohne daß etwas passiert.

Das Leben geht weiter. Bubi Scholz wird Europameister im Mittelgewicht, und im Sportpalast schlagen »Halbstarke« nach einem Bill-Haley-Konzert das Mobiliar zu Spänen.

Else Huth stirbt, ihr Bruder Willy ist jetzt Alleininhaber. Doch das Haus Huth hat keine Zukunft mehr, das hat Willy Huth nun endlich begriffen. Er resigniert vor der Trostlosigkeit ringsum und schließt nun endgültig seine Schoppenstube. Den Namen Weinhaus Huth verkauft er an das Hotel Berlin, zusammen mit dem Rest des Tafelsilbers. Die Firma Huth besteht nicht mehr.

Ein Segen habe auf dem Haus Huth geruht, hat der Festredner Max Broemel bei der Eröffnungsfeier am 2. Oktober 1912 gesagt, und »möge dieser Segen auch den jetzigen Inhabern beschieden sein, möge ihrem redlichen Streben und ihrer rüstigen Tüchtigkeit ein voller Erfolg zuteil werden«. Der Redner hat nichts geahnt von Weltkriegen und Revolutionen, Bombennächten und Mauerbau am Potsdamer Platz. Die Berliner Stadtmitte ging darüber zugrunde und mit ihr die Firma Huth.

Nun gibt es nur noch das Haus mit der grauen Fassade, den verrosteten Eisenträgern und dem Trümmerschutt im Keller. Willy

Huth will es noch immer nicht verkaufen. Er könnte nach Hohengatow ziehen, in die Sommervilla, aber er will nicht weg vom Potsdamer Platz und wird dort bleiben bis zu seinem Tod.

In Ost-Berlin wird der Kellermeister Josef von Janta-Lipinski zu vier Jahren und neun Monaten Zuchthaus verurteilt. Fast 25 Jahre hat er dem Haus Huth gedient, und nun wird ihm die Firma zum Verhängnis. Ein Weinvertreter Huths hat drüben für die Amerikaner spioniert, und Herr von Lipinski soll ihm dabei geholfen haben. Das stimmt nicht, aber es ist kalter Krieg in Berlin — Lipinski hat den Vertreter ab und zu in seinem Auto mitgenommen, das genügt.

»Der Kellermeister Josef von Janta-Lipinski«, so steht es am 1. September 1959 in der Ostberliner »Neuen Zeit«, »der bei der Weingroßhandlung Huth & Sohn in Berlin-Tiergarten tätig war, wurde von dem Mitarbeiter des amerikanischen Geheimdienstes Johannes Krause aus Berlin-Schöneberg zur Militärspionage angeworben.« Von den fünf Jahren Zuchthaus muß Lipinski nur neun Monate absitzen, denn im September 1960 stirbt DDR-Präsident Wilhelm Pieck, und es gibt eine Amnestie. Nach der Haft ist Lipinski fertig, er hat Schüttelfrost und eine nervöse Erschöpfung. Grauenhaft ging es zu in den ostdeutschen Zuchthäusern der fünfziger Jahre. Der Schriftsteller Walter Kempowski hat darüber das Buch »Im Block« geschrieben, Josef von Janta-Lipinski ist kein Schriftsteller und sagt nur: »Da wurde viel gequält und viel gestorben.« Fünf Jahre Knast hätte er nicht überlebt.

1960 spricht Billy Graham in Berlin vor über 130000 Menschen. Auf dem Dach der Ruine vom Haus Vaterland wachsen Birken, Kinder schaukeln in den Ästen, und besorgte Mieter im Haus Huth rufen die Polizei. Immer stiller wird es am Potsdamer Platz.

Willy Huth geht manchmal aufs Dach und blickt lange auf die Brachlandschaft. Er hat ja nicht mehr viel zu tun.

In seinem Büro im ersten Stock, einem der früheren Festsäle, kassiert er einmal im Monat die Miete vor eichenholzgetäfelten Wänden.
Im Frühjahr 1961 wird es im Haus Huth noch einmal lebendig. Im ersten Stock wird das Lokal Wiener Heurigen eröffnet, aber am Potsdamer Platz lassen sich keine Geschäfte mehr machen. Die Weinlieferantin Lina Buhmann bleibt auf unbezahlten Rechnungen sitzen, da beschließt sie, das Restaurant selbst zu übernehmen. Am 1. Juni 1961 beantragt sie die Konzession für den Wiener Heurigen, zehn Wochen vor dem Mauerbau, aber Frau Buhmann kann schließlich nicht hellsehen.
Seit Ostern sind immer mehr Flüchtlinge nach West-Berlin gekommen, im Juni waren es 20000, und im Juli kommen zweieinhalbtausend Menschen an einem einzigen Wochenende. Angst vor einer Sperrung der Grenze geht um, und das Notaufnahmelager in Marienfelde kann die Flüchtenden kaum noch fassen. Niemand habe die Absicht, eine Mauer zu errichten, hat Herr Ulbricht noch im Juni erzählt, da wird im Osten schon der Stacheldraht gestapelt, auch auf dem Gelände der Kasernierten Volkspolizei in Adlershorst, wo Wilfried Pilz noch Dienst tut. Draußen stehen die Patrouillen der Amerikaner am Zaun und sehen dabei zu.
Am 13. August wird die Frau Rossmeisl, Mieterin im Haus Huth, mitten in der Nacht von ungewohnten Geräuschen wach. Am Potsdamer Platz wird gehämmert, Bauarbeiter schlagen Pfosten ein und ziehen Stacheldraht. Frau Rossmeisl kann nicht recht erkennen, was da draußen los ist, sie ist auch noch ein bißchen verschlafen. Erst gegen Morgen sieht sie die Bescherung. Da sind schon ein paar hundert Menschen am Potsdamer Platz, sie schreien und beschimpfen die Bauarbeiter und die Soldaten der Nationalen Volksarmee. Am Brandenburger Tor singt die Menge das Deutschlandlied, die DDR-Soldaten setzen Wasserwerfer ein.

Willy Brandt erscheint am Potsdamer Platz und schaut hilflos drein. Was soll er auch machen, es ist ja nicht einmal vier Wochen her, daß der amerikanische Präsident Kennedy die Freiheit der Stadt garantiert hat, aber eben nur die von West-Berlin.
»Eine Mauer durch Berlin, so 'n Quatsch, das ist doch gar nicht möglich«, hat die Mieterin Käthe Czygan noch gesagt, aber nun wird das Unmögliche wahrgemacht, Herr Ulbricht erscheint am Potsdamer Platz und betrachtet sein Werk. West-Polizisten müssen erbitterte Demonstranten mit dem Knüppel zurücktreiben, Frau Czygans Mutter, aus Thüringen zu Besuch, hat Angst, sie käme nicht mehr nach Hause. Aber in den Osten kann man natürlich, nur nicht mehr in den Westen, obwohl das an diesem Tag noch viele versuchen. Frau Rossmeisl sieht junge Leute aus den S-Bahn-Schächten stürzen, sie wissen nicht, auf welcher Seite der Grenze sie nun sind, laufen in die falsche Richtung, und die Menschen rufen »Hier rüber, hier rüber, ihr rennt ja in den Osten«. Soldaten von drüben geben Warnschüsse ab, ein paar Flüchtlinge werden eingefangen, andere schaffen es in den Westen.
Zwei Tage später wird der Stacheldraht nach und nach durch Betonplatten ersetzt, und die Mauer wächst vier Meter hoch. Schaulustige kommen mit Autos zum Potsdamer Platz und protestieren mit Hupkonzerten, die Mieter bei Huths halten sich die Ohren zu. Lautsprecherwagen vom Rias sind da und brüllen nach drüben, und von dort brüllen Lautsprecher zurück, daß im Haus die Scheiben klirren.
Eine Woche nach dem Mauerbau kommt der amerikanische Vizepräsident Lyndon B. Johnson nach Berlin, über eine halbe Million Berliner jubeln ihm zu. Amerikanische Truppen werden nach Berlin verlegt, der Konvoi fährt durch Straßen, die schwarz sind von Menschen. Die Berliner fühlen sich von der Bundesregierung im Stich gelassen, Adenauer macht Wahlkampf im We-

sten und kommt erst am 22. August in die geteilte Stadt. Er wird mit Empörung empfangen.
Ein paar Wochen später schließt Lina Buhmann ihr Lokal an der Mauer, es schließen die Kinos, die Wechselstuben und die Läden, nur ein kleines Konfitürengeschäft probt im Haus Huth das Überleben.
»Das war's ooch«, sagt Lina Buhmann und zieht einen Schlußstrich in Versen unter die Wiener Heurigenseligkeit an der Grenze: »An dieser Mauer werden Wein und Gäste sauer.«
Sauer sind auch die Mieter am Potsdamer Platz, die nun auf Wachttürme und spanische Reiter blicken. Fast jede Nacht gehen Leuchtkugeln hoch, und es wird geschossen, Warnschüsse nur, aber wer weiß das schon. Die Mieter trauen sich kaum noch ans Fenster.
Drüben kurven die Patrouillenwagen der Volksarmee, es werden Stolperdrähte gezogen und Schießbecher eingebaut. »Wenn ein Karnickel an die Drähte kam, machte es ›patsch!‹«, erzählt der Mieter Achim Walter, »und schon kamen die aufgeregten Streifen von allen Seiten.«
Menschen flüchten über die Mauer, an der Zimmerstraße wird der 18jährige Ostberliner Peter Fechter getroffen und verblutet. Auf der anderen Seite der Linkstraße steht die leergeräumte Ostberliner Post, da winkt eines Tages jemand aus einer Luke im Treppenhaus. Zufällig steht im Haus Huth ein Lkw auf dem Hof, der Fahrer rangiert seinen Wagen auf die Straße, unter die Luke, und der Flüchtling springt auf die Plane. Es ist das einzige Mal, daß jemand am Potsdamer Platz über die Grenze kommt.
Aber es gibt noch ein unterirdisches Berlin, mit Tunneln, Schächten und Kanälen, die hier kreuz und quer unter der Grenze verlaufen. Vom Haus Huth gehen Kellerdurchbrüche fast bis zum Landwehrkanal, und in den goldenen zwanziger Jahren hat Willy Huth seinen Wein auch in den Nachbarhäusern gelagert. Vom Hotel Fürstenhof führte ein Gang zum Potsdamer Bahn-

hof, es gibt mannshohe Abwasserkanäle, über die der Fluchthelfer Harry Seidel mit seinem Schlauchboot zur Voßstraße und zurück rudert. Die Absperrgitter hat er beseitigt. Harry Seidel transportiert nun Menschenfracht von einem Teil der Stadt in den andern, bis der Fluchtweg entdeckt wird. »Später«, sagt Herr Seidel, »wurde das alles elektrisch gesichert.«

1962 kommt »Peterle«, die Witwe des Atlantikfliegers Hermann Köhl, zum erstenmal wieder nach Berlin und steht entsetzt am Potsdamer Platz. Sie hat die glanzvollen Feste bei Huths am Lützowplatz miterlebt, aber nun gibt es keine Villa mehr und auch kein Weinhaus Huth. Die Potsdamer Straße ist menschenleer, und die Huths leben von ihren Erinnerungen. »Von meinem Berlin war nichts geblieben«, sagt Frau Köhl. »Das war nur noch ein Torso.« Sie verbringt ein paar deprimierende Stunden bei den Huths. »Es war zum Weinen«, sagt sie heute.
Seit dem Mauerbau stehen die Büros im zweiten Stock leer. Erst im Februar 1963 ziehen dort wieder Mieter ein, eine Seifengroßhandlung und ein Betrieb, der zahntechnische Geräte produziert. Im Haus duftet es nach Haarwasser und Parfümen, das gefällt den Mietern besser als der Geruch nach Bohnerwachs.
John F. Kennedy kommt nach West-Berlin, zwei Tage vor Chruschtschows Reise nach Ost-Berlin, und hält auf dem Platz vor dem Rathaus Schöneberg seine berühmte Rede, die in dem Satz »Ich bin ein Berliner« gipfelt. Da hat er noch fünf Monate zu leben.
Am Landwehrkanal wird das Kulturforum errichtet, der Architekt Hans Scharoun übergibt den Schlüssel der neuen Philharmonie an Herbert von Karajan, und das Berliner Philharmonische Orchester spielt Beethovens Neunte.
Hans Scharoun hat mit dem Kulturforum noch viel vor. Die Repräsentationsbauten des neuen Berlin werden wie auf einem Präsentierteller errichtet, der Mensch als Ameise mittendrin.

1967 ist Baubeginn für die neue Staatsbibliothek. Der Klotz braucht Platz, deshalb wird die Brücke am Landwehrkanal verschwenkt und eine Umgehungsstraße gebaut — rabiater ist nicht einmal Albert Speer mit der Stadt umgegangen. Er hat für sein »Haus des Fremdenverkehrs« einen Teil der Viktoriastraße planiert, und nun ereilt die alte Potsdamer das gleiche Schicksal.
»Scharouns Architektur«, schreibt der Berliner Bauhistoriker Dieter Hoffmann-Axthelm, »kam den Autobahnen entgegen, wollte genauso massenhaft sein wie sie. Die Philharmonie ragt seitdem wie ein verödeter Fels aus der Verkehrsbrandung der Entlastungsstraße, und die Staatsbibliothek, die sich an die Westtangente anschmiegen sollte, legt sich als Riegel quer über dieselbe Potsdamer Straße, von der heute die meisten Planer wieder überzeugt sind, sie wäre eigentlich auch in aller Zukunft die einzig logische Verkehrsführung vom Potsdamer Platz zur Potsdamer Brücke.«
Die Mieter im Haus Huth haben nichts von der späten Einsicht, sie leben in einer Sackgasse, in der keine Straßenbahn und kein Bus mehr fährt. Unerreichbar sind U- und S-Bahn für die Mieter geworden, und wie zum Hohn hören sie das Rollen unterm Pflaster am einstmals verkehrsreichsten Platz der Stadt.
Der Schah kommt nach Berlin, und in Charlottenburg wird der Demonstrant Benno Ohnesorg von einem Polizisten erschossen. In der Potsdamer Straße feiert Willy Huth seinen neunzigsten Geburtstag. »Aus aller Welt treffen Glückwünsche ein«, notiert ein Zeitungsreporter. »Sogar ein alter Verkehrspolizist vom Potsdamer Platz hat geschrieben.« Ungastlich sei die Stimmung im Haus, der Hausherr aber noch rüstig und bescheiden. Der Wein habe ihn, wie seine Frau, jung gehalten.
Vier Jahre zuvor, mit 86, ist Willy Huth die Treppe zur U-Bahn hinuntergefallen und hat sich den Arm gebrochen. Da wollte er, mit Rosenstrauß, zu einer Freundin. Von diesem Sturz hat er sich noch einmal erholt, aber jetzt, an seinem Geburts-

tag, ist er längst nicht mehr so rüstig, wie es dem Reporter scheint.
»Nach einem erfüllten Leben«, so steht es drei Monate später, am 11. November 1967, im Berliner »Abend«, »verließ uns nach Vollendung seines 90. Lebensjahres, von kurzem, schwerem Leiden erlöst, mein lieber Mann, guter Vati, Großvati und Onkel Willy Huth, ehem. Inhaber des Weinhauses und der Weingroßhandlung C. Huth & Sohn.«
Ein langes Leben ist zu Ende. Nun sind von den Huths nur noch Dora, die Ehefrau, ihre Tochter Ilse und Lutz, der Enkel, da. In der Todesanzeige heißt es:

»Was wir bergen in den Särgen
ist das Erdenkleid.
Was wir lieben ist geblieben —
bleibt in Ewigkeit.«

Willy Huth wird auf dem Dreifaltigkeitsfriedhof beerdigt, im Familiengrab seines Schwiegervaters Bodo Diede. Hier in der Bergmannstraße liegt auch Adolph von Menzel, einst Stammgast bei Huths. Er hat den Niedergang des Hauses nicht mehr erlebt.

Statt der Menschen bewohnen nun Elstern, Raben und Wanderfalken den Potsdamer Platz. »So viele Kuckucks, wie Sie hier rufen hören«, sagt der blinde Mieter Achim Walter, »haben alle Berliner Gerichtsvollzieher nicht verklebt.«
Am Kulturforum wachsen Staatsbibliothek und Neue Nationalgalerie, am Kurfürstendamm wird Rudi Dutschke niedergeschossen, und die Studenten demonstrieren. Am Potsdamer Platz bewegt sich nichts.
Willy Huth ist tot, was soll man da noch mit seinem Haus? Am 21. Mai 1968 schreibt Tochter Ilse an das Grundbuchamt Tier-

garten, »daß eine Umschreibung des Grundstückes Potsdamer Straße 5 auf meinen Namen nicht mehr nötig ist, da dieses Grundstück an den Senat von Berlin verkauft wird. Die Verhandlungen darüber laufen schon seit geraumer Zeit, und die Unterzeichnung des Vertrages steht unmittelbar bevor.« Ilse Huth, geschiedene Sponsel, hat das Haus zusammen mit ihrem Sohn Lutz von Willy Huth geerbt.

Dorothee Huth, ihre Mutter, ist mit dem Verkauf nicht einverstanden, doch was soll sie machen? Wenn ihr Mann noch leben würde, so klagt sie später einer Mieterin, wäre das nicht passiert. Er habe viel zu sehr an seinem Haus gehangen.

Aber Willy Huth ist nicht mehr, und am 31. Mai 1968 geht das Grundstück in den Besitz des Bezirksamtes Tiergarten über. Dorothee Huth erhält ein lebenslängliches Wohnrecht für die Dreizimmerwohnung im vierten Stock. Sie ist 81 Jahre alt.

725 000 Mark zahlt die Stadt für den alten Bau, unter Anrechnung der laufenden Hypotheken von 400 000 Mark. Das Haus sei sein Lebenswerk, hat Willy Huth kurz vor dem Tod einem Geschäftsfreund erzählt. Aber mitnehmen könne er es ja nicht. Nur abgerissen sollte es nicht werden.

Aber genau das steht dem letzten Haus am Potsdamer Platz nun bevor. Obwohl der Mauerbau die Illusionen von einer »Hauptstadt Berlin« erst einmal begraben hat, sind für die Stadtmitte noch immer breite Autobahnen geplant, und die Behörden kaufen dafür privaten Grundbesitz auf.

Der alte Bau in der Potsdamer Straße ist für die neuen Eigentümer nur ein Klotz am Bein, denn die Stadtautobahn läßt auf sich warten. Mit Rücksicht auf die Mieter wird der Abriß des Hauses Huth verschoben. »Das Gebäude«, so erinnert sich Olaf Gutschmidt vom Grundstücksamt Tiergarten nicht ohne Ironie, »war von der wesentlichen Funktion des Stehenbleibens her stark beeinträchtigt.« Rost nagt seit Jahren am Stahlskelett, und im Keller steht das Wasser. In der unbebauten Stadtmitte ist der

Grundwasserspiegel gestiegen, der Huthsche Keller mit Fäkalien vollgelaufen und versalzt.
Verwahrlost ist der Potsdamer Platz, warum soll nicht auch das Weinhaus Huth verwahrlosen? In das Abrißobjekt wird keine Mark mehr investiert. Aber die Stadtautobahn kommt und kommt nicht voran, und das Bezirksamt bleibt auf dem ungeliebten Erbe sitzen.
Die Jahre vergehen, und die Mieter richten sich mit der Mauer ein. Ab und zu kommt noch ein Händler mit Kartoffeln und Eiern vorbei, doch bald lohnt sich das nicht mehr. Im Schatten der Mauer breitet sich Friedhofsstille aus.
Die Mieter im Haus müssen zum Einkaufen weit laufen, bis hinunter zum Landwehrkanal. Zur nächsten Bushaltestelle sind es zehn Minuten. Die alte Frau Rossmeisl nimmt meist eine Taxe, weil sie die schweren Taschen nicht schleppen kann. Das macht im Monat noch mal hundert Mark zur Miete.

Willy Brandt ist Bundeskanzler geworden, am Brandenburger Tor wird der Reichstag renoviert, und am 14. Mai 1970 flieht der Häftling Andreas Baader mit Ulrike Meinhofs Hilfe aus einem Institut in Dahlem. Dorothee Huth fühlt sich einsam am Potsdamer Platz. Sie verzichtet auf ihr Wohnrecht und zieht in ein Altersheim um. Tochter Ilse und Enkel Lutz wollen nicht an der Mauer wohnen.
Am 13. September 1971 stirbt Amalia Lina Dorothee Huth im Berliner Franziskus-Krankenhaus. Sie ist 84 Jahre alt geworden. Die Wohnungen im Haus Huth werden jetzt von jungen Mietern bewohnt, die niemand mehr nach ihren Referenzen fragt. Fahrräder stehen im Flur, und die Mülleimer werden über die vordere Treppe getragen, weil kein Willy Huth mehr für Zucht und Ordnung sorgt. Aber die wird nur von den alten Mietern im Haus vermißt.
1971 wird Walter Ulbricht von Erich Honecker abgelöst. Am

Potsdamer Platz wird die Ruine des Vox-Hauses gesprengt — spurlos verschwindet die Erinnerung an die Geburtsstunde des deutschen Rundfunks im Jahre 1923. Die neue Staatsbibliothek wälzt sich über die Potsdamer Straße. In einem Zelt werden während des Neubaus die Bücher gelagert, und als eine Sturmbö eines Tages die Plane wie Bände verweht, wirbeln die Bestände durch die Luft.

Im Juli 1972 kauft der Berliner Senat der DDR für 31 Millionen Mark das Gelände des Potsdamer Bahnhofes ab. Auch die Ruine vom Haus Vaterland, noch gut erhalten, gehört nun zum Westen, wenn auch nicht sehr lange, denn sie wird 1975 abgerissen. Vorher stochert ein Verrückter in den Kellern, weil ein Gerücht umgeht, Hermann Göring habe im Vaterland bei Kriegsende seinen weißen Mercedes versteckt. Das Vaterland verschwindet, die Mieter im Haus Huth hängen neugierig an den Fenstern, aber der Mercedes bleibt Legende.

Die Grenze wird zur Rumpelkammer. Das Gelände des Potsdamer Bahnhofs ist eine Schlammwüste geworden. Müll stapelt sich und alte Autoreifen.

Manchmal bläst nachts ein Posaunist an der Mauer. Hier stört er niemanden, nur die Menschen im letzten Haus am Potsdamer Platz. Aber für die ist der einsame Musikant nur eine irreale Pointe in ihrem Kuriositätenkabinett.

In der Potsdamer Straße wird der Sportpalast abgerissen, weil er einem Neubau im Wege steht. Im Osten stirbt Herr Ulbricht und im Westen der Architekt Hans Scharoun, der die Einweihung seiner monumentalen Staatsbibliothek nun nicht mehr erlebt. Am 27. Februar 1975 wird der Berliner CDU-Politiker Peter Lorenz von der »Bewegung 2. Juni« entführt, und im Sommer kündigt sich mal wieder ein prominenter Berlin-Besucher an — der amerikanische Außenminister Henry Kissinger.

In der Nacht vom 30. April auf den 1. Mai, gegen halb eins, sieht ein Autofahrer im Haus Huth einen merkwürdigen Lichtschein. Es flackert hinter den Fenstern im ersten Stock, wo der Händler Klaus Geier seinen Bastelbedarf lagert. Im Haus rührt sich nichts.

Da weckt der Autofahrer die Mieterin Elisabeth Rossmeisl durch Steinchenwürfe gegen das Fenster, und Frau Rossmeisl alarmiert die Feuerwehr. Aus Herrn Geiers Lager schlagen meterhoch die Flammen.

Frau Manke im dritten Stock wird durch Faustschläge gegen die Tür geweckt, sie zieht sich hastig an, da steht der Rauch schon im Flur. Die Mieter stürzen nach unten, aber die Feuerwehr läßt auf sich warten. Als sie endlich kommt, verheddern sich ein paar Schläuche und platzen. Herr Geier vermutet später, daß die Feuerwehrmänner den Tag der Arbeit vorgefeiert haben.

In einigen Wohnungen schlafen noch immer Mieter, und die Feuerwehr schlägt die Türen ein. Sie zerschlägt auch die letzten altdeutschen Buntglasfenster im Treppenhaus.

In Klaus Geiers Laden verpufft das Silvesterfeuerwerk, bunte Kugeln steigen auf, und brennende Puppen fliegen über die Mauer.

In dieser Mainacht des Jahres 1975 hat am Ende des Hauses Huth nicht viel gefehlt. Erst morgens um vier hat die Feuerwehr den Brand unter Kontrolle. Das Treppenhaus ist rauchgeschwärzt und der erste Stock verwüstet. Im Erdgeschoß staut sich das Löschwasser. Aber die Wohnungen in den oberen Etagen sind unversehrt, und Frau Manke kann ihre Papiere und die halbe Stange Zigaretten wieder nach oben tragen.

Leere breitet sich aus im Niemandsland der deutschen Geschichte. Mit der Katastrophenzone am Potsdamer Platz wissen die Behörden nichts anzufangen. Mal wird auf dem Gelände des Potsdamer Bahnhofes ein neues Polizeipräsidium geplant, mal ein Ableger der Universität. Auf dem planierten Grundstück des Reichssicherheitshauptamtes an der Prinz-Albrecht-Straße soll ein Hubschrauberlandeplatz angelegt werden. Nichts davon wird Realität. Behelfsstraßen ziehen sich durch die Steppe, in der sich die Firma Nixdorf ansiedeln will und dann doch nicht kommt. Der Wiederaufbau Berlins klammert die Stadtmitte aus, als sei sie nicht mehr existent.

»Zwischen Wilhelmstraße und Potsdamer Straße«, sagt der Historiker Dieter Hoffmann-Axthelm über die Hilflosigkeit der Städteplaner, »hört die Geschichte auf, stadtfähig zu sein. Hier, wo das Schlimmste geschah, im Reichssicherheitshauptamt, in der Reichskanzlei mit ihrem Bunker, hier hat die wirkliche Stadt, die gescheiterte, zerstörte Metropole ihre letzte Zuflucht. Die Ruinen sind weg, aber nicht die Grundrisse, die Straßenverläufe, die ehemals staatlich besetzten Flächen mit ihren berüchtigten Namen. Wenn irgendwo, ist hier die Mitte Berlins. Daß sie sich, abgedrängt, weggeschoben und zugepflastert, trotzdem im Berliner Stadtbild noch heute behauptet, ist kein Verdienst der beiden deutschen Staaten und ihrer Berliner Teilstädte. Das ist der Teilung der Stadt zu verdanken. Wäre diese zentrale Zone der Geschichte ganz das Territorium der einen oder anderen Seite gewesen, dann gäbe es sie nicht mehr. So schneidet die Grenze hindurch und macht dieses Terrain nahezu ungreifbar.«

Ilse Sponsel, geborene Huth, lebt einsam und stirbt einsam. Schon einmal hat sie in ihrer Wohnung in der Martin-Luther-Straße 86 Schlaftabletten genommen. Beim zweiten Versuch im Juni 1976 kommt jede Hilfe zu spät. Frau Sponsel hat sich die Pulsadern aufgeschnitten und liegt tot in der Badewanne. Sie ist 64 und hat unter Depressionen gelitten. Die Eltern waren ihr einziger Halt.

»Den Huths«, sagt Dorothea Kahnert, die mit Ilse Huth verwandt war, »ist es gelungen, ihrer Tochter sogar das Denken abzugewöhnen. In diesen Kreisen wurde man eben ganz als höhere Tochter erzogen, hatte brav und ordentlich zu sein, zu folgen und nicht zu widersprechen. Die Ilse bestand bis zu ihrem Lebensende nur aus Konventionen und dem, was daraus erwächst. Das war ein Mensch, der nie seine Selbstbestätigung gefunden hat. Wo sollte diese Frau ein Selbstwertgefühl hernehmen, auf dem man ein Leben aufbaut?«

Im Juli 1978, kurz vor dem Besuch des amerikanischen Präsidenten Carter in Berlin, wird Frau Manke nachts im Haus durch ungewohnte Geräusche wach. Leitern werden von drüben über die Mauer geworfen, dann klettern Handwerker und Grenzsoldaten auf die westliche Seite. Ein schmaler Geländestreifen vor dem Bauwerk gehört noch zum Osten, und hier wird nun die Mauer getüncht. Weiße Farbe kommt über die Graffiti, Carter zu Ehren, und der Regierende Bürgermeister Dieter Stobbe sagt, davon würde das Schandmal auch nicht schöner.
Am nächsten Tag kommt der »Erdnußheini«, wie Frau Manke sagt, und blickt mit dem Bundeskanzler Schmidt traurig nach drüben. Die Mieter im Haus Huth genießen ihren Balkonplatz. Zum Glück sehen sie nicht, daß sich aus Polizeifahrzeugen Gewehre mit Zielfernrohren auf sie richten. Die Leibwächter des Präsidenten haben Angst vor einem Attentat.
Nach dem Staatsbesuch wird die Carter-Tribüne morgens um vier von Dieben demontiert. Frau Manke ist noch heute fassungslos: »Als wenn's kein Holz zu kaufen gäbe.«

In Berlin etabliert sich die Drogenszene, und Christiane F. wird als Kind vom Bahnhof Zoo berühmt. 1979 feiert die DDR ihren 30. Geburtstag, und das Haus Huth kommt im November unter Denkmalschutz, als »eines der letzten Zeugnisse des modernen Geschäftshausbaues der Kaiserzeit«. Am Potsdamer Platz gibt es sonst nichts Schützenswertes mehr.
1982 wird das Haus Huth siebzig Jahre alt, und das Bezirksamt

Tiergarten macht sich an die Sanierung des ungeliebten Erbstücks. Die Stadtautobahn ist beerdigt, das Haus Huth gerettet. Jahrzehnte hat es vor sich hin gerottet, jetzt wird die Rettung teuer. Bis Ende 1987 sind zweieinhalb Millionen Mark in das Gebäude investiert worden, und die Bauarbeiten dauern an.

Im September 1982 stirbt in den Dolomiten der letzte Huth. Lutz Hengsberger, Ilses Sohn, stürzt bei einer Bergwanderung im Nebel ab. Seine Frau Elisabeth, die ihn begleitet, kann sich retten.

Frau Hengsberger lebt heute in dem Haus in Hohengatow, das einmal den Huths gehört hat. An das Weinhaus Huth erinnert eine bunte Fensterscheibe des Glasermeisters Bodo Diede und ein Bild, das noch Spuren von den Kolbenschlägen russischer Soldaten trägt.

Frau Hengsberger hat mir Arbeitsbücher und Versicherungskarten von früheren Angestellten gegeben. Nur den Verbleib des Kellners Wenzel Mulz habe ich ausfindig machen können. Der Rest bleibt verschollen.

Ein Name in den Büchern läßt mir keine Ruhe: Walter Thieme, der von 1929 bis 1939 als Koch im Haus Huth gearbeitet hat. In der Fregestraße 32 in Berlin-Steglitz, wo er zuletzt gewohnt hat, kann sich niemand an ihn erinnern.

Meldebehörden helfen weiter. Herr Thieme hat nach dem Krieg in Mölln gewohnt, dann in Kiel und jetzt in Bremen.

Fast fünfzig Jahre ist es her, daß Walter Thieme im Haus Huth gearbeitet hat. Nun holt ihn mit einem Anruf die Vergangenheit ein, wie mag er sich da fühlen?

Ich habe sein Arbeitsbuch, die Versicherungskarte und Fotos von Kollegen, die er seit Jahrzehnten nicht gesehen hat. Ich habe das Haus Huth nie gekannt und kann so viel erzählen. Herr Thieme zeigt mir sein Lehrzeugnis. Mit »sehr gut« hat er damals seine Prüfung gemacht, in den Marmorsälen am Zoo, und Huths Küchenchef Richard Habermann hat bescheinigt, daß »ich den jungen Mann jedem meiner Kollegen empfehlen kann«.

Walter Thieme hat die dreißiger Jahre im Haus Huth miterlebt bis zum Kriegsbeginn. Er erzählt von der Berliner 700-Jahr-Feier von 1937, als im Berliner Stadtschloß tausend Restaurants aufkochten für die Gäste. Das Weinhaus Huth war mit einem Rehrücken dabei.
Er erinnert sich an die Zeppeline über Berlin und die schwere Arbeit in der Küche, an seinen Kollegen Alois, Hitlers Halbbruder, und an den Kellner Kramer, der zur SS gegangen war, weil ihm die schwarze Uniform so gut stand. Herr Thieme kennt auch das SS-Hauptquartier in der Prinz-Albrecht-Straße, denn das Haus Huth hat den Herrenmenschen regelmäßig kalte Platten geliefert.
Im Sommer 1939 wurde er Soldat, und als er 1949 aus russischer Gefangenschaft heimkam, hat ihn Willy Huth nicht einstellen können. Für seine Schoppenstube brauchte er nur wenig Personal.
Ich erzähle ihm von dem Koch Gerhard Rockstroh, seinem Freund, der heute in Ost-Berlin lebt. Herr Thieme war sechzehn, als er bei Huths anfing, und heute ist er vierundsiebzig. Ich gebe ihm Gerhard Rockstrohs Adresse, und er beschließt, nach Berlin zu fahren. Siebenundvierzig Jahre haben sich die beiden nicht mehr gesehen, da gibt es viel zu erzählen.
Walter Thieme ist ziemlich aufgeregt, und ich komme mir vor wie ein Bote von einem anderen Stern.

Was soll aus Berlins zerstörter Stadtmitte werden? Stadtplaner begreifen Zerstörung nicht als erlebte Geschichte. Sie muß zu- und weggebaut werden, bis keine Erinnerung mehr möglich ist. Doch am Potsdamer Platz scheiterte jede Planung. Die Mauer ließ sich in kein Konzept einbauen.
Für die Bezirksämter sind Brachflächen nichts weiter als willkommene Filetstücke, auf denen es Grünanlagen, Schwimmbäder und Sportplätze anzulegen gilt.

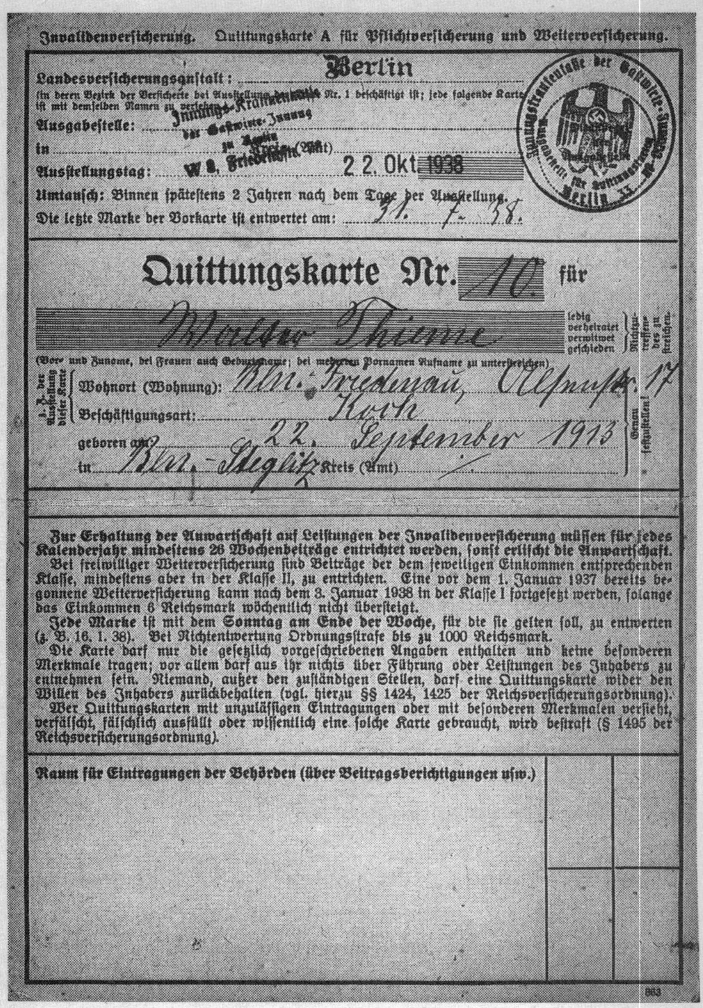

Invalidenversicherung. Quittungskarte A für Pflichtversicherung und Weiterversicherung.

Landesversicherungsanstalt: Berlin
(in deren Bezirk der Versicherte bei Ausstellung der Karte Nr. 1 beschäftigt ist; jede folgende Karte ist mit demselben Namen zu versehen)

Ausgabestelle: Innungs-Krankenkasse der Gastwirte-Innung zu Berlin

in W 8, Friedrichstr. Kreis (Amt)

Ausstellungstag: 22. Okt. 1938

Umtausch: Binnen spätestens 2 Jahren nach dem Tage der Ausstellung.

Die letzte Marke der Vorkarte ist entwertet am: 31. 7. 38.

Quittungskarte Nr. 10. für

Walter Thieme

ledig / verheiratet / verwitwet / geschieden – Nichtzutreffendes zu streichen

(Vor- und Zuname, bei Frauen auch Geburtsname; bei mehreren Vornamen Rufname zu unterstreichen)

z. Z. der Ausstellung dieser Karte:

Wohnort (Wohnung): Bln.-Friedenau, Albestr. 17

Beschäftigungsart: Koch

geboren am: 22. September 1913

in Bln.-Steglitz Kreis (Amt) ./.

Genau festzustellen!

Zur Erhaltung der Anwartschaft auf Leistungen der Invalidenversicherung müssen für jedes Kalenderjahr mindestens 26 Wochenbeiträge entrichtet werden, sonst erlischt die Anwartschaft.

Bei freiwilliger Weiterversicherung sind Beiträge der dem jeweiligen Einkommen entsprechenden Klasse, mindestens aber in der Klasse II, zu entrichten. Eine vor dem 1. Januar 1937 bereits begonnene Weiterversicherung kann nach dem 3. Januar 1938 in der Klasse I fortgesetzt werden, solange das Einkommen 6 Reichsmark wöchentlich nicht übersteigt.

Jede Marke ist mit dem **Sonntag am Ende der Woche,** für die sie gelten soll, zu entwerten (z. B. 16. 1. 38). Bei Nichtentwertung Ordnungsstrafe bis zu 1000 Reichsmark.

Die Karte darf nur die gesetzlich vorgeschriebenen Angaben enthalten und keine besonderen Merkmale tragen; vor allem darf aus ihr nichts über Führung oder Leistungen des Inhabers zu entnehmen sein. Niemand, außer den zuständigen Stellen, darf eine Quittungskarte wider den Willen des Inhabers zurückbehalten (vgl. hierzu §§ 1424, 1425 der Reichsversicherungsordnung).

Wer Quittungskarten mit unzulässigen Eintragungen oder mit besonderen Merkmalen versieht, verfälscht, fälschlich ausfüllt oder wissentlich eine solche Karte gebraucht, wird bestraft (§ 1495 der Reichsversicherungsordnung).

Raum für Eintragungen der Behörden (über Beitragsberichtigungen usw.)

863

Walter Thieme war von 1929 bis 1939 Koch bei Huths

»Die leeren Bahnhofsflächen, Gleisanlagen, historischen Trümmergelände und verlorenen Straßenanlagen«, sagt Dieter Hoffmann-Axthelm, »sind für den Blickwinkel der Bezirkspolitik nur bequemere Zugriffsflächen ohne unpopuläre Abrisse von Wohnungssubstanz. Für die Bezirkspolitiker ist das in der Regel unaufgeräumter Dreck, in den sie Ordnung bringen würden. Das Wegräumen denken sie schon immer mit. Was sie im Kopf haben, sind reine Quadratmeter, eine Fläche, die sich als Leinwand für die Projektion bürgernaher Versprechungen bestens eignet. Da ist dann schnell mal ein Schwimmbad auf den Anhalter Bahnhof gemalt — für den Bürger ist nichts zu gut.«
»Behutsam Leben in die alte City bringen«, wollte Horst Vetter, als er noch Senator für Stadtentwicklung und Umweltschutz war, einen »erlebbaren Stadtteil schaffen, der seine Vergangenheit noch erkennbar werden läßt, aber auch aufpassen, daß er nicht als Großmuseum angesehen wird«. Leerformeln, die sich gegenseitig aufheben.
Im Freiraum der Ratlosigkeit wachsen die Utopien und Alternativen, die Lächerlichkeiten und Abnormitäten. Auf dem Gelände des Potsdamer Bahnhofes macht sich in den achtziger Jahren ein Flohmarkt breit, und später kommt das »Tempodrom« hinzu, ein alternativer Zirkus.
Ein dressiertes Schwein läuft durch den Schlamm, Kamel und Elefant stehen in Ketten an der Mauer, und die Mieter im Haus Huth klagen über die vielen Fliegen.
Auch der Zirkus Busch soll auf das Gelände und kommt dann doch nicht. Auf dem SS-Grundstück an der Prinz-Albrecht-Straße soll Helmut Kohls Deutsches Historisches Museum gebaut werden, aber dann wird der Bauplatz an den Reichstag verlegt.
Wo das Prinz-Albrecht-Palais stand, Sitz des Sicherheitsdienstes der SS, kann man jahrelang im Autodrom des Harry Toste »Fahren ohne Führerschein« üben. Auf dem Gelände des Volksge-

richtshofes hatten sich Enttrümmerungsfirmen eingerichtet, und der Stadtkonservator Professor Engel klagt: »So geht die Stadt Berlin mit ihrer Geschichte um.«

Neben dem Haus Huth werden Terrier und Schäferhunde dressiert, und 1985 plant der Wiener Derwisch der Scheinkultur, André Heller, einen »Irrgarten der Träume«, der vier Millionen Mark kosten soll. Die »Internationale Bauausstellung« dagegen möchte die Stadtbrache an der Mauer mit einem »Cityband« von Wohnungen überziehen, ohne Rücksicht auf die historische Vergangenheit. Da wird das Gebiet hastig zur Schutzzone erklärt, zum »Zentralen Bereich«, über den sich Senatskommissionen seitdem den Kopf zerbrechen.

1987, im Jahr des Berlin-Jubiläums, sieht die Steppenlandschaft so aus wie zuvor, während in Ost-Berlin die historischen Gebäude wachsen.

An einem Weihnachtstag werfen Grüne ein paar Weihnachtsbäume über die Mauer, und auf der Mauerkrone balanciert der Mauerläufer John Runnings mit wehendem Backenbart, der immer wieder von ostdeutschen Grenzposten abgeführt wird. Der 68jährige frühere Bautischler aus Seattle im US-Staat Washington will »im Geiste Gandhis durch Selbstaufopferung Frieden schaffen«, deshalb bearbeitet er das Bauwerk gelegentlich mit einem schweren Hammer.

1987 wird in die Öde eine Magnetbahn gebaut. Auf Stelzen zieht sich die Versuchsstrecke um das Haus Huth.

Für die Umgestaltung des ehemaligen SS-Geländes an der Prinz-Albrecht-Straße wird die Quadratur des Kreises versucht. In einem Wettbewerb ist der »Entwurf einer Gedenkstätte als Erinnerungsstätte oder Mahnmal zur Erinnerung an die Opfer des NS-Regimes« geordert worden, andererseits aber auch die »Gestaltung eines Stadtteilparkes zur Verminderung des Kreuzberger Freiraumdefizites, mit Kinderspielplatz und Pkw-Stellflächen«. Da böte sich als Lösung, meinen Spötter, doch ein

Schwimmbad in Hakenkreuzform an, und Berlins Regierender Bürgermeister Diepgen beschließt, »das Ergebnis des Wettbewerbes nicht zu realisieren«.
Ein Irrenhaus.
An diesen Raum, in dem »jeder Krümel durchtränkt ist mit Geschichte«, könne man nicht mit den üblichen Kategorien von Stadtplanung herangehen, sagt der Berliner Landeskonservator Engel.
Aber genau das wird passieren. Noch ist der Potsdamer Platz eine Mondlandschaft und gibt Unterricht in deutscher Geschichte, aber wie lange? In ein paar Jahren ist die Steppe begrünt, verbaut. Die Erinnerung wird schwinden, und das Haus Huth ist dann kein Mahnmal mehr.

Ich gehe an der Mauer spazieren. Dort, wo einmal das Haus Vaterland stand, ist eine kleine Tür im Wall. Wie eine Tapetentür sieht sie aus, ohne Klinke, ohne Klingel. Soll man klopfen? Soll man rufen? Und wer sagt dann »Herein«? Absurditäten an der Todeszone.
An einem Gebäuderest in der Bellevue-Straße 17 hängt ein Schild: »Bin im Garten übern Hof«. Das ist die Ruine des Grandhotels Esplanade, 1908 von den Fürsten zu Hohenlohe-Oehringen und Fürstenberg erbaut. 23 Millionen Goldmark hat das Palais damals gekostet. Hier traf sich der Kaiser mit seinen pensionierten Generälen, spielte Barnabas von Géczy zum Tanztee auf, wohnte Charlie Chaplin, den der »Völkische Beobachter« als »jüdischen Clown« beschimpfte, warteten am 20. Juli 1944 die putschenden Offiziere auf das Stichwort »Walküre«, auf den Tod.
Im Krieg verwüsteten Bomben das Gebäude, aber schon 1949 wurden in der Teilruine wieder Bälle gefeiert, gab es Mißwahlen und Modeschauen — in der zerstörten Stadt fehlten unzerstörte Säle. Nach dem Mauerbau versank das Esplanade im Dornrös-

chenschlaf. Der Anblick von Beton und Stacheldraht verschreckte die Gäste, und in Berlin gab es inzwischen schönere Häuser. Nur ab und zu diente der Bau noch als Filmkulisse, für »Cabaret« und »Steiner II«. Dann aber drohte Einsturzgefahr, und seitdem liegt das Esplanade verlassen.

Nur der Hausmeister Otto Redlin ist noch da. Hinter der lieblos renovierten Fassade lebt er in einer Gespensterwelt. Vier Fünftel des Hotels sind zerstört, aber die Waschräume, der Kaisersaal und das Lesezimmer sind noch erhalten. Das ist wie eine Reise zurück in die Vergangenheit, als würden wieder die Geigen des Herrn von Géczy klingen und Wilhelm II. vor seinen Generälen schwadronieren.

Doch da sitzt nur Otto Redlin mit seiner dicken Zigarre. Er zeigt mir die Spieltische mit dem grünen Filz und den großen Teppich, der zehn Jahre unter dem Trümmerschutt lag und nur mal gereinigt werden müßte.

Das Esplanade kümmert vor sich hin. Seit 1983 sollte hier für vierzig Millionen Mark ein Filmzentrum entstehen, die alten Räume sollten erhalten bleiben, aber weil kein Geld da war, gab es im Jubeljahr 1987 an der Mauer nichts zum Jubeln.

Friedhofsstille im Kaisersaal. Einen Moment lang träume ich, es gäbe draußen den Potsdamer Platz noch mit seinen Bierpalästen, den Potsdamer Bahnhof, Haus Vaterland und Rheingold nebenan, die Menschen und das Verkehrschaos, die Zeitungsjungen, Schuhputzer und Blumenfrauen, das Weinhaus Huth mit den eichenholzgetäfelten Sälen, Straßenbahnen, Droschken und darüber den Zeppelin.

»Ich höre hier jedes Geräusch«, sagt Herr Redlin, der in einem der letzten drei Hotelzimmer wohnt. »Ich weiß genau, ob es zum Haus gehört oder nicht.« Dreißig Jahre ist er jetzt hier.

Hinten im Garten hält er sich Schafe, und über das Gelände des Esplanade, das eine Sehenswürdigkeit war im Berlin der Kaiser-

zeit, 400 Zimmer, 240 Bäder, hoppeln wilde Kaninchen. Herr Redlin füttert sie mit Brot.
Bis 1967 kam auch Herr Huth vorbei und unterhielt sich mit Herrn Redlin über die schönen Zeiten. Aber auch das ist nun schon lange her.
Am Potsdamer Platz leben nur noch der Hausmeister Redlin und drüben die Mieter im Haus Huth.

Frau Manke sitzt in ihrem Garten, der einmal die Potsdamer Straße war, und überlegt, ob sie nicht Kartoffeln anbauen sollte. In der Philharmonie am Kulturforum ist sie noch nie gewesen.
Drüben im Osten wachsen die Hochhäuser, und Margarete Marx fragt sich manchmal, wo eigentlich der Westen ist — »die machen Silvester mehr Feuerwerk als hier«.
Besucher und Taxifahrer suchen oft vergeblich nach dem Haus, das sich in der Sackgasse versteckt, gerade als ob es sich schämen müßte.
Im Haus schwinden die alten Mieter dahin. »Manchmal, wenn ich abends auf der Couch liege«, sagt die alte Frau Rossmeisl, »dann denke ich: Die da oben ist gestorben und der da unten. Neulich haben wir uns noch im Fahrstuhl getroffen. Und jetzt sind beide tot. Ich wohne in der Mitte, und manchmal denk' ich, Mensch ...«
Das Haus Huth ist eine Insel im Nirgendwo. »Erst haben wir zwischen Ruinen gelebt«, sagt der Mieter Achim Walter. »Und als die verschwanden, wurde es auch nicht schöner. Überall wuchert jetzt Unkraut. Wenn es dunkel wird, kriecht ein leichtes Unbehagen hoch. Man kann das gar nicht so beschreiben.«
Er horcht in die Stille.
»Man könnte meinen«, sagt er, »es wäre ein Märchen.«

Ich sehe noch einmal die alten Fotos durch. Dorothee Huth hoch zu Roß im Reitkostüm. Der Glaser Bodo Diede mit Bismarck-Bart und Vatermörder. Willy Huth mit seiner Frau im Seebad Binz auf Rügen. Ilse Huth als kleines Mädchen beim Stricken, mit der Gouvernante. Die Angestellten beim Betriebsausflug. Georg Wehner als Kochlehrling vor den gußeisernen Herden. Anni Rockstroh mit ihrem flotten Käppi. Das Haus Huth im Eröffnungsjahr 1912. Die eichenholzgetäfelten Säle, Feldherrn-, Wappen- und Jagdzimmer.

Das alles ist Vergangenheit. Geblieben ist das Haus — das einzige, das am Potsdamer Platz überlebte.

> »Heute vermute ich, daß nicht die Menschen in diesen Straßen schreien, sondern die Straßen selber. Wenn sie es nicht mehr ertragen können, schreien sie ihre Leere heraus. Aber ich weiß es wirklich nicht genau.«
>
> *Siegfried Kracauer, »Straßen in Berlin und anderswo«*

Nachwort

Achim Walter, der blinde Mieter, hat den Fall der Mauer nicht mehr erlebt. Zum erstenmal seit langer Zeit ist der Potsdamer Platz wieder einmal schwarz von Menschen. Auch Willy Brandt ist gekommen und blickt nachdenklich in die Bresche, die ein Bagger in den Betonwall gerissen hat.

Die Mieter im Haus Huth hält es nicht in den Zimmern. Sie stehen in der Menge, als die ersten Menschen von drüben kommen wie Besucher von einem anderen Stern. Viele lachen, viele weinen. Frau Manke verteilt Süßigkeiten an die Kinder. Später bringt sie den Zöllnern, Ost und West, heißen Tee an die improvisierten Grenzstationen.

Die Wachttürme sind verlassen, und die Grenzer von drüben stehen lächelnd im Todesstreifen, als wären sie nur aus Versehen hier. Ein Oberst der Grenztruppen stellt sich als Kommandant des Potsdamer Platzes vor und wünscht sich vor laufenden Fernsehkameras, es würde hier alles wieder wie früher.

Es verschwinden die Mauerfalken und die Kuckucks, die Herr Walter nachts so oft rufen hörte, es verschwinden die Raben über dem Potsdamer Platz. Ein bißchen sieht es jetzt so aus wie kurz nach dem Krieg, als das Leben, mühsam und langsam, wieder in Gang kam.

Andere Vögel sind an den Platz gekommen, Mauerspechte diesmal, und sie schlagen mit Hammer und Meißel auf den Stahlbeton ein, der solider ist als erwartet. Die Bruchstücke werden für ein paar Mark verkauft, und Frau Manke stöhnt, sogar nachts ginge das »Gekloppe« weiter.

Fliegende Händler verkaufen Uniformteile der Grenztruppen

von drüben. Ein Stasi-Hemd, wenig getragen, ist für fünfzig Mark zu haben. Die DDR löst sich in ihre Bestandteile auf, nirgendwo wird das so deutlich wie hier.

Für die Mieter im Haus Huth ist der jähe Wandel unfaßbar. Zu tief sitzt die lange Trennung noch in den Köpfen.

Hier an der Grenze, hat der Berliner Stadthistoriker Dieter Hoffmann-Axthelm gesagt, habe die zerstörte Metropole ihre letzte Zuflucht, und ohne Teilung gäbe es sie längst nicht mehr. Doch nun wird die Teilung aufgehoben, und die Steppenlandschaft an der zerbröselnden Mauer ist wieder attraktiv. Es wird — als wäre es höchste Zeit — wieder in die Hände gespuckt.

Die Moderne, sagt ein Stadtplaner beim Bausenator, werde »jetzt Platz greifen müssen«. Er tut die Schauplätze einer schrecklichen Vergangenheit, wie Volksgerichtshof, Führerbunker und Reichssicherheitshauptamt, als »Berliner Gruseltheater« ab und träumt, ungebrochen, von »verkehrsgerechten Ost-West-Verbindungen«.

Daimler-Benz ist zur Stelle und erwirbt vom Berliner Senat links und rechts der alten Potsdamer Straße, an der auch das Haus Huth liegt, ein gigantisches Areal von 200 000 Quadratmetern, auf dem der Konzern seinen neuen »Dienstleistungsbereich« errichten möchte. So werden noch vor dem städtebaulichen Wettbewerb Nägel mit Köpfen gemacht, und Herr Hoffmann-Axthelm sorgt sich, nicht ganz zu Unrecht, um eine »Ödnis der Angestelltenkultur mit Totenstille ab 17 Uhr«.

Die Mauer fällt, und der Potsdamer Platz rückt wieder ins Herz Berlins. »Früher Arsch der Welt«, sagt Frau Manke, »heute mittendrin.«

Ob die vierzig Mieter in Haus Huth den Wandel wirklich werden genießen können, steht dahin. Denn der alte Bau in der Potsdamer Straße ist mitsamt seinem toten und lebenden Inventar an Daimler-Benz geraten, und viele fürchten nun um ihre Bleibe, auch wenn der Regierende Bürgermeister Walter Mom-

per auf einen Senatsbeschluß verweist, nach dem »die Reste des historischen Stadtgrundrisses und die wenigen erhaltenen Altbauten« bei Planung und Bebauung »respektiert werden müssen«.
Die Reste der alten Potsdamer Straße, an der einmal das Vox-Haus lag, der erste deutsche Rundfunksender, sollen »Einkaufs- und Erholungspassage« werden, und es bleibt abzuwarten, wie Daimler-Benz mit der Erinnerung an den Volksgerichtshof fertig wird, der zum Teil auf dem frisch erworbenen Gelände liegt.
Der Verkehr wird wieder rollen, die Menschen wieder hasten wie einst im Mai. Der Potsdamer Platz lebt, und das Weinhaus Huth hat, wie immer, seinen Balkonplatz in der Geschichte. Ob es, eines fernen Tages, in der neuen Welt ringsum noch als Mahnmal auszumachen ist, bleibt zweifelhaft.
Spurlos verschwunden sind Haus Vaterland, Potsdamer Bahnhof, Café Josty und Hotel Fürstenhof. Noch ist die Erinnerung wach, aber sie wird verblassen, wenn die letzten Augenzeugen verschwunden sind.
Was hätten sie auch verloren in der neuen Zeit.
»Schön isses jetzt«, sagt Frau Manke. »Ich hätte nicht gedacht, daß ich das noch erleben werde.« Und die Tochter fragt: »Was heulste denn?«

Literatur und zitierte Quellen

Adlon, Hedda: *Hotel Adlon*, Berlin 1955.

Altner, Helmut: *Totentanz Berlin*, Offenbach 1947.

Andreas-Friedrich, Ruth: *Schauplatz Berlin*, München 1962.

Der Bayernhof, Berlin 1928.

Behr, Hermann: *Die Goldenen Zwanziger Jahre*, Hamburg 1964.

Berlin im Zweiten Weltkrieg. Hrsg. von Hanns Dieter Schäfer, München 1985.

Beskiers, Andreas und Karl-Robert Schütze: *Zwischen Leipziger Platz und Wilhelmstraße*, Berlin 1981.

Bethge, Eberhard: *Dietrich Bonhoeffer. Eine Biographie*, München 1967.

Boveri, Margret: *Tage des Überlebens*, München 1968.

Brieger, Lothar, und Hans Steiner: *Die Stadt im Taumel*, o. O. 1920.

Brühl, Georg: *Herwarth Walden und der Sturm*, Leipzig 1983.

Bunsen, Marie von: *Zeitgenossen, die ich erlebte*, Leipzig 1932.

Burkert, Hans-Norbert, Klaus Matußek und Doris Obschernitzki: *Zerstört – besiegt – befreit*, Berlin 1985.

Die Chronik Berlins. Hrsg. von Bodo Harenberg, Dortmund 1986.

D'Abernon, Viscountess: *Red Cross and Berlin Embassy*, London 1946.

Diels, Rudolf: *Lucifer ante portas*, Stuttgart 1950.

Endell, August: *Die Schönheit der großen Stadt*, Stuttgart 1908.

Ethell, Jeffrey und Alfred Price: *Angriffsziel Berlin*, Stuttgart 1982.

Fechter, Paul: *Menschen und Zeiten*, Berlin/Hamburg 1949.

Findahl, Theodor: *Letzter Akt – Berlin 1945*, Hamburg 1946.

Fontane, Theodor: *Effi Briest*, München 1974 (Erstausgabe: 1896).

Frecot, Janos, und Helmut Geisert: *Berlin im Abriß*, Berlin 1981.

Friedrich, Otto: *Weltstadt Berlin*, München 1973.

Gerlach, Hellmut von: *Von Rechts nach Links*, Zürich 1937.

Das Gewissen steht auf. Hrsg. von Annedore Leber, Berlin/Frankfurt am Main 1954.

Glatzer, Ruth und Dieter: *Berliner Leben 1914–1918,* Berlin 1983.

Goertz, Heinrich: *Lachen und Heulen,* München 1982.

Gottheiner, Paul: *Zur Geschichte des Potsdamer Platzes und seiner Umgestaltungen,* in: Deutsche Bauzeitung 1898, 1907, 1912, 1913, 1929.

Gottwald, Alfred B.: *Berliner Fernbahnhöfe,* Düsseldorf 1982.

Grunberger, Richard: *Das zwölfjährige Reich,* Wien/München/Zürich 1972.

Härlin, Benny, und Michael Sontheimer: *Potsdamer Straße,* Berlin 1983.

Heiber, Helmut: *Reichsführer!,* Stuttgart 1968.

Hildenbrandt, Fred: *Ich soll dich grüßen von Berlin,* München 1966.

Höcker, Klara: *Die ersten und die letzten Tage,* Berlin 1966.

Holitscher, Arthur: *Mein Leben in dieser Zeit,* Potsdam 1928.

Ich und die Stadt. Hrsg. von Eberhard Roters und Bernhard Schulz, Berlin 1987 (Katalog).

Internationale Bauausstellung. Die Neubaugebiete, Berlin 1981.

Johann, Ernst: *Innenansichten eines Krieges,* Frankfurt am Main 1968.

Kästner, Erich: *Gesammelte Schriften für Erwachsene,* München/Zürich 1969.

Kessel, Hans von: *Handgranaten und rote Fahnen,* Berlin 1933.

Kessler, Harry Graf: *Tagebücher,* Frankfurt am Main 1961.

Kiaulehn, Walter: *Berlin,* München/Berlin 1958.

König, Joel: *Den Netzen entronnen,* Göttingen 1967.

Kracauer, Siegfried: *Die Angestellten,* Frankfurt am Main 1971 (Erstausgabe: 1930).

Kracauer, Siegfried: *Straßen in Berlin und anderswo,* Frankfurt am Main 1964.

Lange, Horst: *Tagebücher aus dem Zweiten Weltkrieg,* Mainz 1979.

Leibholz-Bonhoeffer, Sabine: *Vergangen, erlebt, überwunden,* Gütersloh 1976.

Lindenberg, Paul: *Es lohnt sich, gelebt zu haben,* Berlin 1941.

Mabire, Jean: *Berlin im Todeskampf 1945,* Preußisch Oldendorf 1977.

Menzel, Matthias: *Die Stadt ohne Tod,* Berlin 1946.

Moreck, Kurt: *Führer durch das lasterhafte Berlin*, Leipzig 1931.
Morsey, Rudolf: *Das Ermächtigungsgesetz vom 24. März 1933*, Göttingen 1968.
Nielsen, Asta: *Die schweigende Muse*, Berlin 1977.
Ostwald, Hans: *Das galante Berlin*, Berlin 1928.
Pfeiffer, Herbert: *Berlin zwanziger Jahre*, o. O. 1961.
Pitz, Helge, Wolfgang Hofmann und Jürgen Tomisch: *Berlin-W.*, Berlin 1986.
Reichelt, Werner Otto: *Das Ende der IG Farben*, Düsseldorf 1986.
Die Reise nach Berlin, Berlin 1987 (Katalog).
Roskamp, Heiko: *Verfolgung und Widerstand, Tiergarten – ein Berliner Bezirk im Spannungsfeld der Geschichte*, Berlin 1985.
Ryan, Cornelius: *Der letzte Kampf*, München/Zürich 1966.
Schenck, Ernst-Günther: *Ich sah Berlin sterben*, Herford 1977.
Schiel, Ilse und Erna Milt: *Karl und Rosa*, Berlin 1978.
Schmitt, Michael: *Palast-Hotels*, Berlin 1982.
Schmitz, Bruno: *Haus Rheingold*, Berlin 1907.
Schmitz, Joachim: *Die letzten dreißig Tage*, Stuttgart 1951.
Schrader, Bärbel, und Jürgen Scheberg: *Kunst-Metropole Berlin 1918–1933*, Berlin/Weimar 1987.
Smith, Howard K.: *Feind schreibt mit*, Berlin 1982.
Stresau, Hermann: *Von Jahr zu Jahr*, Berlin 1948.
Studnitz, Hans-Georg von: *Als Berlin brannte*, Stuttgart 1963.
Tieke, Wilhelm: *Das Ende zwischen Oder und Elbe*, Stuttgart 1981.
Topographie des Terrors, Berlin 1987 (Katalog).
Warner, Konrad: *Schicksalswende Europas? Ich sprach mit dem deutschen Volk*, Rheinfelden 1944.
Weidmüller, Helmut: *Die Berliner Gesellschaft während der Weimarer Republik*, Berlin 1956 (Diss.).
Werner, Bruno Erich: *Die zwanziger Jahre*, München 1962.
Wieselmann, Heinz-Ulrich: *Unsterbliches Berlin*, Berlin/Bielefeld 1948.
Wolf, Franz: *Was machen Sie heute abend?*, Berlin 1914.
Zentner, Kurt: *Illustrierte Geschichte des Dritten Reiches*, München 1963.

Ich bedanke mich für ihre Hilfe bei:

Emmy Bredenförder, Lina Buhmann, Theodor v. Dufving, Henri Fenet, Hans Guilleaume, Olaf Gutschmidt, Elisabeth Hengsberger, Hildegard Hennings, Walter Hinkefuß, Anna Hoop, Willi Hucke, Dr. Gerd Jacoby, Josef von Janta-Lipinski, Dorothea Kahnert, Frieda Kempfer, Elfriede Köhl, Beatrice Kolster, Marie Krause, Anne Marie Kühnemann, Karl-Heinz Leberke, Senta Manke, Dr. Rudolf Neumann, Hans Henning Olfe, Wilfried Pilz, Karl Rademeier, Otto Redlin, Anni und Gerd Rockstroh, Heiko Roskamp, Hertha Thiel, Walter Thieme, Karl-Heinz Turk, Georg Wehner, Grete Zieke, Otto Zoll.

Bildnachweis:

S. 25 (Tischkarte): Hengsberger; S. 51 (Weinkarte): Klünner; I (Haus Huth): Thiel; II/III (Flaschenpost): Schmitt, (Sektkühler): Schmitt, (Lieferwagen): Lipinski; IV/V (Luftaufnahme): Preuß. Kulturbesitz; VI (Blumenfrauen): Kempfer, (Kochbrigade): Wehner; VII (Hochzeit): Hengsberger, (Jagdzimmer): Thiel; VIII/IX (Nachtaufnahme): Preuß. Kulturbesitz; X (Potsdamer Platz 1913): Klünner, (Kriegsende), Landesbildstelle Berlin; XI (Währungsreform): Landesbildstelle Berlin, (17. Juni): »Stern«; XII/XIII (Lager): Schmitt, (Krause mit Autor): Schmitt, (Bredenförder): Schmitt, (Lipinski): Lipinski; XIV/XV (Manke): Schmitt; XVI (Huth): Lennartz; S. 119 (Silvesterkarte): Rockstroh; S. 125 (Speisekarte): Rockstroh; S. 136 (Neujahrskarte): Rockstroh; S. 210 (Quittungskarte): Hengsberger.